현대성서학 연구

난외(欄外)의 전망

한국신학연구소

현대성서학 연구
난외(欄外)의 전망

초판 1쇄 발행/ 2008년 2월 20일

지은이/ 페르난도 세고비아
옮긴이/ 박노훈
펴낸이/ 김성재
펴낸곳/ 한국신학연구소

등록 / 1973년 6월 28일 제5-25호
주소 / 110-030 서울시 종로구 청운동 115-1
전화 / 02)738-3265　팩스 / 02)738-0167
E-mail / ktsi@chollian.net
홈페이지 / http://ktsi.or.kr

값 10,000원

ISBN 978-89-487-0320-7 93230

파본은 교환해 드립니다.

현대성서학 연구
난외(欄外)의 전망

저자 / 페르난도 세고비아   역자 / 박노훈

한국신학연구소

현대성서학 연구 : 난외(欄外)의 전망

목 차 · CONTENTS

3부 성서연구와 탈식민주의 연구

4부 바깥 세계로부터의 목소리들

저자 한글판 서문

나는 본서 『현대성서학 연구: 난외(欄外)의 전망』의 한국어판 서문을 요청받고 매우 큰 기쁨과 겸손한 마음으로 즐거운 회상에 잠겨 있습니다. 내가 본서의 출판에 즈음하여 갖는 큰 기쁨에는 여러 이유가 있습니다만, 이는 무엇보다 많은 수고와 정성이 깃든 노력의 결과이기 때문입니다. 번역은 커다란 인내와 세심한 관심을 요구하는 매우 힘들고 정교한 작업입니다. 이를 아마도 지속적인 사랑의 노동이라 말할 수 있을 것입니다. 저술된 책은 그것이 현지어로 번역되는 과정에서 또 다른 사회, 문화의 체계와 관계를 맺으며 더욱 새롭고 의미 있는 대화를 불러일으킵니다. 교회와 신학의 두 영역에서 뛰어난 역사를 이루고 있는 한국의 독특한 상황에서는 더욱 그럴 수 있다고 생각합니다. 저자로서 나는 이같은 번역의 출간이 이제는 세계화된 세상과 오늘의 교회 현장 속에서 보다 더 의미 있는 대화를 이끌어 내는 확대된 기회라고 생각합니다. 그러나 그같은 대화는 그동안 서구세계를 통해서 주도적으로 이루어졌던 이전의 대화와는 다른 다중심적이며, 다각적인 성격을 갖게 될 것입니다.

한편 내가 겸손한 마음을 품지 않을 수 없는 많은 이유들이 있습니다. 무엇보다 나는 한국의 신학에 대하여 깊은 존경심을 갖고 있습니다. 특별히 민중신학의 전통과 그 전통이 불러일으킨 가난한 자와 억압받는 자에 대한 관심은 매우 소중한 것이라고 생각합니다. 그같은 신학적 기여가 서구 중심을 떠나 한국에서 독자적으로 발전되어 온 사실은 매우 의미 있는 일입니다. 탈식민주의와 자유를 위해 끝없이 노력해 온 그 여러 목소리들 중에 내 작은 소리 하나도 보탤 수 있기를 희망합니다. 제가 품게 되는 또 다른 겸손의 이유는 그 많은 정치적 역경에도 굴하지 않고 다시 일어서는 한국인의 끈기와 결속에 대한 감탄 때문입니다. 일제 식민지의 오랜 지속과 한국전쟁이 초래한 민족적 참담함, 그리고 이어진 고통스런 분열과 엄청난 시련들을 끝까지 딛고 일어선 한국을 생각해 봅니다. 그같은 희생과 노력에 대하여 저는 깊은 경의를 표합니다.

즐거운 회상에 빠져들 수 있었던 것도 여러 이유가 있습니다. 나는 그동안 신학대학원에서 혹은 성직(聖職)을 훈련하는 여러 기관들 속에서 많은 한국 학생들과 배움을 같이 하며 논문을 지도할 수 있었던 일을 커다란 영예와 특권으로 여기고 있습니다. 예외 없이 이들 모두는 성직자와 신학자로서 자신이 부름 받은 소명, 곧 인간의 고귀함과 사회의 공의와 하나님의 나라를 위한 일에 매우 헌신되어 있었습니다. 돌이켜 보건대 이들 하나하나가 타인의 본이 되는 학문적 동료요, 훌륭한 대화의 동지였음을 고백합니다.

비록 한국을 방문할 기회가 아직은 없었지만, 나는 본서가 먼저 소개될 수 있음을 아주 기쁘게 생각합니다. 본서의 번역자에게도 깊은 감사를 드립니다. 나의 감사를 표현할 수 있는 어휘가 많지 않으나, 이 경우 스페인어의 어떤 표현 하나가 적당하리라 생각됩니다. Qué Dios se lo pague! (하나님께서 보상해 주시길 바랍니다!) 여기에서의 보상은 인간의 행위에 대한 보상이 아닌 하나님께서 만민에게 베푸시는 하늘의 복을 의미하는 것이지만 나로서는 이것이 적절한 감사의 표현이 되길 희망합니다. 출판과 번역을 도와주신 한국신학연구소와 함승우 국장님에게도 깊은 감사의 말씀을 전합니다. 한국의 모든 독자들에게 하나님의 좋으신 은혜가 있기를 기원합니다.

페르난도 세고비아 (Fernando F. Segovia)
Oberlin Graduate Professor of New Testament and Early Christianity
Vanderbilt University

역자 한글판 서문

저자 페르난도 세고비아는 독실한 크리스찬 신학자로서 성서해석이론과 문화연구에 조예가 깊은 미국의 대표적 성서학자입니다. 그는 남미 쿠바에서 태어나 어린 시절 미국으로 이주하여 성장하였고 20대 중반에 노트르담(Notre Dam) 대학교에서 신약학 박사학위를 취득하였습니다. 본서를 통해 저자는 19세기 중반부터 현재에 이르도록 ― 특별히 자신의 학문적 여로(旅路)에서 목도한 ― 그동안 변화하며 발전해 온 다양한 성서해석 이론들을 비평적으로 소고(溯考)하고 있습니다. 무엇보다 성서 교수법과 연관된 네 가지의 해석학의 전형(典型)들 ― 곧 역사비평, 문학비평, 사회문화비평(혹은 사회학적 비평), 그리고 문화연구 등 ― 에 대한 깊은 성찰은 서구의 성서학 전반을 되돌아보는 포괄적 개관 및 입문을 제공하고 있습니다. 그러나 본서의 진정한 취지는 독자들로 하여금 성서해석의 전 과정 속에 녹아 있는 본문과 해석 그리고 해석자의 역할 및 전망을 분명히 인식함으로써 성서해석의 결과에 대하여 스스로 마땅한 책임을 다하도록 격려하고자 함입니다. 이 과정에서 약자와 소외자와 눌린자들의 목소리에 대한 윤리적 예민함은 격려되고, 억압적, 지배적 해석학의 과거 모습들에 대하여는 깊은 반성을 요구하고 있습니다. 21세기 기독교 신학의 새로운 전기에 놓여 있는 우리들에게 본서는 성서해석 및 교육에 대한 매우 실제적인 안내와 더불어 그에 따른 도전과 기회를 함께 제공하고 있습니다. 본서와의 의미 있는 대화를 통하여 독자들 모두 하나님의 말씀을 향한 공동의 믿음이 더욱 깊어지기를 희망합니다.

박 노 훈

감사의 말

본서의 집필과 관련하여 특별히 세 분에게 깊이 감사를 드립니다. 가장 먼저는 오비스(Orbis) 서적의 주필인 로버트 엘스버그(Robert Ellsberg)씨로, 처음부터 본서의 출판기획에 지속적인 지원을 아끼지 않았습니다. 그리고 탄약휘(Tan Yak-Hwee) 목사에게 감사를 드립니다. 탄약휘는 밴더빌트대학교 대학원의 학생(현재는 싱가포르대학의 교수로 재직)으로 이보다 앞서 소개된 다양한 소논문들뿐만 아니라 본서와 같은 새로운 구성의 출판을 위하여 많은 수고를 기울였습니다. 그녀의 상냥함과 인내와 놀라운 기지에 감사를 드립니다. 끝으로 밴더빌트대학교의 신학과 학장인 잭슨 포스트만(H. Jackson Forstman) 박사에게도 깊은 감사를 드립니다. 그는 고맙게도 이같은 일련의 작업을 위한 지원을 아낌없이 베풀어 주었습니다. 뿐만 아니라 오비스 서적의 모든 직원들에게도 깊은 감사를 드립니다. 특히 출판의 전 과정을 한결같은 배려와 혜안으로 도와준 캐서린 코스텔로(Catherine Costello)에게 감사를 드립니다.

다음에 수록된 이전 저작물들의 증쇄(增刷)를 허락해 준 각 출판사들에 감사의 인사를 드립니다.

"'And They Began to Speak in Other Tongues': Competing Modes of Discourse in Contemporary Biblical Criticism", in *Reading from This Place*. Volume 1: *Social Location and Biblical Interpretation in the United States,* ed. F. F. Segovia and M. A. Tolbert (Minneapolis: Fortress Press, 1995).

"Cultural Studies and Contemporary Biblical Criticism: Ideological Criticism as Mode of Discourse", in *Reading from This Place. Volume 2: Social Location and Biblical Interpretation in Global Perspective,* ed. F. F. Segovia and M. A. Tolbert (Minneapolis: Fortress Press, 1995).

"Pedagogical Discourse and Practices in Comtemporary Biblical Criticism", in *Teaching the Bible: The Discourses and Politics of Biblical Pedagogy,* ed. F. F. Segovia and M. A. Tolbert (Maryknoll, N.Y.: Orbis Books, 1998).

"Pedagogical Discourse and Practices in Cultural Studies: Toward a Contextual Biblical Pedagogy", in *Teaching the Bible: The Discourses and Politics of Biblical Pedagogy,* ed. F. F. Segovia and M. A. Tolbert (Maryknoll, N. Y.: Orbis Books, 1998).

"Biblical Criticism and Postcolonial Studies: Toward a Postcolonial Optic", in *The Postcolonial Bible,* ed. R.S. Sugirtharajah, The Bible and Postcolonialism 1 (Sheffield Academic Press, 1998).

"Notes toward Refining the Postcolonial Optic", *Jouranl for the Study of the New Testament* 75 (1999): 103-114.

"My Personal Voice: The Making of a Postcolonial Critic", in *The Personal Voice in Biblical Studies,* ed. I.R. Kitzberger (London: Routledge, 1998).

"Racial and Ethnic Minorities in Biblical Studies", in *Ethnicity and the Bible,* ed. M. G. Brett, Biblical Interpretation Series 19 (Leiden; New York; Köln: Brill, 1996).

서 문

현재의 이 저서는 지난 5년여 동안 저술된 여덟 편의 특정한 소론들을 하나로 모은 것이다. 하나의 장르로서 소론들의 모음은 다소 헐거운 것에서부터 매우 집약적인 것에 이르기까지 다양한 형태를 띠고 있다. 실로 이 점에 있어 어떤 전형(典型)은 없으며, 형태의 차이가 있다면 전적으로 그같은 기획을 불러일으킨 상황과 목적에 달려 있다. 그러므로 본서의 경우 그에 걸맞은 상황과 목적, 그 양자에 관한 설명이 선행되어야 할 것이다.

나는 1977년도부터 성서학이라는 전문영역에서 학자로서의 경력을 쌓기 시작하였다. 당시는 전통적 역사비평 방법이 여전히 성서학 전반을 주도하던 시기였다. 또한 당시는 어떤 특정한 불협화음이 이 성서학 영역에서 처음 발생하여 서서히 그 목소리를 높여 가던 시기이기도 하였다. 나는 그러한 소리를 막연하게 인식하고 있었고, 그같은 현상은 몇 년 동안 계속되고 있었다. 그러나 그로부터 실로 20년이 넘는 세월동안 나는 성서비평의 개념과 실제, 그리고 그 교수법의 근본적 변화들을 교육의 현장에서 생생히 목격할 수 있었다. 이 변화들은 나 자신에게도 상당한 부분의 변혁을 요구하였는데, 이는 다수의 다른 학문 분야에 대한 오랜 기간의 폭넓은 독서와 내 자신의 주 전공인 성서학의 토대 및 목표들에까지 깊은 성찰을 요하는 것이었다.

그 후 나는 학자들의 해석이 갖는 개별적 관심사가 아닌 그들이 내어놓는 그 해석의 주된 모델들을 통해 그리고 그 근간이 되는 해석의 원칙뿐만 아니라 방법과 이론의 측면에서 본 서로 다른 모델들의 상호관계를 통해 성서비평의 전(全)행로를 기록하기로 하였다. 이를 통해 성서학과 나 자신에게 일어난 그 모든 변화들을 감수(甘受)하기로 작정한 것이다. 내가 이를 개념화하고 명확히 하면 할수록 분명히 깨닫는 것은 내가 목격한 것이 탈식민지화와 해방의 한 과정이었다는 것이다. 이같은 개념의 사용이 나로서는 전혀 우연한 것이 아니었다. 당시 나는 비서구 세계와 서구에 거하는 비서구 디아스포라인 양쪽 모두의 후손으로서, 내 자신의 상황과 그 전망을 더욱 영민하게 인식해 가던 차였다.

나는 내 자신의 출생과 사회화의 주요한 무대가 되었던 라틴 아메리카의 배경으로 보거나 혹은 망명과 더불어 이차적 사회화의 주된 무대가 되었던 미국 내의 소수 민족/인종의 일원으로 보거나, 학문의 출발점에 서 있던 당시의 나는 그야말로 소수의 성서학자 그룹 가운데 한 사람이었다. 사실 비서구 세계의 신학적 담론이 라틴 아메리카의 해방신학과 같은 방식으로 소개되기 시작한 것은 불과 얼마 전의 일이었다. 그러나 그 입문의 시기 이후 어떤 급진적 변화가 성서학을 포함하여 기독교 연구의 전반에 걸쳐 거대한 스펙트럼 속에서 발생하기 시작하였다. 때를 같이 하여 비서구권 출신의 학자들이 더욱 더 성서비평과 신학 일반의 영역에 참여하기 시작하였고, 미국 내에서는 민족적, 인종적 소수자들의 수가 빠른 속도로 점증하기 시작하였다. 이 과정에서 탈식민지화의 연구 노력이 이룬 개화(開花)와 해방에 관한 연구의 확장과 다양화는 근래에 비로소 목도할 수 있게 된 것이라 할 수 있다.

그러나 나로서는 성서비평의 지난 행로를 묘사하며 탈식민지화와 해방이라는 용어를 사용하는 것이 매우 신중하지 않을 수 없다. 이는 성서학과 나 자신의 궤적을 함께 들여다보며, 성서연구와 탈식민지 연구 사이의 교차점을 심중히 돌아보아야 하는 일이기 때문이다. 현재의 이 저서는 그같은 노력의 결실로서 여덟 편의 소론 형식으로 구성된 비평적 연구서라고 할 수 있다.

처음의 네 편—주: 이 네 편 가운데 수록되지는 않았으나 연관된 다른 두 논문들 중에는 디아스포라 해석학에 대한 것과 간문화(intercultural) 비평에 대한 것이 있음—은 본래 성서비평의 행로에 관한 연구서의 일부로서 의도된 것이었다. 그러나 그동안 진행되어 온 다수의 학자들과의 공동 작업으로 인해 일부는 각기 다른 공간에서 먼저 소개되기도 하였다. 이제 본서에서 이 모든 논문을 함께 대할 수 있게 된 것은 나로서는 즐거움—곧, 최초 기획의 부분적 수행—이 아닐 수 없다. 나는 위에 언급한 두 편을 생략하였기에 이를 부분적이라고 표현한다. 그러나 그 논문들은 여기가 아닌 또 다른 연구서에서 더욱 적당한 자리를 차지하게 되리라 믿는다. 후반부의 네 편은 더욱 진전된 공동기획의 결과물로서 전반부 네 편에 대한 논리적 확장에 해당되는 것이다. 예컨대, 후반부의 처음 두 편에서는 성서비평과 탈식민지화 및 해방의 전지구적 과정 사이에 놓인 상호관계에 대해 논하는 반면, 마지막 두 편에서는 성서학과 그 전문성에 있어 비서구권 목소리의 지위와 역할을 더욱 세부적으로 고찰하고 있다. 전반부 소론들과 더불어 이같은 후반부의 논리적 구성은 나로서는 하나의 통찰—지난 수년에 걸쳐 비평가로서 내 자신의 연구가 반영하고 있는 발전적 통찰—을 드러내려는 것이다. 독자들이 그 적절함을 발견할 수 있다면 내게는 퍽 감사한 일이 아닐 수 없다.

모두 여덟 편의 소론들을 나는 다음의 네 부분으로 정렬했다. 처음 제1부에서는 학문으로서 성서비평의 최근의 궤도—"해석의 주요한 모델들과 전략들"—를 추적하는 일을 다루고 있다. 제2부에서는 그같은 궤도 속에 수행되고 있는 교육적 담론들과 그 실제—"교육의 주요한 모델들과 전략들"—에 대한 연구를 담고 있다. 제3부는 성서비평과 탈식민주의 연구 사이의 접점—"성서 연구와 탈식민주의 연구"—을 탐색하고 있다. 제4부는 사적(私的), 일반적 모든 차원에서 성서비평의 "다름(혹은 타자)"에 관한 질문들—"바깥 세계로부터의 목소리들"—을 탐구한다.

전체적 구성 및 조합에도 불구하고 어떤 반복되는 부분이 이러한 종류의 기획에 불가피하게 나타난다. 그런 점에서 현재 이 저서도 결코 예외는 아니다. 비록 하나하나의 단편이 갖는 구조와 일관성을 훼손하지 않는 범위에서 일어날 수 있는 중복을 최소한으로 유지하고자 하였으나,

어떤 반복이 남아 있다면 그에 대하여는 독자의 친절한 관용을 얻고자 한다. 본서에 담긴 소론들은 다른 곳에 수록된 최초의 형태들과 결코 일치하지 않는다. 그럼에도 불구하고 편집자의 작업을 최소한으로 제한하였는데, 단 일련의 도서목록 구성, 참조 자료의 업데이트, 그리고 중복을 피하기 위한 생략 등과 관련하여 일정한 변화를 동반하고 있다.

나는 본 연구서의 제목으로 '현대성서학 연구: 난외의 전망' 으로 정하였다. 이 제목은 각각의 소론들과 전체의 구성 속에서 발견되는 주제로서, 앞에서 언급한 주제, 곧 성서비평의 학문이 지난 사반세기 동안 목도해 온 논쟁—즉, 이론적/방법론적 다양성과 사회문화적 다양성, 이 양자 속에 공히 담긴 탈식민지화와 해방의 과정—을 두드러지게 표현한 것이다. 부제목은 그같은 주장을 내어놓게 된 전망과 더불어 본 연구서의 탈근대적 입장을 함께 전하고 있다. 이 모든 것은 성서학의 발전과 최근의 궤적에 대한 내 자신의 전망이자 정리와 구성이라 할 것이다.

때로 나는 많은 이들로부터 다양한 저작들 속에 흩어져 있는 여러 소론들을 하나로 모아줄 것을 요청받곤 하였다. 현재의 연구서는 이것을 현실화한 최초의 작품으로서 그같은 바램이 만들어낸 성과라고 할 수 있다. 비록 현재의 저서가 각기 다른 구성요인들과 더불어 지난 수년 동안의 확장된 기획을 드러내고 있을지라도, 그같은 요청들에 대하여 현재의 결과를 생각하며 매우 큰 감사를 표하는 바이다.

1부

해석의 주요한 모델들과 전략들

1. "저희가 다른 방언으로 말하기를 시작하니라"
   - 현대성서비평 내에 존재하는 상호 경쟁적 담론 양식들
   1) 역사비평: 수단으로서 본문
   2) 문학비평: 매체로서 본문
   3) 문화비평: 수단과 매체로서 본문
   4) 문화연구: 구성으로서 본문

2. 문화연구와 현대성서비평
   - 담론 양식으로서 이데올로기 비평
   1) 성서비평의 구획
   2) 문화연구: 구성으로서 본문
   3) 결론적 논평

1
"저희가 다른 방언으로 말하기를 시작하니라"
현대성서비평 내에 존재하는 상호 경쟁적 담론 양식들

오늘날 성서비평의 영역은 1970년대 중반의 그것과 비교해 볼 때 매우 다른 양상을 드러내고 있다. 지난 수십 년 동안 이 분야는 20세기의 어떤 다른 분야와 비교할 수 없을 만큼 규모와 영향력에 있어 매우 빠르고 근본적인 전환을 겪어 왔다. 지금도 끝나지 않은 이 전환은 처음의 충격이 단지 시작에 불과함을 말해 준다. 그같은 폭넓은 전환의 결과 중에는 특별히 이 연구와 관련된 두 가지 쟁점인 문화와 경험의 역할에 대한 철저한 재구성 그리고 놀랍게 다양화된 해석의 모델들이 포함되어 있다. 내가 언급하고 있는 이 전환은 20세기의 처음 3/4세기 동안 재론할 여지없는 힘을 발휘하다가 그 마지막 4반세기 동안 그같은 통제력을 잃게 된 역사비평의 오랜 장악과 신속한 위축에 대한 것이다.[1] 아래에서 나는 20

---

1) 이러한 변화에 대한 관심 혹은 경고의 언급들이 1970년대에 나타나기 시작했다. 예를 들어, 미국의 피터슨(N. R. Peterson)은 방법론의 문제가 "살아있는 질문(lively question)"으로 등장하는 "혁명적 변화의 과정"을 언급하였다(*Literary Criticism for New Testament Critics*, Guides to Biblical Scholarship 〔Philadelphia: Fortress Press, 1978〕, 9-10). 이와 유사하게 독일의 슈툴마허(P. Stuhlmacher)는 방법론을 "뜨거운 쟁점"으로 언급하며, 그 적합성에 대한 의혹이 "신학자 및 회중의 그룹들에서 제기될 수 있다고" 하였다. (*Historical Criticism and Theological Interpretation of Scripture: Toward a Hermeneutic of Consent* 〔Philadelphia: Fortress Press, 1977; German original, Goettingen: Vanden-hoeck und Ruprecht, 1975〕, 19-21).

세기를 망라했던 성서비평 전체과정의 변화와 그 결과에 대한 탐구를 시작하려고 한다. 이 거대한 연구과제를 다루는 것에는 여러 이유가 있겠지만 그것은 기실 궁극적으로 상호 연관적이며 의존적이기 때문이다.

첫째로, 나는 이같은 전환이 비평가로서의 내 자신의 삶과 깊이 연관되어 있음으로써 자서전의 영역과 학문의 영역의 밀접한 상관성을 주목하고 있다. 결과적으로 내가 겪은 직접적인 경험들은 편집비평이 구성비평으로 발전하기 시작할 무렵의 역사비평부터, 점진적으로 본문 우선에서 독자 우선 방식의 해석학적 스펙트럼으로 이행하던 문학비평과, 사회학적 모델에서 인류학적 모델로 전환하며 점차 독자의 사회문화적 상황과 전망의 문제를 겨냥하던 문화비평까지를 모두 망라하고 있는 것이다. 이 경험은 성서학의 내부자(insider)와 실천자의—학문적으로 훈련되고 자기 비판능력을 지닌—관점에서 제 분석을 가능케 하도록 도움을 주고 있다. 또한 이 경험은 외부자와 과거 추종자의—곧 지성사의 흐름 속에서 자신의 사회적 자리를 깊이 인식하며, 다른 다양한 해석의 방법과 그 이론적 경향성들을 포함하는 폭넓은 담론의 양식들에 대해 독자와 비평가로서 그 일부를 담당했음을 자각하는—관점에서 나름대로의 분석을 가능케 하는 이점을 제공한다. 이는 결코 그 모든 경험이 어떤 특권이나 뛰어난 지위를 부여하는 것이라고 말하고자 함이 아니다. 오히려 앞으로 제시될 분석이 어떤 다른 분석들처럼 내 자신의 입장과 전망에서 내어놓는 하나의 구성에 불과한 것임을 미리 드러내려는 것이다. 그러나 이와 같은 경험들이 윤리적 책임과 지적 진실에 있어 어떤 특별한 의미를 더해 주리라 믿고 있다. 성서비평 및 해석의 이행과정을 기술하는 것이 결국 나로서는 스스로의 사회교육적 삶의 여로를 재현하는 것과 같은 의미를 지니고 있기 때문이다.

둘째, 이러한 전환과 성서학, 이 양자에 대한 분석은 20세기의 종언과 깊이 연관되어 있다. 일정한 시기—1년, 10년, 혹은 100년과 같은—의 종국과 연관하여 특정한 그 무엇이 존재하는 것은 그같은 시간의 설정이 다른 어떤 것들처럼 임의성을 갖고 있음에도 불구하고 그 나름의 의미와 상징성을 갖고 있기 때문이다.[2] 이같은 종국의 때 특히 관조와 성찰의 노력이 과거와 미래 양쪽 모두를 향해 드리울 때, 질서와 일관성을 향한 갈망은 평소보다도 더욱 크게 일어나기 마련이다. 이와 같은 기간은 마치 통제되지 않은 시간처럼 커다란 세목에 따른 적절한 구획 정리를 요청하고 있는 것이다. 성서학의 영역에서 지난 세기 마지막 1/4 동안 드러난 심대한 전환의 측면에서 볼 때 나는 그 성서학이 지나온 궤적과 미래의 향방에 대해 동일한 설명이 요청되고 있음을 느끼고 있다. 나로서는 그 모든 과정을 기록하는 것이 내 자신의 사회역사적 문맥에 직면하는 것을 의미하기도 한다.

셋째로, 나는 이같은 전환이 사회정치적 영역—즉 출생과 더불어 밀접히 얽히는 삶의 영역—에서 발생한 전지구적 변화들과 깊이 연관되어 있음을 발견하였다. 짐작컨대 질서와 조직을 향한 이와 같은 열망은 소련 '제국'의 붕괴와 더불어 더욱 굳은 확신으로 남게 되었다. 20세기의 주요한 특징들 가운데 하나는 북반구의 주도적 힘이 남반구의 대다수 식민지역의 주민들에 대한 사회정치적—혹은 사회경제적—지배력을 상실함에 따라 세계 곳곳에서 발생한 해방과 탈식민지화의 보이지 않는 이행과정이라 할 수 있다. 이 과정은 식민지역 주민의 목소리들이 더욱 전면에 드러나게 되면서 거의 정점에 이르고 있다. 나는 다양한 층으로

---

2) 특정한 한 시대의 관점에서 학문 분야를 반추하고 분석하는 비슷한 시도에 관해서는, 개인적인 관점으로부터 여성주의 비평에 접근했던 밀러(N. K. Miller)에 의한 10년 단위의 사용을 보라("Decades", in *Writing Cultural Criticism*, ed, M. Torgovnick, *The South Atlantic Quarterly* 91 〔1992]: 65-86). 세기말이라는 개념의 영향력에 대하여 1990년대에 등장한 많은 수의 사회정치적 연구들을 주목해 보라: Z. Brezinski, *Out of control: Global Turmoil on the Eve of the Twenty-first Century* (New York: Scribner's, 1993); P. Kennedy, *Preparing for the Twenty-first Century* (New York: Random House, 1993); J. Lukacs, *The End of the Twentieth Century and the End of the Modern Age* (New York: Ticknor & Fields, 1993). 보다 대중적인 관점으로부터는, D. Richards의 "Counting Down to the Year 2000", *The New York Times*, June 27, 1993, national ed., H5; 그리고 F. Haskell, "Art and the Apocalypse", *The New York Review of Books*, July 15, 1993, 25.를 보라.

이루어진 이같은 식민화의 일부로서[3] 참여나 유보의 선택권도 없이 이미 그 담론의 한가운데로 "던져진(*arrojado*)" 상황에 처해 있음을 느끼고 있다.[4] 지난 20세기의 사회정치와 다가올 미래에 대한 전망을 고려할 때, 나는 성서비평을 포함한 고전적 신학연구의 영역에서도 이와 유사한 과정이 나타나고 있음을 주목하고 있다. 이는 곧 앞으로의 연구에서도 이와 유사한 분석의 범주—곧 전환기의 탈식민지화와 해방으로의 과정—를 사용하지 않을 수 없는 이유가 되기도 한다. 그러므로 나로서는 성서비평의 이행과정을 기술하는 것이 나 자신의 사회문화적 문맥에 직면하는 것을 의미하는 셈이 된다.

마지막으로, 이 전환은 현재 진행중인 많은 연구들의 주요한 동기를 제공하기도 한다. 나는 앞으로의 개요가 이 연구들에 대한 적절한 도입으로서 기여하리라 믿고 있는데, 이는 기로에 서 있는 현재 성서비평의 혼란의 상태를 다양한 방식으로 성찰하며 돌아보게 할 것이기 때문이다.[5] 이 연구의 초점은 성서해석과 해석자의 사회적 자리(social

---

3) 실제로, 나는 20세기를 거쳐 오는 동안 세 종류의 매우 다른 식민주의 권력 아래에서 살아온, 그리고 독립 100주년까지 불과 몇 해밖에 남겨두지 않았으며, 제국주의의 중심부 자체가 붕괴된 지금조차도 여전히 그 권력의 비호아래 있는 나라, 쿠바 출신이다: 1) 정복의 시대, 그 첫 해부터 세기의 전환기에 있었던 오랜 독립전쟁이 끝나는 시기까지의 스페인 식민주의(1492-1898) 시기, 2) 속국의 시기(1898-1902)와 단지 이름뿐이었던 공화국 시기(1902-1959)를 포함하는 미국 식민주의와 신식민주의 시기, 3) 그리고 바르샤바 조약(Warsaw Pact)과 연대한 사회주의-레닌주의 국가의 출현뿐만 아니라(1950-1990) 그 중심 자체의 소멸과 붕괴 후에조차도 사회주의-레닌주의의 헌신된 전초기지와 요새로서 지속되고 있는 현재를 포함하는 소련 식민주의(1990-).

4) 인도의 비평가 스피박(G. C. Spivak)은 그녀가 점유하는 공간을 역사에 의해, 그녀를 위해 "기록된(written)", 그리하여 불가피한 것으로 묘사한다; 예를 들어, 그녀의 "The Post-Colonial Critic", in *The Post-Colonial Critic: Interviews, Strategies, Dialogues*, ed. S. Harasym (New York: Routledge, 1990), 67-74, esp. 68을 보라. 나는 식민화로 인해 부과된 담론의 예측불가능하고 혼란스러운 속성을 반영하는 *arrojar* (던져진, "to be thrown") 라는 스페인어를 매우 선호한다. 실제로, 그 용어의 더 깊은 함축("토해내진: to be vomited")적 의미가 전적으로 부적절한 것은 아니라고 생각한다.

location), 그 양자의 상호관계성에 놓여 있다. 현실의 독자들과 그 공동체에 대한 초점은 20세기 대부분 동안 가려진 채 있었으나 오늘날에는 논쟁의 선두 자리를 차지하게 되었다. 이는 오랫동안 주변인으로 존재하던 이들이 점차 학문의 주도적 대열에 참여하기 시작한 것과 그 때를 같이 하고 있기 때문이다. 실제로 이와 같은 전환은 일정 수준의 방법론적, 이론적 성숙함이 이루어졌을 때 적절한 학문적 논쟁으로 발전하며 고도로 수행될 수 있을 것이다. 이로 보건대 성서비평의 이행과정을 기술하는 것은 내 자신의 사회적-학문적 연구가 처해 있는 현재의 진로와 미래의 방향을 설명하는 것과 크게 다르지 않다고 할 것이다.

제1장 "그리고 그들은 다른 방언으로 말하기 시작했다"는 성서비평의 역사를 돌아보며 지난 이행과정의 주요한 맥락들을 되짚어 보고 있다. 세계화의 순간에 놓인 오늘날의 성서비평의 모습을 생각해 보면, 누가의 오순절 장면(행 2장)에 등장한 그 특별한 진술이 떠오른다. 이는 본문의 사건을 발전의 측면에서 은유적으로만 읽으려는 의도가 있어서가 아니다. 혹은 그같은 변화발전 속에 위로부터의 영적 인도함이나 재가(裁可)가 있다는 사실만을 강조하려는 것도 아니다. 내가 말하려는 것은 단지 두 다른 텍스트 간의 건설적 상호관련성이 있음을 깊이 살펴보자는 것이다.

실제로 많은 점에서 현재의 성서비평은 누가의 한 장면을 상기시키고 있지만 나아가 그에 대한 근본적 새로운 읽기를 요청하고 있다. 특별히 "다른 방언으로 말하는 것"에 대하여는 매우 다른 의미를 생각해 볼 수 있다. 즉, 그것이 단일한 하나의 그룹이 대중에게 서로 다른 언어들로 말했다는 것이 아니라—여기까지는 사실 정확한 묘사라고 할 수 있으나—대중 자체가 다른 방언으로, 곧 자신의 모국어로 말하기 시작했음을 말

5) 나는 학문 분야에 대한 이러한 묘사를 현재의 인류학적 이론을 묘사하는 S. Ortner의 글로부터 빌려왔다("Theory in Anthropology since the Sixties", *Comparative Studies in Society and History* 26 〔1984〕: 126-166, esp. 126-127).

하는 것으로 보아야 한다. 그렇다면 이와 유사한 다른 많은 점들이 거론되지 않을 수 없다(2:4-5): "천하 각국으로부터[세계의 모든 구석에서부터, 그리고 모든 삶의 자리에서부터] 온 사람들[남성들과 여성들, 독자들과 비평가들]이 그들 자신의 언어로[그들 자신의 삶의 문맥에서 성서본문을 읽고 해석하고, 서로에게 뿐만 아니라 세계를 향하여]" 말하기 시작했다. 이렇게 "방언으로 말하게 됨"은 중심부에 의해 통제되는 담론이 아니라 (결국 그러한 담론의 번역이 곧 중심을 해체하는 데 기여하기는 하겠지만) 누가의 내러티브가 보여주듯 특별한 중심부를 두지 않거나 오히려 많은 중심부를 포함하고 있는 담론이라고 할 것이다. 바로 그것이 이 장의 부제를 "현대성서비평 속에 존재하는 상호 경쟁의 담론 양식들"이라고 정하게 된 이유가 된다. 이 장은 오늘날 성서비평이 놓여 있는 자리를 논하며 처음에는 방법론적, 이론적 다양화로 출발하여 점차 사회문화적 다양화로 이전되는 추이를 설명하고 있다. 혹자가 오늘 성서비평의 영역에서 일어나고 있는 현상을 누가의 묘사의 반전이라고 한다면, 이는 "예루살렘"에서 시작하여 세상 전체로 나아가는 운동이 아니라, 오히려 "예루살렘"("예루살렘"은 존재하지 않기에)으로부터 떨어져 세상 속에 존재하는 운동으로 바라 볼 수 있기 때문이다. 성서비평의 맥락에서 이는 유럽 중심의 정초(mooring)와 관심에서 벗어난 해방과 탈식민지화의 과정으로 설명할 수 있다. 이는 이전 담론들에 대한 폐기가 아니라 지금까지 간과되고 무시되었던 다른 담론들에 대한 발견이라는 취지에서 그렇다는 것이다. 나는 이 과정에 대한 개관을 전체 흐름과 전개에 맞추어 다음과 같이 시작하고자 한다. 아울러 필요에 따라 주요한 개념들에 대한 설명을 덧붙이도록 할 것이다.

성서비평의 영역 속에 존재하는 상호 경쟁적 담론 양식들

성서비평의 영역에서 발생한 전환은 다음의 구조적 원칙들과 깊은 연관을 갖고 있다. 첫째, 지금까지의 전 과정은 세 가지의 독특한 패러다임 혹은 포괄적 모델들을 수반하고 있으며, 그 각각은 서로 다른 해석학적 접근을 시도한다. 둘째, 그 과정들은 해방과 탈식민지화의 관점으로 설명될 수 있으며, 여기에는 각기 다른 문맥에 상응하는 서로 다른 이유들이 포함되어 있다. 셋째, 이 세 가지 패러다임들은 상호 배타적이라기보다 오히려 창조적 상호작용에 따른 것으로 간주된다.

경쟁하는 해석 패러다임들

지금까지 성서비평의 변화는 서로 다른 세 가지의 경쟁적 패러다임을 수반해 왔는데, 그 각각은 독특하고 상이한 담론 양식을 포함하는 것이었다.[6] 그 첫째로, 1970년대의 지배적인 비평 유형으로 널리 인정된—자료비평, 종교사비평, 전승비평, 양식비평, 편집비평, 그리고 구성비평과 같은 방법론적 접근들을 포함한—전통적 역사비평을 들 수 있다. 하나의 포괄적인 모델 혹은 패러다임으로서 이 역사비평은 기의(記意)에 초점을 두었는데, 이는 수단으로서 본문(또는 매체)의 측면에서 설명될 수 있다. 즉, 본문은 그것을 지은 저자에게나 그것이 기록된 세상에 대하여 하나의 수단으로서 기능한다는 것이다. 문화와 경험의 측면에서 이 모델은 필수적으로 본문의 역사적 상황화를 요하고 있었는데, 독자의 입장에서는 보편성과 객관성을 요구하는 것이기도 하였다.

둘째로, 1970년대 지배적인 위치에 있었던 전통적 역사비평에 처음으로 도전하며 등장한 거대한 비평유형으로서 문학비평을 들 수 있다. 문

6) "패러다임" 또는 "해석의 포괄적 모델"이라는 말을 통해 나는 그 안에 포괄되어 있는 이론과 비평들이 가치와 실천의 측면에 있어서 어떤 공통점(sharing)을 지니고 있음을 의미한다. 이는 서로 다른 전문가들 가운데 획일적이거나 매우 밀접한 일치가 있음을 암시하거나, 혹은 그 사이에 엄격한(hard-and-fast) 구분을 창조하려고 하는 것이 결코 아니다. 실제로, 존재하는 차이들과 변용들은 각각의 제시된 패러다임 안에서 규범적(norm)일 뿐 아니라 매우 의미있는 것이다; 비슷한 방식으로, 개진된 다양한 패러다임들은 공통의 다양한 특성들을 드러내 주기도 한다. 그럼에도 불구하고, 추상화하는 과정의 어떤 단계에 있어서 가치들과 실천들을 하나의 그룹으로 묶어내는 것은 비평적인 분석에 있어서 도움이 된다. 이 점에 있어서, 이스톱(A. Easthope)의 *Literary into Cultural Studies* (New York: Routledge, 1992), 3-21 쪽을 보라.

학비평은 1980년대와 90년대를 지나오며 성서비평의 영역에서 하나의 견고한 대안으로 급속히 자리를 굳혀 왔다. 여기에는 내러티브비평, 구조주의비평, 수사비평, 심리비평, 독자반응비평, 그리고 해체주의 같은 다양한 접근들이 포함되어 있다. 하나의 패러다임 혹은 포괄적 모델로서 문학비평은 기표(the signifier)에 강조를 두고 있는데, 이는 매체나 혹은 매체로서의 본문이라는 측면에서 설명될 수 있다. 즉, 본문이 수신자에게 보낸 저자의 메시지로서 그같은 대화전달의 형식적 틀을 아우르는 원리들에 더욱 강조를 둔다. 이는 다소 늦은 감은 있어도 근대적 경향성을 반영하는 하나의 발전에 해당되는 것이다. 문화와 경험의 측면에서 볼 때, 본문의 역사적 상황화는 특정한 방법론에 따라 축소되거나 혹은 그렇지 않을 수도 있으나, 그러한 강조들은 문학비평에서 근본적 재조정을 거치게 된다. 다시 말해 본문이 세상이나 저자와 독자로부터 분리되어 있는 자립적이며 독립적인 객체로 여겨지는 까닭에, 앞서 강조되었던 많은 부분들은 사라지게 되는 것이다. 강조의 대상이 달라진 것은 문학사나 혹은 또 다른 포괄적 연구의 흐름에 따라 심미적 혹은 형식주의의 관점에서 본문의 상황성을 이해하려 했기 때문이다. 이로 인해 독자와의 관계 속에서 앞서의 전통적 역사비평이 주창한 보편성과 객관성은 유동적이 되기도 한다.

셋째로는 1970년대 중반 문학비평과 나란히 발생하여 역사비평을 그 중심에서 밀어내는 역할을 수행하고, '80년대와 '90년대를 거쳐 하나의 실질적 대안으로 굳게 자리매김한 포괄적 비평 양식으로서의 문화비평이 존재한다. 여기에는 (1) 네오마르크스 주의에 입각한 사회경제적, 이데올로기적 분석이라든가 (2) 천년왕국론과 종파이론과 같은 종교사회학, 인지부조화론(cognitive dissonance), 지식사회학, 사회역학 및 역할분석과 같은 사회학적 연구, 그리고 (3) 정결법에 대한 교차문화 분석, 근동학, 집단과 조직의 비교사회연구와 같은 문화인류학의 인류학적 접근법들이 다수 포함되어 있다. 하나의 패러다임으로서 문화비평은 매체의 측면이나 혹은 매체와 수단 양자 모두로서의 본문이라는 측면에서 설명될 수 있으나, 기표(signifier)보다는 기의(signified)에 더욱 강조를 두고 있다고 할 수 있다. 이는 주어진 환경 속에서 독자에게 전달된 저자의 메시지로서의 본문과 그같은 대화전달의 사회문화적 맥락을 지배하던 규칙이나 원칙에 역점을 두기 때문인데, 그 대화전달이 생산되었던 '세상' 에서 수단으로서의 본문에 강조를 두는 것이라 할 수 있다. 그리하여 이는 오랜 기간의 구성과 흔적으로서 본문을 강조하는 전통주의의 흐름을 계승하는 또 하나의 발전이라고 할 수 있다. 문화와 경험의 측면에서 볼 때, 이 모델은 본문에 대한 더욱 급진적 상황화를 요구한다. 이는 또한 독자의 상황화를 요구할 수 있는데, 네오마르크스식의 접근에서 특히 그럴 수 있으며, 인류학적 접근에서는 그 정도가 덜하다고 하겠다. 학문의 어느 공식적 경로—예컨대 세미나, 교수논총, 도서 평론 등등—에서 활용되는 성서비평의 방식을 조금만 관찰하여도 우리는 이론과 실제 모두에서 위의 세 가지 담론 양식이 함께 존재하고 있음을 쉽게 알 수 있다.[7] 이를 통해 역사비평이 쇠퇴의 일로에 있는 것으로 나타난다면, 이는 문학비평과 문화비평이 우세의 일로에 있기 때문일 것이다.[8]

---

7) 패더라임들의 유사한 사용에 관해서, 문학이론의 시각으로는 T. Eagleton의 *Literary Theory: An Introduction* (Minneapolis: University of Minnesota Press, 1983), 74 쪽을, 성서비평의 시각으로는 E. Schuessler Fiorenza의 " 'For the Sake of Our Salvation……' Biblical Interpretation and the Community of Faith", in *Bread Not Stone: The Challenge of Feminist Biblical Interpretation* (Boston: Beacon Press, 1984), 23-42쪽을 보라.

8) 사실상, 역사비평 모델은 이론적인 관점에서는 쇠퇴한 것으로 묘사될 수도 있지만, 실천적인 관점에서는 그렇지 않다. 이론적인 관점에서는 그동안 자신의 방법론적 원칙들이나 읽기 전략들, 그리고 토대가 되는 이론적 방향성들을 위한 진지하고 학적인 방어를 수행할 수 없었다. 실천적인 관점에서, 미국에서의 영향력은 눈에 띄게 줄어들었지만, 유럽에서의 지배력은, 여러 균열에도 불구하고 아직도 변함이 없다. 예를 들어, E. J. Brill에 의해 최근 출판되는 새로운 저널, *Biblical Interpretation: A Journal of Contemporary Approaches*은 주목할 만한 것이다. 실제로, 첫 번째 호에서 (1 〔1993〕: i-ii) 출판된 저널의 "편집자 평"("Editorial Statement")의 첫 문단은, 미묘하지만 확실히, 저널의 등장에 관한 정치적, 이론

해방과 탈식민지화의 과정

이러한 해석모델의 발생 및 전환을 해방과 탈식민지화의 점진적 과정으로 볼 수 있는 것에는 충분한 이유가 있다. 우리는 특정한 형태로 제도화된 해석의 유형을 구축한 역사비평의 강제력이 상당부분 사라졌음을 목도하였다. 오랫동안 거의 모든 성서학자들이 이 모델로 훈련되었고, 학교의 교수진은 이 하나의 모델에 대한 지지자들과 대표자들로 채워져 있었다. 그 결과 학계와 교계의 거의 전반에 걸친 자연스런 통제가 이루어지기도 하였다.[9] 그러나 이후의 변화는 어느 하나의 해석모델에 대한 숭배로 귀결되지 않는 폭넓은 다양성—곧 일찍이 존재했던 역사비평의 어느 방법론보다 훨씬 더 다양하고 폭넓은 해석의 모델들을 담지한—의 서로 다른 두 패러다임을 출현시켰던 것이다.[10] 문학비평과 문화비평이

적 설명을 제공하고 있다: "텍스트의 해석에 대한 새로운 그리고 때때로 경쟁적 접근들의 최근 성장은 역사비평을 높이 사는 주도적인 저널들에서는 단지 간헐적으로만 반영되었고, 또한 숙고되었다. 이를 위해, 실천적 그리고 이론적 연구 양식을 위한 국제적 매체에 대한 필요가 절실하게 되었다." 사실상, 이 편집자 평은—중심과 변두리라는 도식에 의지하면서—역사비평가들에 의해 주도된 저널의 통제가 보다 새로운 해석 흐름들을 반영하고 있는 원고들의 출판을 가로막아 왔으며, 이러한 상황이 그러한 목소리들을 위한 새로운 출구의 필요성을 절실하게 만들었다고 주장하고 있다.

9) 우리는 이 점과 관련하여, 사회종교적(socioreligious) 또는 교회적(ecclesiastical) 맥락에서 역사비평이 성서비평의 지배적 형태이기는 커녕 결코 하나의 선택사항도 되지 못했던 많은 종교적 단체들이 있었다는 점에 주의해야 한다. 게다가 로마 가톨릭 교회에서도, 역사비평은 시간이 가면서 하나의 선택사항이 되었고 그러다 결국 지배적인 방법이 되었는데, 그것도 단지 상당한 투쟁의 시기를 거친 이후의 일이었다. 내가 언급한 영향력은 대부분 이 당시의 로마 가톨릭주의를 포함한 소위 주류교회들과 그들의 고등교육기관들과 관계 있다.

10) 말하자면, 한 역사비평가가 양식비평에서 편집비평의 관점으로, 또는 편집비평에서 구성(composition)비평으로 이동하는 것은 결코 어렵지 않을 것이다; 결국 전체적인 담론 양식은 여전히 매우 유사하기 때문이다. 그러나 사회학적 비평가가 내러티브 분석에서 심리학적 분석 또는 해체주의로 가는 것, 또는 문화비평가가 네오 마르크스주의 비평에서 인류학적 또는 사회학적 비평으로 가는 것은 훨씬 더 어려울 것이다. 이 양자의 경우, 어떤 부정할 수 없는 공통의 성격을 지니고 있음에도 불구하고, 각 담론에서 각각의 특수한 방법들의 토대를 이루는

처음 나타났을 때만 해도 그 다양성은 주로 본문과 그 본문을 읽기 위한 모델에 역점을 둔 다분히 방법론적이며 이론적인 면에 한정되어 있었다. 그러나 최근 문학비평과 문화비평의 발전과 더불어 그 다양성에도 사회문화적 형태가 가미되어 독자와 그 독자의 읽기 양식까지 강조를 두기 시작하였다. 요컨대, 이같은 과정이 해방과 탈식민지화의 관점에서 설명될 수 있는 것은 다음과 같은 두 가지 근본적 이유 때문이다. 첫째는 해석학적 모델을 스스로 선택할 수 있는 자기결정의 측면이 되살아났고, 둘째는 비평학자에게 요구되었던 객관성과 보편성의 신화에 대해 과감히 그 의문을 제기하였기 때문이다.

창조적인 상호작용

끝으로 탈근대의 상황을 고려한 오늘의 자리에서 바라볼 때 앞의 세 가지 담론 양식은 결코 상호 배타적인 것으로 간주될 수 없다. 오히려 이것들은 창조적으로 활용될 수 있고, 또 그래야 한다. 무엇보다 전통적 비평에 담긴 역사성의 경향—본문과의 거리감—은 어떤 경우에서나 무시될 수 없다. 많은 점에서 본문은 우리에게 "타자(an other)"로서 존재하기 때문이다. 둘째, 문학비평의 형식주의적 경향성—이야기의 규칙에 대한 고려—또한 무시되어서는 안 될 것이다. 본문은 우리에게 생소한 어떤 규범을 갖고 있기 때문이다. 셋째, 문화비평의 해석학적 경향성—본문과 독자의 상황에 대한 고려—도 더욱 강조되어야 한다. 분명히 본문은 우리에게 "타자"로 존재하고, 다른 시대의 문화와 그 관습들을 따르고 있다. 이와 동시에 그 "다름(otherness)"은 늘 독자로서, 특정한 사회적, 역사적 자리에 놓여 있는 우리 자신의 렌즈를 통하여 이해되고 있다. 탈근대의 전망에서 볼 때 읽기와 해석은 항상 독자의 측면에서 재구성을 포함하고 있으며 독자는 그것이 결국 구성이라는 것을 전제하며 그 구성에 참여한다. 이로 인해 역사주의적, 형식주의적 경향성을 존중하고

이론들은 매우 상이하며, 광범위하고, 습득이 쉽지 않다.

선용하는 한편, 우리는 항상 역사의 재구성과 본문의 재구성이 그야말로 구성이라는 것과 그 또한 독자의 사회적 상황과 깊이 관계되어 있음을 인지할 수 있게 되는 것이다.

이 세 가지 구조적 원칙들을 염두에 두고, 위에서 약술한 세 가지 해석의 패러다임을 따라 성서비평의 전환에 대하여 다음에서 다루고자 한다.

1) 역사비평 : 수단으로서의 본문

역사비평의 다양한 방법론에 담긴 목적과 도구 그리고 전체적 도식이 잘 알려져 있음에도 불구하고, 그 기본적 읽기 전략과 이론의 근본적 얼개는 잘 소개되어 있지 않다. 이는 역사비평의 패러다임 자체가 지지자들로부터 이론적 정교화를 그다지 요구하지도 않았고, 단지 실제적인 전문적 능력만을 요구하였기 때문이다. 다시 말해 이 모델은 패러다임 자체에 대하여 혹은 그 외의 다른 해석 양식들과의 관계에 대하여 비평적 자기이해를 거의 갖고 있지 않다. 비록 고대문서의 비평을 포함한 문학비평의 양식을 얼마간 갖고 있었다 할지라도, 역사비평은 구미세계의 폭넓은 문학이론의 학문적 토대를 철저히 요구하지 않았던 것이다. 요컨대, 본문에 대한 특별한 접근이 어떻게 문학이론사 속에 놓여 있는지 혹은 그것이 어떻게 다른 현대의 접근과 합치되거나 달라지는지에 대하여 전혀 흥미나 논쟁의 대상으로 삼지 않아 왔다. 그로 인해 무엇을, 왜, 그 같은 방식으로 얻었는가에 대한 논의가 명백히 드러나지 않게 되었고, 그 결과 비평적 비교가 사라지게 되었던 것이다.[11] 이런 점에서 역사비

---

11) 이러한 신학적 근시안은 피할 수 없는 결과들을 낳았다. 예를 들어, 그 방법론 자신을 무반성적이고 무비판적으로, 곧 한의 유일한(the) 방법론으로, 그 자신의 이론적이고 이데올로기적 토대들을 인식하지 못한 채, 모든 이들에게 공유될 수 있는 하나의 유일한 정당한 방법론으로 생각하게 만들었다. 동일하게, 20 세기를 거치는 동안 다양화된 다른 해석 양식들과의 비판적인 교류에 실패함으로써 그 자신을 유일하게 정당한 방법론으로 보는 편협한 견해를 강화했을 뿐 아니라, 결국에는 이후 등장한 다양한 이론적 도전들에 대해 만족스럽게 대응하지

평의 본문읽기가 취하는 기본 원칙들을 개괄함으로써 이에서 파생한 다른 두 패러다임들과의 비교를 위한 자료로 활용하는 것이 유익할 것이다.[12]

기본 원칙들

1. 역사비평의 모델에 따르면 성서 본문은 수단으로서, 곧 그것이 작성된 시대로부터 유래한 그 시대에 관한 역사적 증거로서 존재하고 있다. 따라서 본문은 그 자체의 역사적 상황 가운데 읽혀지고 분석되어야 하며, 그 본문이 전제하고 반영하고 말하고 있는 역사적 상황의 재구성을 위한 직접적 수단으로서 간주되어야 한다. 이 과제는 그 시대의 시간과 공간에 대한 폭넓은 지식을 수반하는 것으로 역사적 맥락, 사회제도, 문화 관습, 신앙의 표현 양식, 문학의 생산과 양식 등을 함께 포함하고 있다. 본문의 총체적 역사이해 속에서 종교 문서로서의 본문의 특성이 강조되고, 신학적 내용과 메시지에도 역점을 기울인다.

그러므로 역사비평의 모델에 있어 본문의 의미는 본문에 의해 대표되는 세계 속에, 혹은 저자의 의도 속에 존재하거나 그 양자 모두에 존재하고 있다.[13] 결과적으로 텍스트로서의 본문에 대한 분석은 마지막까지도

못하기도 하였다. 주해의 수단(the wherewithal of exegesis)에 대한 역사 비평의 강조는 이론적 정당성에 대한 관심을 불필요한 것으로 만들었으며, 그래서 이론적 정교함을 결여한 채, 기본적으로 무방비 상태로 남게 되었다.

12) 역사적인 발전과 주요 인물들 그리고 관심사들에 대한 개관을 위해서는 R. F. Collins의 *Introduction to the New Testament* (Garden City, N. Y.: Doubleday, 1983), 41-49쪽과 (chap. 2: "Historical-Critical Methodology")와 Stuhlmacher의 *Historical Criticism*, 22-60쪽을 보라.

13) M. H. Abrams의 여전히 유용한 역사 이론의 유형학에 의하면, 역사비평은 모방적이고(mimetic) 표현적인 이론의 조합으로 규정할 수 있을 것이다. M. H. Abrams의 *The Mirror and the Lamp: Romantic Theory and the Critical Tradition* (New York: Oxford University Press, 1953), 3-29쪽과 또한 "Types and Orientations of Critical Theories", in *Doing Things with Texts: Essays in Criticism and Critical Theory* (New York: W. W. Norton, 1989), 3-30쪽을 보라.

그 방법론적 레퍼토리에 포함되지 않는다. 또한 본문의 배후에 놓인 세계나 저자에 대한 분석이 전문적이고 상세할 때에라도 사회이론이나 문화이론을 일관되게 유용하지 않음으로써 오히려 인상주의적 수준으로 머물게 되는 경우가 발생한다. 결국, "공동체"라는 다소 헐거운 개념으로 표현되는 본문의 의도된 독자들만이 주된 관심의 대상으로 남아 있다. 현대 독자들의 과제는 본문의 본래 메시지와 의도에 입각하여, 본문의 그 본래 청중을 찾고 회복하는 일이라고 할 수 있다.

2. 역사비평 모델은 본질적으로 성서 본문을 예술적, 수사학적, 그리고 이데올로기적 산물로 여기지 않기 때문에 문학적, 전략적, 이념적 전체성의 개념을 전혀 갖고 있지 않다. 지금도 그런 것처럼, 실제로 본문은 문체, 논리, 신학적 난제들—본문의 불균등성, 까다로움, 혹은 모순들—로 가득한 문제 있고 심지어는 지적이지 못한 것으로 간주되기도 한다. 그같은 난제들의 존재는 긴 과정의 편집과 증대의 결과이기 때문에 본문분석은 서로 상충하는 문학 층의 분리와 재구성의 노력이 수반된 발굴(發掘)적 읽기의 측면에서 이해해야 한다. 실제로 난제들은 그같은 문학 층의 병치(倂置)로부터 발생하는데, 이는 다시 구성과 분석의 과정에 대한 이정표로서 기여하게 된다.[14] 따라서 역사비평에서의 본문 읽기는 첫 장에서부터 마지막 장으로 읽는 것이 아니라, 지면(ground)에서 위로의 방향으로 읽는 것이라고 할 수 있다.[15]

---

14) 복음서 연구의 영역에서 이 과정의 상세한 설명을 위해서는, R. T. Fortna의 *The Fourth Gospel and Its Predecessor: From Narrative Source to Present Gospel* (Minneapolis: Fortress Press, 1988), 1-11쪽을 보라. 매우 흥미롭게도, 역사비평의 이 기술적인 용어는 해체(deconstruction)주의에 있어서도 매우 중요한 것이 되었는데, 특별히 *아포리아(aporia)*는 텍스트의 자기 모순적 의미들이 더 이상 해결될 수 없는 지점을 가리키는 것이었다. 역사비평에서는 *아포리아(aporia)*가 재구성의 다양한 단계와 더불어, 텍스트의 보다 초기의 버전들로 이끌어가는 반면에, 해체주의에 있어서 *아포리아(aporia)*는 텍스트의 의미를 결정될 수 없는 것으로 보는 견해로 이끌어 간다.

15) 그 양식의 토대를 이루는 진화하는 문학 이론을 위해서는, Peterson의 *Literary Criticism*, 11-20쪽을 보라. 이러한 읽기는 보다 초기의 것이 더 나은 것이라는

3. 역사비평 모델은 강한 낙관주의적 기초와 경향을 가지고 있다. 본문의 의미는 단일의(單一意)적이고 객관적인 것으로, 자연과학의 적절한 방법론이 엄격히 적용될 때 회복될 수 있다는 것이다. 더욱이 본문이 역사적인 상황을 전제하고, 반영하고, 또 그것을 언급하기 때문에 역사 자체의 궤도 또한 과학적으로 재구성 될 수 있다고 본다. 그럼에도 불구하고 그러한 복구와 재구성에서 나타나는 불일치는 변함이 없고, 뿌리 깊으며, 개념이나 적용에서의 결점으로 인해 자기 자신의 것 이외에 대하여는 비판을 누르기 어렵게 된다. 역사비평에 있어 이전의 연구에 대한 방법론적 폭로나 파괴는 본질적인 것으로서 이는 주로 논문의 첫머리 연구사를 다루는 곳(*status quaestionis*)에서 드러난다. 요컨대 학문은 이론적 지향에 따른 본문읽기의 서로 다른 방법적 측면에 따른 것이라기보다, 비록 심각한 일탈과 탈선의 위험이 있을지라도 궁극적으로 진보적이며 진화적이라는 원칙을 고수한다.

4. 이같은 과학적 토대와 접근방식을 고려할 때, 이 모델은 매우 특수한 종류의 독자 곧 박식하며 숙련된 비평가로서의 독자를 요구한다. 성서 연구자는 성서비평의 방법론적 도구들을 신중히 적용하면서 본문에 대한 중립성과 공정성의 자리를 지켜야 한다. 요컨대 본문의 객관적 의미를 회복하기 위해서 비평가는 신학적이건 사회문화적이건 모든 전제들을 완전히 벗어나 객관성의 입장을 취하도록 한다. 이같은 중립적 비평가의 기능은 본문의 의미에 접근하고 그것을 해석하여 미숙한 독자들에게 전달하는 일을 포함하고 있다. 그 과정에서 비평가의 위치는 본문—비평가—독자를 구성하는 계급체계 가운데 고도로 권위적이고 강력한 자리를 확고히 점하게 된다.

5. 이 모델은 또한 뿌리 깊은 신학적 경향성을 띄고 있다. 앞에서 언급

원리에 의해 형성되었다. 다시 말해서, 층들의 분리와 재구성은 보다 초기의 층들이나 전통이 근원—예수 자신의 것이나, 초기 기독교의 것인, 그래서 역사적으로 더욱 안전하거나 정확한 근원—에 더욱 가까운 것이라는 암시적 견해를 바탕에 두고 있었다.

한 것처럼, 역사비평 모델은 본문의 종교적 내용과 메시지에 대하여 우선적 관심을 갖기 때문에, 성서 신학과 초기 기독교 운동의 신학적 입장과 갈등, 발전에 역점을 두며 본문에 대해 매우 이상주의적 접근을 추구했다. 그리하여, 과학적 거리두기에 대한 스스로의 강조에도 불구하고 이 모델은 견고한 신학적 전제를 가지고 있는데, 그것은 두 가지 독특한 형태로 드러난다. 그 첫째로, 본문 해석은 신학과는 근본적으로 구별된 것으로 각자의 영역에서 연구하고 있는 신학자들을 위하여 사실과 자료를 산출하는 종교사의 한 영역으로 간주될 수 있다는 것이다. 둘째로, 기독교적 교리와 삶은 결국 하나님의 말씀의 인도와 판단에 예속되는데, 그 "말씀"은 전통적 교리학의 경우와 마찬가지로 직접적 방식이 아닌 역사비평을 경유하는 간접적 방식으로 전유될 수 있다는 것이다. 이 두 가지 형태의 신학적 전제 모두에 대하여 신학의 작업은 역사적 재구성의 작업으로부터 독립되어 있는 반면, 그 처음 형태의 전제에 대한 재구성은 본질적으로 훈련으로 간주되고, 또한 두 번째 형태의 전제에 대한 재구성은 초보적 교육이 된다. 이 두 입장은 모두 고도의 신학적 작업이지만 그렇게 간주되지도 않았고 분석되지도 않았다.

역사비평에 있어 수단으로서의 본문은 단일의(單一意)적이며 객관적인 의미를 소유하기 때문에 그리고 이는 지적으로 세련되고 훈련된 과학적 조사를 통해서 드러날 수 있기 때문에, 드러난 그 의미는 모든 시대와 문화에 있어서 동일한 것이다. 따라서 본문의 적절한 해석학적 전유와 적용은 궁극적으로 이같은 본문의 의미와 해석에 바탕을 두고 있다. 즉, 적절히 간수되고 안정화된 본문의 원래적 의미는 언제 어디서나 그리스도인의 삶의 전체적 지평과 경계를 관장하고 지배한다.

6. 역사비평 모델은 매우 독특하고 포괄적인 교육 모델을 전제하며 이를 요청하고 있다. 이에 따르면 올바른 방법론적 도구들이 적절히 보급되고 획득된다면, 신학적 신념이나 사회문화적 정초와 관계없이 모든 독자들이 세련되고 지적인 비평가가 될 수 있다는 것이다. 이는 학문적인 혈통(누가 누구 밑에서 공부했는가)과 사고(思考)의 유파(流波)(본문에

대한 적절한 접근 對 부적절한 접근)를 대단히 강조하는, 매우 위계적이며 권위적인 특성의 지적 전수와 수동적 수용의 교육 모델이다. 독자들은 본문을 올바로 읽는 방법을 배워야 한다. 그러나 신학적 전제들을 의무적으로 드러내어 그것들을 충분히 미연에 제거되도록 하기 위한 것이 아니라면, 그들은 자기 자신들을 읽는 방법을 배울 필요는 없다. 그리 놀랄 일은 아니지만 이러한 교육 모델은 그 해석학적 모델과 궤를 같이 하여 본문과 그 의미에 대한 설명을 듣기 위해 교사/비평가에게 의지하는 학생/독자를 양산시킨다.

결론적 논평

이론과 방법론의 측면에서 역사 패러다임은 주목할 정도로 동종 번식적이며 철저하게 패권적인 성향을 지니고 있다. 이론적 논쟁은 훌륭히 설정된 한계 속에서의 내부적 행사(예컨대, 역사비평의 다양한 면모에 대한 숙지나 연구 영역에서 수행된 과거의 주석들 읽기)에 그치는 경우가 많다. 다른 비평 모델이나 연구들과의 대화는 거의 존재하지 않는다. 이 모델은 경험과 문화에 있어서 혼합적이라 할 수 있다. 즉, 본문의 사회적 위치는 분석하여도, 그 본문을 읽고 해석하는 이들의 사회적 위치에 대하여는 짐짓 괄호로 처리해 버린다. 그리하여 본문 자체의 기초가 되는 문화와 경험들은 건전한 학문과 적절한 해석을 위해 필수적이고 열정적으로 추구되는 반면, 그 본문의 독자들에게 직접적 영향을 끼치는 문화와 경험들은 무관하게 끼어들어온 비학문적인 것으로서 해석의 전체 과정을 손상시키거나 오염시킬 수 있는 전적으로 배제되어야 할 대상이 된다. 그러므로 비평가의 마땅히 행할 직무는 자기해석(eisegesis)이 아닌 본문 주석(exegesis)이 되어야 한다. 즉, 본문에 주입해 넣는 읽기 혹은 자신의 진술을 본문에 넣어 읽는 읽기가 아니라, 본문에 대한 읽기 곧 본문이 그 고유의 언어로 스스로 말하도록 하는 읽기기 되어야 하는 것이다.[16)]

결국 역사비평의 방법론적 발전이 더 이상 새롭게 등장한 관심들과 질문들, 도전들을 응대할 수 없게 되었을 때, 내부로부터 붕괴의 위기를 피할 수 없게 되었다. 또 다른 한편, 1970년대 편집비평에서 구성비평으로의 변환기에 문학이론으로의 새로운 전환이 불가피해졌다.[17] 저자의 역할에 대한 숙고가, 수용된 전승 속에 담겨 있는 변화에 대한 분석(편집비평의 핵심)으로부터 종합적인 (신학적) 정리와 발전의 측면에서 이미 완성된 본문에 대한 분석(구성비평의 목표)에로 전환되기에 이르자, 문학이론에 대한 필요성이 곧 명백해지게 된 것이다. 본문의 구성을 저작 전체의 연속성이라는 관점에서 본문으로 보거나, 저자를 신학자로서 생각하는 관점에서 본문의 의미로서 바라보는 것으로는 더 이상 충분치

---

16) 이 점에 관해서는 미국 학생들을 위한 성서 주해에 관한 최근의 안내서인 J. R. Hayes와 C. R. Holladay의 *Biblical Exegesis: A Beginner's Handbook* (Atlanta: John Knox, 1982) 서론 부분에 해당하는 5-29쪽을 보라. 여기에는 본문주석/자기 해석(exegesis/eisegesis), 적절한 과학적 도구들, 그리고 텍스트의 의미와 같은 용어들이 여전히 우세하게 나타난다. 이들은 텍스트의 의미는 사실상 무한하기 때문에 특정 종류의 주해는 오로지 부분적으로만 그 의미에 도달할 수 있다고 상술한다. 동시에, 독자의 역할은 거의 완전히 간과되고, 자기해석(eisegesis)은 텍스트에 대한 잘못된 질문을 묻는 것이나 올바른 질문에 틀리게 대답하는 것으로 묘사된다. 또한 독일 학생들을 위한 신약 성서 주석 개론서인 H. Conzelmann과 A. Lindemann의 *Interpreting the New Testament: An Introduction to the Principles and Methods of N. T. Exegesis* (Peabody, Mass.: Hendrickson, 1988)에 나오는 서론적 언급(1-5쪽)을 보라. 다시 한 번, 본문주석/자기 해석(exegesis/eisegesis), 과학적 연구와 규범, 그리고 텍스트의 적절한 이해라는 용어의 우세가 매우 분명하게 확인된다. 저자들은 주석가들이 신학적인 용어들 속에서 발견되는 그들 자신의 전제들을 인식하고 있어야만 한다고 지적한다. 그러나, 그러한 인식은 그 전제들을 본문 안에서(in) 그리고 본문 안으로(into) 읽어 들이는 것을 피하도록 하기 위해 필요한 것으로 간주된다. 따라서 독자(the reader)로서 독자 자신에 대한 관심은 실제로 최소한의 수준에 머무른다.

17) 편집비평은 1950년대에 시작해서, 1960년대에 확고해졌다가, 1970년대에 구성(composition) 비평에게 자리를 양보하기 시작했다. 편집 비평에 대한 간략한 설명을 위해서는 Collins의 *Introduction*, 196-230쪽과 N. Perrin의 *Whai Is Redaction Criticism?,* Guides to Biblical Scholarship (Philadelphia: Fortress press, 1969)를 보라. 구성(composition) 비평에 대해서는 Perrin의 "The Evangelist as Author: Redactions on Method in the Study and Interpretation of the Synoptic Gospels and Acts", *Biblical Research* 17 (1972): 5-18쪽을 보라.

않음이 드러나게 되었다. 또 다른 한편, 본문의 배경이 되는 공동체와 상황에 대한 편집비평과 구성비평의 뚜렷한 관심과 함께 사회 이론—경제학, 사회학, 인류학 등의 이론들—에로의 전환도 역시 엄연한 일이 되었다. 인상주의적 방식으로 사회적 구성으로서의 본문을 언급하는 것으로는 충분치 않게 되었다. 곧 정밀한 이론적 틀에 대한 필요가 분명해진 것이다. 성서비평의 전통적인 도구들로는 더 이상 새로운 도전들을 충분히 응대할 수 없게 되었다. 새로운 도구들에 대한 소개가 불가피해지면서 그 모두가 토론의 장으로 유입되기 시작하였다. 이로 인해, 역사비평으로부터 문학비평과 문화비평이 부상하게 되었다. 그러나 역사비평의 많은 부분은 여전히 해석의 주요한 모델로 활용되고 있다.

2) 문학비평 : 매체로서의 본문

주도적인 해석 패러다임이 학문의 영역에서 그 자리를 잃게 되었을 때, 이와 동시에 이론—말하자면, 근본 원리—에 대한 왕성한 전환이 일기 시작하였다. 20세기의 마지막 1/4의 시기 동안에 성서비평도 그와 같은 일에 예외가 될 수 없었다. 이론의 부재와 경시가 다년간에 걸쳐 제도화의 길을 걷던 전통적인 역사비평의 상징이 되었던 것처럼, 명시적이고 복잡한 이론적인 논의가 "새로운" 문학비평("옛" 문학비평이나 자료비평과는 전혀 다른 것)의 발생을 가리키는 지표가 되었다. 그와 함께 문학비평의 이론적 논의는 확고하던 중심부를 향해 도전하는, 주변부로부터의 활성화된 움직임을 드러내 준다. 그런데 이러한 이론적 숙고는 그 토대와 영감을 위해 직접적으로 외부세계로 눈을 돌리고 있었다. 이는 문학과 심리학 같은 인문학의 다양한 분야에 대해 과거의 전통적 방식의 내부적 토론이나 신학적 정초(moorings)에 머물렀던 것과는 동떨어진 것이었다. 그리하여 문학 이론, 심리분석 이론, 구조주의 이론, 그리고 수사학 이론들이 그 대화 파트너로 등장하게 되었다.[18]

결국 새로운 양식의 담론이 출현하기 시작하였는데, 이는 그 자체의 분석적 도구와 그에 걸맞은 어휘를 갖추었고 결코 획일적이지 않은 고도의 다양성과 특정한 이론적 토대에 깊이 천착하고 있었다. 그 결과 역사비평가와 문학비평가 사이의 어떤 토론도 매우 어렵게 되었다. 이는 그들이 전통적 역사주의에 기반을 두고 있었고, 후자가 처음에 매우 조심스런 입장을 취했음에도 불구하고 일어난 일이었다. 이론적 전망에서 볼 때, 역사비평가들은 문학비평가들과 조화될 수 없었다. 점차 새로운 거대 해석모델이 그 모습을 드러내면서 매우 새로운 형식의 읽기와 비평을 요구하였다.

기본 원칙들

1. 문학 모델은 주로 송신자와 수신자, 저자와 독자 사이의 매체로서 곧 메시지나 커뮤니케이션으로서 성서 본문을 이해한다. 그 결과 텍스트로서의 본문은 결코 이전에는 얻지 못했던 집중적 관심을 받기 시작했고, 점차 그 자체가 문학적, 수사학적 산물로 조명되기 시작하였다. 성서 연구의 주된 초점을 더 이상 본문의 배경 세계나 혹은 그같은 세계관을 품은 저자에 두지 않았고, 오히려 본문의 심미적이거나 예술적인 특성에 두었으며 본문의 형식적 특징들을 더욱 강조하였다. 예를 들어 이같은 분석은 장르와 포괄적 이론에 대한 물음, 표면적이든 심층적이든 구조와 건축에 대한 물음, 고대 수사학의 연구에서부터 근대 서사학에 이르기까지의 해부와 조직에 대한 물음 등을 포함하고 있었다. 결과적으로 문학비평에 있어서는 본문의 예술적 특징들이 종교적이거나 신학적 면모들

---

18) 이론에 관한 초기 작품과 관심들의 실례들을 위해서는 D. O. Via의 *The Parables: Their Literary and Existential Dimension* (Philadelphia: Fortress Press, 1967)과 같은 저자의 *Kerygma and Comedy in the New Testament: A structuralist Approach to Hermeneutic* (Philadelphia: Fortress Press, 1975)와 D. Patte의 *What Is Structural Exegesis?*, Guides to Biblical Scholarship (Philadelphia: Fortress Press, 1976), 그리고 Peterson의 *Literary Criticism*, M. A. Tolbert의 *Perspectives on the Parables: An Introduction to Multiple Interpretations* (Philadelphia: Fortress Press, 1979)을 보라.

보다 훨씬 더 많은 관심을 끌고 있었다. 반면, 저자와 독자에 대한 분석은 실제의 저자와 실제의 독자에 대한 개념보다는 암시된 저자와 암시된 독자(대체적으로 본문에서 비롯된 저자와 독자에 관한)의 개념에 모아져 있었으며, 세계에 대한 분석은 이야기 서술의 수준들, 성격묘사, 그리고 무엇보다도 관점—본문 안에서 그리고 본문을 통해 묘사된 세계에 관한 관점—과 같은 개념들에 모아져 있었다.[19]

돌이켜 보면 성서학에서의 이러한 전환은 매우 필연적인 것으로 결코 놀랄 일이 아니었다. 거의 40년의 시차가 있기는 하지만, 이는 사실 폭넓은 비평이론의 영역에서 이미 정착된 양식을 따르는 것이었다. 20세기 초 문학연구에서 역사주의의 독재가 미국의 새 비평과 유럽 형식주의라는 대체로 독립된 것들이었지만 동시대적인 경향성—본문이 독립적 심미의 대상임을 강조하는 경향성—에 자리를 내어 주게 되었다. 마찬가지로 성서학에서의 역사비평도 점차 다양한 형태의 새로운 문학비평에 의해 부분적으로 대체되기 시작하였다. 그리하여 세계와 저자에 대한 강조 속에 침잠해 있던 본문이 표면 위로 완전히 드러나게 되었다.[20] 이는 물론 본문 배후에 있는 세계와 저자에 대한 비평적 관심들이 모두 포기되었음을 말하는 것이 아니다. 오히려 그같은 분석은 본문을 매체로서, 곧 모든 그와 같은 연구에서 기본적이고 피할 수 없는 필터(filter)로 인식하기 시작했음을 말하는 것이다.

과거 20년을 돌아봄으로써 이제는 문학비평의 전 과정을 살펴보는 것

---

19) Abrams의 유형학 내에서, 문학비평은 비록 항상 종속적이기는 하지만, 독자에 대한 강조를 표현하는 객관적인 비평 이론의 한 예를 대표한다고 하겠다. 위의 각주 13을 보라. 성서 연구에 있어서 문학비평과의 간략한 대조를 위해서는, M. A. Powell의 *What Is Narrative Criticism?*, Guides to Biblical Scholarship (Minneapolis: Fortress Press, 1990), 1-10쪽을 보라.

20) 문학비평에서의 형식주의의 성격과 배경(context)에 대해서는, Eagleton의 *Literary Theory*, 17-53쪽과 V. B. Leitch의 *American Literary Criticism from the Thirties to the Eighties* (New York: Columbia University Press, 1988), 24-59쪽을 보라.

이 가능하다. 본문 우위의 극점에서 독자 우위의 극점에 이르는 폭넓은 해석의 스펙트럼을 놓고 볼 때, 점점 전자에서 후자로 이행하게 되는 과정에서 텍스트의 본문에서 본문의 독자로 그 초점이 이동하였고, 내러티브나 수사학적 분석을 통한 본문 분석에서 독자반응비평으로 변화하게 되었다.

2. 신 문학비평의 출현과 더불어, 본문의 균열에 지속적 초점을 두던 역사비평 고유의 원자론적 접근은 본문을 하나의 문학적, 수사적 전체로서 바라보는 분석적 방법에 점차 그 자리를 내어주게 되었다. 온갖 종류의 난제들이 가득한 것으로 본문을 보는 대신에 하나의 통합적, 일관적 전체로서 바라보고, 조화와 통일을 저자의 의도로 이해함으로써 "신중히 준비된" 것, "의도적으로 다듬어진" 것이라는 표현들을 하나의 유행처럼 사용하기도 하였다. 그 결과 역사주의의 수직적 읽기, 곧 밑바닥에서 위로의 본문 읽기를 위해 필수적인 문학 층들에 대한 탐구와 재구성은 수평적 읽기, 곧 이야기의 발전과 시간적 구성이 필수적인 처음부터 끝으로의 읽기에 그 자리를 내어놓게 되었다. 결코 의견 일치를 보지 못했던 과거의 난제들은 이제 염두에서 사라져 방법론적 전망에서 사라지거나, 혹은 역설적이게도 문학적 기술(技術)의 본보기로 새롭게 이해되기도 하였다. 원칙적으로는 발굴적인 노력이 인정되었지만 근본적으로 난문제의 시대는 끝을 맺게 되었다.

3. 그러나 실증주의나 경험주의 시대는 결코 끝나지 않았다. 문학비평에 있어서는 무엇보다 본문 우위의 다양성 속에서, 그리고 독자 우위의 많은 표현들 속에서 본문의 의미는 여전히 단일의(單一意)적이고 객관적인 것으로 여겨지고 있었다. 그리하여 현재 문학이론이나 심리분석 이론 등에서 도출된 적절하고 과학적인 방법론들을 엄격히 적용할 때 그 의미를 충분히 복원할 수 있다고 보았다. 전반적으로 본문의 문학적이고 수사학적인 특징들과 암시된 저자와 암시된 독자의 개념, 그리고 본문에 의해 제시된 세계관이 본문 속에 현재하고 있으며, 그것이 독자들에 의해 다소 수동적으로 수용되거나 활성화되고 있다고 보았다. 시간이 지나

면서 이러한 객관주의는 다른 이론적 발전들과 더불어 희미해지기 시작하였다. 예를 들어, 언어를 포함한 모든 기호들의 다의(多意)적 성격이 더욱 널리 인식되었고, 본문 자체에 바탕을 둔 해석들의 복수성에 대한 개념이 형성되었다. 어느 해석도 그것만이 본문의 의미를 남김없이 다 드러낸 것이라고 장담할 수 없게 되었다. 이와 유사하게 의미의 생산에 있어 독자의 역할에 더욱 많은 강조를 두기 시작하였는데, 이는 독자들이 채워야 할 공간이나 여백이 본문 속에 있다고 보았기 때문이었다. 부연하면, 독자에게 기초를 두는 해석의 복수성에 대한 개념이 점점 표면화되면서 서로 다른 독자들이 서로 다른 방식으로 그같은 공간을 메우고자 하였다. 그러나 해석의 복수성에 대한 원칙은 결국 그 모든 해석이 본문이 부여하는 구속 아래 있음을 부정하지 않고 있었다.

그리하여 본문의 문학적, 수사학적 특징들에 대한 다양한 규명과 해석들 사이에서 나타나는 불일치는 여전히 보편적인 뚜렷한 현상으로 남았고, 자신의 것과 차이가 나는 연구물에 대하여는 근거나 적용에 있어 무엇이 결핍된 것이라고 보는 비판이 살아 있었다. 동시에 역사비평 내에서의 연구사(status quaestionis) 제시는 다음 두 가지 이유로 포기되었다. 먼저 역사비평의 본문해체가 점하고 있는 여전한 우세에도 불구하고, 이같은 방법론의 결점과 새롭게 수용되기 시작한 문학적 접근과의 급격한 차이가 큰 관심을 얻기 시작하였다. 다른 한편, 구체적 방법이 무엇인지를 정확히 짚어 주어야 할 이론이 비평적 날카로움을 상실한 채 장황하게 반복되면서 점점 교육학적인 문제제기가 비집고 들어왔다. 그리하여, 역사비평의 어둠을 뒤로 하고 문학비평의 빛을 비추면서 성서학은 원칙적으로 여전히 진일보하는 발전을 이룬 것으로 간주되었다. 시간이 경과하면서 비로소 다소 제한된 방식으로나마 서로 다른 읽기의 가능성이 문학모델 내에 허용되기 시작했지만, 그같은 읽기의 결과는 아직 크게 나타나지 않고 있었다.

4. 새로운 문학비평에 있어서 독자—곧, 보편적이고 박식한 비평가로서의 독자—는 익명으로 남아 있게 된다. 이는 읽기 과정이 그 자체로서

관심의 초점이 되는 경우조차 해당된다. 본문주도의 이해 속에서 비평가는 특수한 이론들의 전문가가 되어 이를 본문에 정확히 적용하며 원하는 결과를 산출하도록 요구받는다. 이때에 독자의 목소리는 주로 배경 뒤에 남아 있게 된다. 독자주도의 이해 속에서는 비평가에게 읽기에 활용될 수 있는 다양한 전략들(예를 들어, 본문의 암시된 독자에 대한 추정; 소박한 처음 읽기에 대한 가정; 복잡한 읽기의 능력을 갖춘 정교한 독자에 대한 가정; 혹은 이같은 독자들의 조합)에 대한 자의식을 갖고 그에 맞게 작업할 것을 요구한다. 이 경우 독자의 목소리가 전면에 드러나게 되고, "지금 독자가 이것을 한다거나", "그 후 독자가 저것을 한다"는 식의 언급이 끊임없이 나타나게 된다. 어느 경우에도 독자 자신은 관심의 대상이 되지 않는다. 여기서의 독자는 숙련된 독자로서, 신학적이든 사회문화적이든 모든 형태의 선이해를 고집하지 않는 자이기 때문이다. 가장 왕성한 움직임을 드러낼 때 조차도 이 독자는 본질적으로 중립적이며 공정하게 존재한다. 결국 이러한 독자의 기본적 기능은 수동적이든 능동적이든 본문의 의미를 활성화하여 보통의 훈련되지 않은 독자들에게 소개하는 데 있다. 그리하여 비평가의 위치는 본문—비평가—독자의 계급체계에서 중재의 중요한 역할을 수행하며 고도의 권위적이며 강력한 자리를 차지하게 된다.

5. 문학비평이 전통적인 역사주의라는 정박지로부터 방향을 선회하면서, 그에 맞추어 그 신학적 관심과 기조도 함께 변화되었다. 한편으로는 자신들의 과업을 보다 큰 신학적 작업으로부터 철저히 분리된 것으로 보는 역사비평가들에 의해 채택된 것과 다르지 않은 실행 방식을 따르면서, 역사비평이 그토록 소중하게 여겨 왔던 종교적 혹은 신학적 차원을 희생하면서 새롭게 부각된 본문의 문학적 수사적 특징들에 대해 초점을 맞추는 방향으로의 움직임이 있었다. 그래서 해석 작업은 신학자들이 각자의 상황에 따라 적용할 수 있도록 그들에게 데이터를 제공하는 문학적 형식주의 혹은 문학사 영역에서의 훈련으로 보여 질 수 있다. 다른 한편으로는, 자신들의 작업 속에서 하나님 말씀의 적절한 해석학적

전유와 적용을 위한 필수적인 기반을 발견하는 역사비평가들과 엇비슷하게, 본문의 형식적 특징들에 대한 그와 같은 새로운 관심은 더욱 명시적인 신학적 기능을 띨 수 있게 되었다. 그러한 특징들을 표면에 드러냄으로써, 문학비평은 하나님 말씀의 기묘함과 아름다움을 더 잘 맛볼 수 있게 해 주었을 뿐만 아니라, 독자들을 사로잡는 말씀의 힘과 능력을 보다 더 잘 느낄 수 있게 해주었다는 주장이 가능할 수 있다. 다시 한 번 말하건대, 두 입장은 핵심에 있어서 신학적이었지만 그러한 것으로서 간주되지도 분석되지도 않았다.

문학비평에 있어 본문의 의미는 대체로 매체로서의 본문 안에 존재하기 때문에, 본문에 대해 더욱 계몽된 접근 방식—본문의 문학적 특성들에 대한 적당한 민감성을 가진 접근 방식—에 의해 더욱 분명하고도 강력하게 그러한 의미들이 표면에 드러날 수 있다는 주장이 가능하다. 그러한 의미—모든 독자들에게 유효함으로써 모든 시대와 모든 문화에 유효한 의미—는 훨씬 더 효과적인 방식으로 기독교인의 삶의 전 영역과 변수들을 여전히 지배하고 다스릴 수 있었다.

6. 문학비평의 교육적인 함축은 적어도 우선 역사비평의 그것들과 그다지 크게 다르지는 않다: 자신들 각자의 사회문화적 상황들이나 신학적 입장들에 상관없이 모든 독자들은 제대로 된 방법론적 도구들과 이론적 장치들을 적절하게 획득하고 배우게 될 때 학식 있고 보편적인 독자들이 될 수 있었다. 이러한 점에서 이 모델은 대체로 여전히 정교한 전수와 수동적 획득을 특징으로 하고 있다. 이 모델은 이론(해석적 스펙트럼 내에서의 입장)과 이론가(우리가 꼭 읽어야만 하는 외적 권위)를 매우 강조하는 매우 권위적이고도 위계적인 속성을 지속하였다. 독자들은 자기 스스로를 읽기 시작했을 때조차 단지 매우 형식주의적인 방식으로만 그렇게 하였다; 실제의 독자들은 이상하게도 부재 상태에 머물러 있었다. 그러므로 역사비평에서와 마찬가지로 교육 모델은 학생들/독자들이 본문과 그 의미의 해석을 위해 교사들/비평가들에 궁극적으로 의존해야 하는 해석적 모델을 그대로 좇고 있다. 확실히 그러한 입장은 점차 약화

되었다; 해석의 복수성에 대한 개념이 일단 논의의 장에 끼어들게 되면 그것이 아무리 제한적이고 한정적인 것이라 하더라도 권위와 위계의 문제가 제기되었다.

결론적 논평

이론과 방법론의 관점에서 볼 때 문학 패러다임은 성서 연구의 심원한 해방적 단계를 표현한다. 그것은 주로 역사적 모델이 자연스럽게 보임으로써 표현되지 않았던 가정들을 폭로하면서 비평적 실행의 숨통을 틀어막아 온 역사주의와 결별하였을 뿐 아니라, 또한 비평 이론 내에서 해석적 접근들의 거대한 다양성과 관련된 새로운 연구 방향을 위한 길을 열었다. 따라서 향후 성서 본문을 읽고 해석하는 무수한 새로운 방식들이 가능하게 되었다. 방법론적인 차이들에도 불구하고 다소 긴밀한 공통의 담론이었던 것이 이제는—확실히 관련되어 있음에도 불구하고 분명히 구분되는—다양한 담론들에 의해 대치되었다. 경험과 문화의 견지에서 볼 때 이 모델은 역사적 모델에 비해 본문의 컨텍스트를 덜 강조하는 혼합 모델이라고 볼 수 있다. 본문의 사회적 위치에 대한 관심이 계속되기는 해도 이러한 관심이 본문의 사회문화적 차원들을 매우 등한시하는 주로 문학적, 형식주의적 성격을 띠게 된다. 첨부하자면 변화를 지향하면서 관심의 초점이 독자에게 쏠리게 되고, 해석의 복수성에 대한 개념이 논의에 점차 도입되기는 했지만 그러한 관심은 논조에 있어 주로 형식적이었다. 독자의 사회적 위치에 대해 고려하고 있다 할지라도 매우 미약한 정도였다. 따라서 이 모델의 독자의 정체성을 볼 때, 비록 본문주석(exegesis)과 자기 해석(eisegesis)이라는 용어가 더 이상 사용되지 않았을지라도 하등의 중요성도 없고 성서 본문의 분석과 해석에는 전혀 무관한 것이 되고 말았다.

그러나 더욱 최근에 이 모델은 해석 스펙트럼에서 독자를 우위에 두는 쪽으로, 즉 본문의 특성들을 분석하는 쪽에서 의미 생산의 독자 역할을 분석하는 쪽으로 관심을 확장시켜 나갔다. 그리고 주로 본문에 근거를 두건 독자에 근거를 두건 해석의 복수성이라는 개념이 점차적으로 숙고되기에 이르렀다. 이에 따라 혈과 육을 지닌 독자들의 존재라는 근본적 문제와의 조우가 불가피하게 되었다. 다시 말해, 문학비평은 이제 본문 주도적 접근들에서 본문의 형식적 특징들을 찾아내고 해석하는 배경에, 그리고 독자 주도적 접근들에서 서로 다른 읽기 전략들 배경에 언제나 실제 독자가 도사리고 있다는 사실을 다루지 않을 수 없게 되었다. 그 실제 독자는 혈과 육을 지녔고 역사적이고 문화적으로 조건 지워졌으며 따라서 그러한 사회적 위치에 의해 길들여지고 제한된 시야를 가진 독자를 가리킨다. 본문의 특정한 문학적, 수사학적 재구성들의 과정에서, 여러 다양한 해석모델들의 구성체들을 도입하는 본문 읽기와 해석에 관여하는 자는 그와 같은 사회적 위치들의 영향을 받는 바로 그 독자이다.

3) 문화비평 : 수단과 매체로서의 본문

오늘날에 이르기까지 서로 다른 두 경향들 사이의 상호작용이 확인되지는 않고 있지만, 역사비평 패러다임의 붕괴를 알려주는 증표라 할 수 있는 이론의 폭발은 실제로 본질상 두 갈래 길을 보여 주었다. 문학비평과 더불어 또 하나의 연구 노선이 등장했던 것이다. 그 방법을 고안한 선구자들은 이를 사회학적, 사회적, 또는 사회과학적 비평과 같은 다양한 이름으로 부르고 있는데, 나는 그것을 문화비평이라고 부르기를 선호한다.[21] 문학비평의 경우에서처럼, 단호하고 복잡한 이론에 대한 의존은

21) 예를 들어, H. C. Kee의 *Christian Origins in Sociological Perspective* (Philadelphia: Westminster, 1980), R. Scroggs의 "The Sociological Interpretation of the New Testament: The Present State of Research", *New Testament Studies* 26 (1980): 164-179쪽, J. G. Garner의 *Kingdom and Community: The Social World of Early Christianity* (Eaglewood Cliffs, N. J.: Prentice-Hall, 1975), J. H. Neyrey, ed.,의 *The Social World of Luke-Acts: Models for Interpretation* (Peabody, Mass.: Hendrickson, 1991), J. H. Elliott,

이 학과 내에서 그것이 아직 변방의 겨우 시작 단계에 있으며 기존의 중심부에 대해 심대한 도전을 제기하고 있다는 것을 지시해 준다. 더구나 문학비평처럼 이러한 이론적 활동은 토대와 영감을 위해 주로 이 학과 내부의 대체적인 신학적 토론에서 벗어나 경제학, 사회학, 그리고 인류학 같은 주로 인문학에 속한 다른 학문분야로 눈을 돌리는 외향적인 전환을 시도했다. 네오 마르크스 이론, 종교 사회학에 강조를 두는 사회학 이론, 문화 인류학에 초점을 두는 인류학 이론들이 이러한 노력의 대화 상대자들이 되었다.[22]

담론의 새로운 양식이 또 다시 시야에 등장했다. 그 움직임은 그 자체의 분석적 장치와 그에 수반하는 어휘들을 가지고 있었지만, 전혀 단일한 성격의 것이 아니라 폭넓은 운동이었다. 왜냐하면 이러한 어휘와 장치들은 채용된 구체적인 이론적 토대들에 다시금 의존하기 때문이다. 성서학 분과에 대해서 그 결과는 동일했다. 문화비평가들은 역사비평의 범주 안에서 훈련되었고, 그들의 태도는 처음에 아주 조심스러웠음에도 불구하고, 문화비평가와 역사비평가 사이의 대화는 대체로 무익한 것으로 입증되었다. 이론적인 전망에서 볼 때, 역사비평가들은 또 다시 극도의 불리한 상황에 있었다. 동시에 문학비평가와 문화비평가들 사이의 대화

---

ed.,의 *Social Scientific Criticism of the New Testament and Its Social World, Semeia* 35 (Decatur, Ga.: Scholars Press, 1986), B. J. Malina와 R. L. Rohrbaugh의 *Social-Science Commentary on the Synoptic Gospel* (Minneapolis: Fortress Press 1992)를 보라.

22) 그러한 초기 작업과 이론 대한 예들을 위해서는, 네오 마르크스주의 관점에서 J. P. Miranda의 *Marx and the Bible: A Critique of the Philosophy of Oppression* (Maryknoll, N. Y.: Orbis Books, 1977)과 또한 *Being and the Messiah: The Message of St. John* (Maryknoll, N. Y.: Orbis Books, 1977) 뿐만 아니라 F. Belo의 *A Materialist Reading of the Gospel of Mark* (Maryknoll, N. Y.: Orbis Books, 1981)을 보라. 사회학적 관점에서는, Gager의 *Kingdom and Community*와 G. Theissen의 *The First Followers of Jesus: A Sociological Analysis of Early Palestinian Christianity* (Philadelphia: Fortress Press, 1978), 인류학적 관점에서는, B. J. Malina의 *The New Testament World: Insights from Cultural Anthropology* (Atlanta: John Knox, 1981)을 보라.

는 대체로 각자 자기 길을 가는 모습으로 드러나면서 존재조차 하지 않은 것으로 입증되었다. 문학비평가들이 보기에 문화비평가들은 텍스트로서의 본문의 성격에 대해 거의 알지 못한 채 역사주의의 또 다른 형태의 궁지에 빠지는 것으로 비춰졌다. 반면 문화비평가들의 시각에서 문학비평가들은 텍스트로서의 본문에 대한 구체성을 상실한 채, 그러한 견해를 가지고 탐미주의의 무역사적인 실행 속에 절망적으로 매몰되어 있는 것으로 비춰졌다. 그 당시 그들 자신이 지지하는 학문분과들이 빠른 속도로 점차 상관적이고 상호 의존적인 것으로 변하고 있었음에도 불구하고, 이 두 비평가 집단은 메타이론에 관여하지 않았다.[23] 그 결과 또 다른 해석의 포괄적 모델이 점진적으로 생겨나기 시작했는데, 그것은 그 신봉자들에게 매우 다른 유형의 지향과 적용을 요구하는 것이었다.

근본 원칙들

1. 의미에 소재에 관한 문화 모델은 그 정신에 있어 문학비평보다 역사비평에 훨씬 더 가까웠다. 문학비평과 다소 유사한 방식으로 본문을 송신자와 수신자, 저자와 독자 사이의 메시지와 의사소통을 뜻하는 매체로 보는 관점에도 불구하고, 문화비평의 주요 초점은 텍스트로서 매체나 메시지로서의 본문에 있지 않고 수단으로서의 본문, 그리고 구성 시기에 대해서나 구성 시기로부터 증거로서의 본문에 있었다. 그러나 이러한 증거는 역사비평에서처럼 그 역사적인 독특성이나 특수성의 관점으로 접

---

23) 예를 들면, J. Culler의 *On Deconstruction: Theory and Criticism after Structuralism* (Ithaca, N. Y.: Cornell University Press, 1982), C. Geertz의 "Blurred Genres: The Refiguration of Social Thought", in *Local Knowledge: Further Essays in Interpretive Anthropology* (New York: Basic Books, 1983), J. Clifford의 "Introduction: Partial Truths", in *Writing Culture: The Poetics and Politics of Ethnography*, ed. J. Clifford와 G. E. Marcus (Berkeley and Los Angeles: University of California Press, 1986) 1-26쪽, 그리고 R. Rosaldo의 "The Erosion of Classical Norms", in *Culture and Truth: The Remaking of Social Analysis* (Boston: Beacon Press, 1989), 25-45쪽을 보라.

근한 것이 아니라, 오히려 더욱 광범위한 사회문화적 차원들로 접근하였다. 강조점은 기입된 특수한 사회적 문화적인 코드를 지닌 (본문이 생성된) 컨텍스트 혹은 세계의 산물이자 반영으로서의 본문에 있었고, 따라서 전제되고, 반영되고, 진술된 사회문화적 상황을 재구성하기 위한 수단으로서의 본문에 있었다. 예를 들어 이러한 분석은 시대와 문화를 가로질러 적용할 수 있고, 따라서 폭넓은 비교적 관점에서 분석되는 사회계급과 계급 갈등의 문제들에 관련되어 있었다. 마찬가지로 시대와 문화를 가로질러 폭넓게 적용될 수 있고, 따라서 다양한 비교적 입장에서 분석될 수 있는 사회 제도들이나 행위의 문제들이 분석의 대상이 되었다. 그리고 의도적으로 방향성에 있어서 문화에 초점을 두는, 따라서 보다 의식적으로 교차 문화적 관점에서 검토되는 문화적인 모체와 가치들의 문제들도 주요하게 취급되었다. 그러므로 문화비평에 있어 성서 본문의 경제, 사회, 또는 문화적 차원들은 그 신학적 성격이나 종교적 특성보다도 훨씬 더 매력적임이 입증되었다. 본문의 의미는 주로 그 본문 뒤에 있는 세계에 존재하는 것으로 간주되었고,[24] 본문, 저자, 그리고 독자들에 대한 분석은 본문 뒤의 세계에 대한 그들의 관계와 참여라는 관점에서 착수되었다.

회고해 볼 때, 성서연구에 있어 이 두 번째 전향은 전적으로 이해할 만한 예상된 것이었다. 실제로 유사한 패턴이 역사주의의 붕괴와 더불어 폭넓은 문학 이론의 분야에서도 식별될 수 있다. 형식주의의 발생과 더불어 우리는 또한 문화비평의 출현을 목격하게 되는데, 그것은 본문의 사회경제적인 맥락과 이데올로기적 산물로서의 본문에 강조를 두는 네오 마르크스주의 비평의 형태이거나, 혹은 본문을 보다 폭넓은 문화적 현상으로 보는 뉴욕 지식인 운동이나 신화비평의 노선에 따르는 것이었다.[25] 따라서 본문의 배경 세계에 대한 역사비평의 인상주의적인 접근은

24) Abrams의 4중의 유형학의 관점으로부터, 문화비평은 비록 어느 정도 객관적일 뿐만 아니라 표현적인 요소들을 가지고 있지만, 모방의(mimetic) 이론 유형으로 간주되고 있다. 위의 각주 13과 19를 보라.

그 세계의 훨씬 더 엄격하고 체계적인 분석에 자리를 내주고 말았다. 40년 뒤에 동일한 발전이 성서연구에서 관찰될 수 있었다.

20년이 지난 시점에서 돌이켜 볼 때, 문화비평의 전체적인 과정을 또한 여기서 추적하는 것이 가능해 졌는데, 그 과정은 시종일관 경제학과 이데올로기에 대한 네오 마르크스주의의 지속적 강조를 견지하는 동시에 사회학 모델에서부터 인류학 모델로 옮아가는 점진적인 이행 운동이었다. 다시 말해 시종일관 본문의 사회경제적이고 이데올로기적인 차원에 대한 끊임없는 관심을 견지하면서 더욱 보편적인 것에서부터 더욱 특정 문화에 관심하는 모델로의 이행운동이었다.

2. 실제적인 전망에서 볼 때, 난제들에 근거한 읽기와 통전적(holistic) 읽기, 종단적 읽기와 횡단적 읽기 사이의 논쟁은 이 모델 내에서 증거되는 양 접근들의 실례들을 고려할 때 문화비평에 대해서는 대체로 중요하지 않은 것으로 판명되었다. 강조점은 본문을 상이하고 갈등적인 문학층들로 구성된 것으로 보는 견해를 가진 본문의 통시적인 읽기에 대한 필요나, 본문을 통일되고 일관성이 있는 것으로 보는 견해를 가진 공시적 읽기에 대한 필요 그 어느 것에도 있지 않았다. 무엇보다 중요한 것은 통시적으로 접근되건 공시적으로 접근되건 간에 본문에 포함되어 있는 경제적, 사회적, 혹은 문화적 코드들의 적절한 해독이었다. 그러나 대체적으로 문화비평은 보다 넓은 사회문화적 상황 내의 사회문화적 실체로서, 본문 전체를 가지고 연구하는 경향이 있었다. 그러나 그것을 철저한 원칙으로 삼아 문학비평에서 그토록 소중하게 생각하던 해부, 발전, 그리고 시간성과 같은 형식주의 표준들에 대한 경외심을 버린 것은 아니었다. 두 가지 모델 사이의 차이를 설명하는 한 가지 방식은 문학비평이 구상과 구조(문학적이고 수사학적인 전체로서의 본문)를 강조하는 반

25) 마르크스주의 비평의 등장과 발전에 관해서는, T. Eagleton의 *Marxism and Literary Criticism* (Berkely and Los Angeles: University of California Press, 1976)과 Leitch의 *American Literary Criticism,* 1-23쪽을 보라. 문화비평의 태동에 관해서는, Leitch의 *American Literary ,Criticism,* 81-147쪽을 보라.

면, 문화비평은 이야기와 코드들(이데올로기적인 전체로서의 본문)에 초점을 둔다고 말하는 것이다. 어떠한 경우이건, 발굴적인 연구가 실제로 이따금씩 수행된다 할지라도 모든 실제적인 목적들을 위해서 난제의 시대가 다시 한 번 종언을 고하게 되었다.

3. 그러나 우리는 실증주의와 경험주의에 대해서는 똑같은 말을 할 수 없다. 대체적으로 문화비평에 있어 그 특수한 변형들에도 불구하고 본문의 의미는 여전히 주로 단성(單聲: univocal)적이고 객관적임으로써 복원 가능한 것으로 간주된다. 실제로 문화비평은 사회과학으로부터 모델들을 차용함으로써 역사비평의 단순하고 체계적이지 않은 인상주의를 훨씬 넘어 본문 뒤에 있는 상황을 다각도로 충분히 조사하고, 성서 본문에 보다 과학적이고 철저한 접근을 통해 그 의미를 복원하는 방법이 있다고 보았다. 사실 역사비평의 원칙들은 그것에 직접적으로 반하는 방향을 취하고 있었다. 적절하고 박식한 이론적 기초도 없이, 역사비평은 성서 원문에 대한 자기 해석에 종사해 왔던 것이다. 문화비평의 목표는 진정한 본문주석, 즉 접근과 결과에 있어 객관적이다. 따라서 더 이상 사용되지 않고 심지어 이해되지도 않는 본문 뒤에 있는 세계의 코드들은 마치 저장소나 타임캡슐 안에 있는 것처럼, 본문 안에 보존되어 있는 것으로 간주되었다. 더군다나 이러한 코드들은 적합한 모델들의 사용을 통하여 적절하게 해명될 수 있는 것으로 생각되었다.

어떤 모델이 정당한 모델들을 구성하는가에 대한 날카로운 논쟁이 뒤따랐다: 네오 마르크스주의 분석이나 종교사회학의 경우처럼, 고대 지중해 유역과는 매우 다른 세계에서 그 이론적 출발점을 발견하고 그러한 깊은 차이점들에 의해 만들어진 장벽에 관해 의식적으로 깊이 숙고하지 않는 모델들이 과연 정당한가? 아니면 문화 인류학의 경우처럼 그러한 기획의 교차시간적이고 교차문화적인 특성을 진지하게 고려하려고 시도했던 모델이 정당한 모델인가? 그 결과 다시 한 번 본문의 배경에 놓여 있고 본문의 생산에 정보를 제공했던 세계의 재구성에 관한 날카로운 불일치가 발생했고, 상호 반대 입장에 서 있는 비평가들은 상대방의 연구물들이 그 근저에서 결함이 있다고 서로 비난하기에 이르렀다. 구성의 전망에서 볼 때 역사비평의 연구사를 다루는 부분(status questionis)은 문학비평에서 관찰된 파괴와 교육이라는 동일한 이중적 논지로 대치되었다: 새로운 접근의 유익에 대한 칭찬과 함께 역사비평의 심원한 방법론적 부적절성에 대한 폭로로 시작해서, 채택되어야 할 구체적 모델에 대한 광범위하고 무비판적인 설명이 뒤따라 나온다. 해석의 복수성에 대한 가능성이 거의 환대받지 못하는 한, 결과적으로 문학비평에서보다도 훨씬 더 학문은 여전히 원칙적으로 진보적이고 진화적인 것으로 간주된다. 문화비평의 빛과 더불어, 역사비평의 그림자들이 뒤에 남겨지게 되었다.

4. 모델들 배후에 있는 독자들과 관련된 문화비평 내의 다수의 차이점들을 언급하고자 한다. 첫째, 네오 마르크스주의 비평에 의해 대표되는 사회경제적 접근 내의 독자들은 결코 얼굴 없는 채로 남아 있지 않다. 본문이 이데올로기적 산물로 고려됨으로써 계급 갈등이 투쟁의 장소가 되듯이 비평가도 마찬가지이다. 비평 작업도 비슷한 방식으로 핵심적인 이데올로기가 투쟁의 장소로 간주된다. 그래서 사실은 복합적 성격을 이해하고 헌신된 비평가만이 박식하고 이해관계에 연루된 독자로서 본문의 사회경제적, 이데올로기적 차원을 인지하고 평가할 수 있으며, 계급투쟁 내에서 본문의 위치를 인지하고 평가할 수 있다. 어떤 의미에서 객관주의는 이론의 복합성에 대한 이해와 정치적인 헌신 양자로부터 비로소 태어났다. 오직 적절히 훈련 받고 현실참여적인 비평가만이 본문의 깊은 의미에 도달할 수 있다고 간주되었다. 동시에 본문의 모든 다른 사회문화적 차원들의 고려는 혼란을 가져다주는 것이고 궁극적으로는 무정치적인 것으로 간주되었다.

둘째, 종교사회학의 성격을 지닌 사회학적 접근 내에서 볼 때 독자는 보편적이고 박식한 비평가로서 얼굴 없는 채로 남아 있었다. 사회과학의 새로운 모델들은 성서비평가로 하여금 본문에 대해 훨씬 더 중립적이고 공정한 입장에 서 있다고 생각하게 만들었다. 독자에 대한 어떤 비평적 분석도 요구되지 않았으며 수행되지도 않았다. 마지막으로, 문화인류학에 뿌리를 둔 인류학적 접근 내에서 독자는 그 또는 그녀 자신의 사회문화적 세계에 관한 자의식을 갖도록 요청 받았다. 그렇게 함으로써 본문의 세계가 더욱 예리하게 식별될 수 있으며, 그 재구성은 더욱 명료하게 표현될 수 있다고 보았다. 이러한 자의식과 사회과학적 모델의 조합이 본문과 관련하여 독자/비평가로 하여금 보다 확실하게 중립적이고 공정한 입장을 가지도록 해준다고 간주되었다. 그리하여 독자/비평가는 박식하며 문화에 특별 관심을 가지게 되면서도 문화의 한계를 초월할 수 있게 된다고 여겨졌다. 즉, 적절히 설명할 수만 있다면 성서비평가의 사회문화적 위치는 방법론적으로 방해가 되지 않도록 제거될 수 있을 뿐만 아니라, 본문과 독자 사이의 장벽이 논의의 출발점으로 적절히 인정되는 한 본문의 의미를 찾는 데에 유용하게 사용될 수 있는 것으로 여겨졌다.

위의 모든 세 가지 경우에서 이해관계에 얽혀 있건 자유롭건, 또는 실존적으로 직접 관여하고 있건 거리를 두고 있건, 독자의 기능은 본문에 내재하는 의미를 찾아 그것을 표면에 드러내고, 그것을 훈련되지 않은 단순한 독자들에게 접근 가능하게 만드는 것으로 남아 있다. 그렇기 때문에 비평가의 입장은 본문—비평가—독자의 순으로 위계가 정해지는 매우 권위적이고 힘 있는 것으로 남아 있게 된다.

5. 문학비평의 경우와 마찬가지로 문화비평이 역사주의라는 이론적 정초로부터 떨어져 나온 전이는 신학적 관심과 기조의 변화를 초래하게 되었다. 이 시점에서 사회경제적 접근과 사회학적 및 인류학적 접근을 구별하는 일이 중요하다.

네오 마르크스주의 비평의 측면에서 볼 때, 텍스트를 이념적 산물로 보는 견해, 텍스트 배경에 있는 세계를 투쟁의 장소로 보는 견해, 비평가가 특정 이념에 투신한 인물이기에 투쟁의 또 다른 요소라고 보는 견해들은 제대로 된 비평이 곧 억압받는 자들의 편에 선 비평이요, 해방을 염두에 두는 비평이라는 신념과 연결되었다. 그리하여 텍스트의 심층적,

사회경제적 의미를 복원하는 일에 관계한다는 것은 억압에 반대하고 해방을 위한 투쟁에 연대하는 것을 의미하게 되었다. 그러한 선택이 이번에는 비평가의 근본적인 신학적 동기가 되어 성서 본문 가운데 억압적인 내용을 거부하거나 해방적인 내용을 채택하는 방식의 실제적인 실행에 이르게 되었다. 이 경우 비평가의 신학적 결단이 부정되거나 무시되지 않고 오히려 철저히 긍정되었으며, 신학 자체가 세계관일 뿐만 아니라 실존적 관여로까지 이해되었다.

사회학적 및 인류학적 비평의 관점에서 볼 때 두 갈래의 신학적 방향이 감지될 수 있는데, 하나는 역사비평에서 제시된 기본 유형을 따르는 것이고 다른 하나는 문학비평에 의해서 추적되는 것이다. 한편 비평 작업은 어떤 형태의 신학화로부터도 철저히 결별된 것으로 간주되었다. 즉, 역사비평에서 중심을 이루고 있던 종교적, 신학적 측면들을 희생시키면서 텍스트의 사회문화적 차원을 새롭게 강조하고 부각시키는 일에 비평의 초점이 있다고 보았다. 그리하여 해석 작업은 신학자들이 각자 본문을 붙들고 씨름할 때 사용한 더욱 철저한 자료들을 산출함으로써, 종교사에서 훨씬 더 복잡한 연습으로 간주될 수 있었다. 다른 한편 해석 작업은 하나님의 말씀을 해석학적으로 온당하게 전유하고 적용하기 위해 더욱 튼튼한 토대를 놓는 것으로 간주될 수 있었다–본문의 사회문화적 차원들에 대한 집중적 관심은 하나님의 말씀 읽기를 더욱 현실적이 되게 하였고, 따라서 그 말씀의 실체와 힘을 더욱 제대로 이해할 수 있게 해주었다. 그러나 두 입장은 철저히 신학적이었음에도 불구하고 어느 것도 그 자체로서 제대로 숙고되거나 분석되지 않았다.

문화비평에 있어 본문의 의미는 상황적 산물인 본문 안에 존재하기 때문에, 더 계몽된 방식으로 본문에 접근하게 되면 그 의미를 보다 안전하고도 강력하게 끌어 낼 수 있는 것으로 쉽게 주장될 수 있다. 그때에 그 의미—모든 시대와 문화에 통용되는 의미—는 훨씬 더 효과적인 방식으로 세계 내에 존재하는 기독교적 삶의 전 영역과 변수들을 지배하고 다스리는 일에 여전히 사용될 수 있게 된다.

6. 문화비평의 교육적인 함축은 역사비평의 그것과 매우 유사하다: 자신들 각자의 신학적 신념들이나 사회문화적 컨텍스트와 상관없이 모든 독자들은 제대로 된 방법론적 도구들과 이론적 장치들을 적절하게 획득하고 배우게 될 때 학식 있는 독자들이 될 수 있는데, 이때에 독자는 보편적일 수도 있고 (특정 입장에) 투신할 수도 있다. 학문적 전수와 피동적 수용이 여전히 지배적인 상태로 남게 된다. 훈련받지 못한 독자가 성서 본문을 올바르게 읽기 위해 훈련을 받아야만 하는 한에 있어 이 유형 또한 어떤 이론을 사용할지, 누구의 권위를 따를지에 대한 두 갈래 강조점을 가진 매우 권위적이고 위계적인 것으로 남게 된다. 독자들이 이제 스스로를 읽고 있기는 하지만 그러한 읽기들은 상당히 한정되어 있고, 사회경제적 계급의 질문에 제한된 채로 남아 있거나 혹은 보다 폭넓게 추구될 때조차 무엇인가 해석의 과제로부터 분리되고 구분된 것으로 간주된다. 다른 두 가지 패러다임에서와 마찬가지로 교육 모델은 학생들/독자들이 본문과 그 의미의 설명을 위해 교사들/비평가들을 바라보게 되는 해석적 모델을 따르고 있다.

결론적 논평

이론과 방법에 관한 문화적 패러다임은 문학비평의 경우처럼 성서연구의 또 다른 심원한 해방적 단계를 구성하였다. 비평적 실행의 관점에서 이 모델은 역사적 패러다임의 현저한 취약성들을 지적해 주었다. 그것은 매우 다른 시대와 문화로부터 본문을 연구하는 매우 체계적이고 명료한 이론의 결핍뿐만 아니라, 신학적인 입장, 발전, 그리고 갈등을 중요하게 강조하는 역사비평 연구의 이상주의적인 특성을 드러내 보여 주었다. 비평 이론의 전망에서 볼 때 이 모델 또한 성서 본문을 읽고 해석하는 많은 새로운 방식들을 유발시키는 신선하고 다양한 해석적 접근방법들을 이 학과에 소개하였다. 그렇게 함에 있어 역사비평의 장악력은 더욱 느슨해졌다. 매우 간결한 보통의 담론이었던 것이 궁극적인 관련을 맺으면서도 그 자체가 독특성을 지닌 서로 다른 많은 담론들을 만들어

냈다.

문화 패러다임은 문화와 경험에 있어 본문과 독자 양자의 상황에 관해 역사적 모델보다 더욱 강조를 하지만 또한 혼합된 모델이었다. 한편으로 경제적, 사회적, 그리고 문화적 양상들과 함의들이 체계적이고 지속적으로 강조됨에 따라, 본문의 사회적 위치가 더욱 철저하게 강조되었다. 다른 한편 독자의 사회적 위치는 다양한 종류의 관심을 받아 왔다: 사회학적 모델들을 채용하는 연구의 경우처럼 전혀 분석의 대상이 되지 않는 경우도 있었고, 네오 마르크스주의 해석모델들의 경우처럼 사회경제적이고 이데올로기적인 양상들의 전망에서 분석이 이루어지는 경우도 있었고, 인류학적 이론에 의해 도움을 받은 연구의 경우처럼, 광범한 문화적 전망에서 분석되는 경우도 있었다. 그러나 독자를 고려할 때조차 이러한 분석은 여전히 아주 제한적인 상태로 남아 있었다. 예를 들어 네오 마르크스주의 모델들의 경우, 독자들의 이데올로기적인 헌신과 그들의 본문 해석 간에 존재하는 명백한 관련성이 인정되었기 때문에, 분석은 모든 다른 사회문화적 양상들을 배제하고 독자들의 사회경제적 차원에만 집중되었다. 유사하게 인류학적 모델의 경우, 독자들의 보다 넓은 사회문화적 차원들이 언급되었지만 그러나 컨텍스트와 해석 간의 관계는 비록 전적으로 부정되지는 않을지라도 주로 간과되었다. 이 두 경우 모두에 있어 그 목표는 사회적 위치가 본문의 의미를 복원하는 과정 자체와 복원의 결과물에 미치는 영향보다는 본문의 적절한 의미를 복원하는 일에 머물러 있었다.

더욱 최근에 네오 마르크스주의 해석이 독자들과 읽기들을 이데올로기적 산물과 투쟁의 장소임을 지속적으로 강조해 온 점과 인류학적인 접근들이 독자들과 읽기들을 사회문화적인 산물로 보는 쪽으로 방향전환을 보인 점을 고려할 때, 혈과 육을 가진 독자라는 아주 복잡한 문제와의 조우는 불가피하게 되었다. 다시 한 번 문화비평은 본문에 존재하는 사회문화적 코드를 찾아내고 해석하는 일, 본문의 배경에 있는 세계를 재구성하는 일, 그리고 그러한 재구성에 사용된 해석모델들의 뒤에 있는 현실의 독자, 즉 역사적으로 문화적으로 조건 지워짐으로써 자신의 사회적 위치에 의해 근본적으로 제한된 시야를 가질 수밖에 없는 혈과 육을 가진 독자가 놓여 있다는 사실에 직면해 씨름하지 않을 수 없게 되었다. 본문 세계에 대한 특정한 경제적, 사회적, 문화적 재구성을 주장하며, 그 과정에서 다양한 해석모델-구성체를 도입하면서 본문 읽기와 해석에 관여하는 것은 결국 그러한 사회적 위치에 깊이 젖어 있는 현실의 독자인 것이다.

4) 문화 연구 : 구성으로서의 본문

내 생각에 문학비평과 문화비평에서 관찰된 현실의 독자를 향한 명료한 전향은 1970년대 이래 성서비평에 영향을 미친 심원한 전환 내에서 또 다른 중대한 발전의 시작을 의미한다. 과감히 말하건대 그러한 발전은 자체의 담론 양식을 가진 해석의 네 번째 패러다임 혹은 포괄적 모델의 시작을 의미하며, 그 모델의 담론 양식에서는 역사적, 형식주의적, 그리고 해석학적 질문과 관심이 밀접하게 상관적이고 상호 의존적이 된다. 그 발전은 역사비평에 의해 전제되고 대체로 문학비평과 문화비평이 추종한 중립적인 이해관계에서 자유로운 독자 구성에 대해 문제를 제기한다. 그러한 보편적이고 박식한 독자라는 구성은 다음과 같이 다양하게 표현된다. 신학적인 전제들에 깊이 빠져 있으나 적절한 자기 인식을 통하여 해석 작업에서 그것들을 옆으로 제쳐 둘 수 있는 역사비평의 독자; 해석과정에서 읽기 전략과 관련해서 출현하고 있지만 단지 형식주의 수준에 머물러 있는 문학비평의 독자; 사회경제적 계급과 이데올로기적인 입장과 관련하여 출현하거나, 또는 독자들과 읽기를 성격지우는 사회화와 문화변용의 과정에 대해 완전히 무감각한, 또는 그러한 과정들을 적절히 인식하고 있지만 적당한 비교 모델들과 교차문화 모델들의 사용을 통해 해석 작업에서 그것들을 초월할 수 있는 문화비평의 독자. 이러한 새로운 발전은 보편적인 독자를 대신하여 매우 다른 구성체인 혈과 육을 가진 독자를 설정한다. 혈과 육을 가진 현실의 독자는 항상 특정한 자리에 매여 있거나 이해관계에 얽혀 있고 사회적으로 역사적으로 제한되어 있음으로 해서 사회경제적 계급에 대해서 뿐만 아니라 인간의 정체성을 형성하는 많은 다른 요인들과 관련된—무사회적(asocial)이고 무역사적인(ahistorical) 열반에 도달하기 위하여—조건들을 초월할 수 없다. 따라서 그것은 이론과 방법의 영역의 거대한 다양성으로부터 사회문화적인 영역의 거대한 다양성에로, 이 학문 분과에서 진행중인 해방과 탈식민화의 과정을 한 단계 더 끌어 올리는 발전이다. 그것은 내가 "문화연구"—본문과 독자, 전망과 이데올로기를 묶어서 함께 비평적으로 연구하는 작업—의 관점에서 묘사한 발전인데, 그렇게 함으로써 그것을 문화비평과 구별하는 동시에 다른 학문들과 비평적 실천들에서 일어나고 있는 유사한 발전들과의 긴밀성을 보여준다.

특수성과 상황성의 부정과 과학적 방법론의 채용을 통해 공평성과 객관성에 도달하게 되는 독자, 즉 보편적이고 박식한 독자라는 포기되지 않은 이 구성체는, 훌륭한 목표였지만 또한 아주 순진하고 위험한 것이었다. 그것이 칭찬 받을 만한 이유는 비록 희미하게나마 모든 읽기와 해석에 사회적 위치가 영향을 미친다는 사실을 깨달았기 때문이다. 그것이 순진하다고 한 이유는 어렵게 성취하고 획득한 과학적인 가면에 의해 그러한 결과들을 회피하거나 무효화시킬 수 있다고 생각했기 때문이다. 그것이 위험스러운 이유는 결국 사실상 본문과 역사에 관한 고도의 개인적이고 사회적인 구성들이 학문적인 회복과 재구성, 그리고 과학적으로 안전하게 촉진되어 방법론적으로 확고할 뿐만 아니라 이데올로기적으로도 중립적인 것으로 고양되기 때문이다. 실제로 대서양 양편에 위치한 유럽과 미국에 의한 그러한 구성들의 기원과 발전을 고려해 볼 때, 그 구성은 본질적으로 식민주의적이고 제국주의적이었다. 그것은 유럽 중심의 배경으로부터 출현했고, 그렇기 때문에 담론과 조사의 모든 수준에서 온전히 유럽 중심으로 남게 되었다.[26] 결과적으로, 실제에 있어서는 모든 독자들이 유럽 중심적인 비평가들과 같이 해석하기를 요구하면서,

표면적으로는 어디에 살고 있든 모든 독자들이 이상적인 비평가나 박식하고 보편적인 비평가가 되기를 기대하면서, 그 구성은 무반성적으로 괄호 안에 묶여진 특수성을 지닌 정체성을 보편화시켰다. 사실 시작부터 끝까지 그리고 머리부터 발끝까지의 모든 논의는 이 특수 집단의 근본적인 관심들, 질문들과 지평들에 의해 특징지어지고 지배되었는데, 그것들은 전체 기독교 세계에게 근본적인 질문들, 지평들, 그리고 관심들이라고 무비판적으로 위장되어 왔던 것이다. 따라서 이상적인 비평가가 되는 것은 특수하고 상황화된 논의, 즉 유럽 중심의 논의에 들어가는 것을 의미한다.[27]

돌아보면, 이러한 구성체의 사용은 중립과 공평성을 구실로 독자들을 비인간화시켰다. 이 구성체는 독자를 독자로 특징짓고 형성시켜 준 모든 정체성의 요소들, 예를 들어 성, 종족, 또는 인종적 배경, 사회경제적 계급, 사회문화적 관습, 교육적 달성, 그리고 이데올로기적 태도를 벗어 버리도록 요구했던 것이다. 또 다른 수준에 있어 이 학과의 철저한 유럽 중심의 윤곽과 방향성을 고려할 때, 객관성과 공평성이라는 말은 단지 유

26) 이것은 다양한 유럽 중심의 전통들 사이에 심오한 차이들과 경쟁들이 존재하지 않았다고 말하는 것이 아니다. 사실상, 각주들과 참고목록들에 대한 피상적인 조사마저도 기꺼이 보여주듯이, 이 학문 분야는 종종 그 성격에 있어서 매우 협소한 면을 드러내었다. 독일, 영국, 그리고 프랑스의 학자들이 차례로 각기 주도권을 장악하며 토론을 주도하여 왔는데, 각각의 그룹은 동일한 그룹의 구성원들과 함께 읽고 상호작용하는 것에 종종 그쳤다. 이전의 식민지/제국의 독특한 조합을 반영하면서, 북미 학자들은(멕시코를 제외한) 그들의 읽기와 대화 상대자들에 있어서 훨씬 더 절충적 이었으나 항상 태도에 있어서는 유럽의 동료들에 대하여 다소간 자신 없는 모습을 보여주었다.

27) 이 점에 대해서는 유럽 중심의 관심에 의해 지배된 대학원 프로그램과 학문 기관에서의 흑인 미국 학생들과 비평가들을 특별히 다룬 W. H. Myers의 "The Hermeneutical Dilemma of the African American Biblical Student", in *Story the Road We Trod: African American Biblical Interpretation,* ed. C. H. Felder (Minneapolis: Fortress Press, 1991), 40-56쪽을 보라. 또한 R. S. Sugirtharajah의 *Voices from the Margin: Interpreting the Bible in the Third World* (Maryknoll, N. Y.: Orbis Books, 1991), 1-6쪽과 434-444쪽을 보라.

럽화하는 시도를 숨겨주는 용어에 지나지 않았고, 결국 이러한 점에서 주관적 정체성의 옷을 벗기는 시도는 비인간화가 아니라 유럽화의 옷을 입히는 재인간화였다고 할 수 있다. 따라서 독자들과 비평가들의 경험과 문화가 겉보기에는 진리를 추구하기 위해 희생된 것처럼 보이지만, 실제로 그것은 일단의 비평가들과 독자들의 경험과 문화가 다른 일단의 비평가들과 독자들의 경험과 문화에 대해 희생되었던 것이다. 결과는 신식민지주의의 고전적인 사례를 보여주는 것이었고, 거기서 피식민자들이나 주변인들의 이해관계는 미묘하지만 확실하게 식민자들이나 중심부의 이해관계에 의해 희생되었던 것이다.

이러한 신식민지주의 상황은 70년대 중반의 문학과 문화 패러다임들의 출현과 공고화로 인해 산산이 흩어지기 시작했다. 해방은 주로 방법론적인 원칙들과 이론적인 동향의 다양성을 경유해서 도래했다. 비록 그 자체가 해방과 탈식민지화의 과정에서 중요한 단계이기는 했지만, 보편적이고 박식한 독자 구성체는 여전히 대체적으로 제자리에 남아 있었다. 이러한 신식민지주의는 앞에서 기술한 문화비평과 문학비평 양자 내에서의 최근 발전과 더불어 이제 완전히 해체될 징후를 보여주고 있다. 느리지만 확실하게 그러한 구성체 배경의 기초가 서서히 부식되어 왔다. 이론이 그 자체의 사회문화적이고 이데올로기적인 토대들을 가진 하나의 관점이라는 사실에 대한 강조와 관련된 신학적인 연구 및 다양한 학문분과들에서 이루어지고 있는 발전들은, 읽기와 해석의 이해관계에 초연한 객관적인 어떤 주장도 점점 더 유지될 수 없고 비판적인 폭로에 종속되도록 만들었다. 이러한 발전은 대체로 다른 학과들에 최초로 들어온 외부인들의 영향이었다. 예를 들어, 그간 북대서양 세계와 제3세계에서 더욱 많이 침묵했던(혹은, 침묵 당했던) 목소리들이 이 학과에 들어오면서부터 신학과 해석의 분야에 그들 자신의 목소리와 비전에 대한 권리를 주장하게 되었고, 신학의 세계에서 객관성에 대한 주장들의 타당성과 이데올로기가 다양한 진영으로부터 점점 공격을 받게 되었다. 이러한 목소리들 중 가장 두드러진 것은 식민세계 출신의 해방신학자들, 제1세계

의 여권주의 신학자들, 그리고 제1세계에 거주하는 소수파 신학자들이다.[28)]

따라서 이제 자신들을 혈과 육을 가진 현실의 독자들, 즉 그들 각각의 사회적 위치에 다양하게 처해 있으면서 관계 맺고 살아가는 독자들로 인해, 해방과 탈식민지화의 과정이 사회문화적인 영역 자체로 이동해 들어간다. 서로 다른 독자들은 자신들이 서로 다른 해석모델들과 읽기 전략들을 사용할 뿐만 아니라, 자신들이 대변하고 속하고 있는 다층적 사회 집단들의 빛에 비추어 서로 다른 방식으로 읽고 있음을 보게 된다. 이러한 방식의 읽기를 통해서 궁극적인 모든 해석모델들, 본문의 의미 회복, 그리고 역사의 재구성 등은 상이하고 매우 복잡한 사회적 위치들로부터 읽고 해석하는 혈과 육을 가진 현실의 독자들에 의해 형성되고 개진된 구성물들로 간주된다.[29)] 이러한 읽기는 모든 것들이 구성체이기 때문에 선택의 여지 없이 이러한 구성체에 종사해야 한다는 아이러니한 깨달음과 더불어 포스트모더니즘 이론에 의해 매우 영향 받은 읽기이다.[30)] 따라서 이 읽기는 "다른 방언으로 말하는 것", 즉 자신들의 방언으

---

28) 사실상, 위에 묘사된 패러다임들에 대한 이 세 가지 운동들의 관계를 추적하고, 그 길을 따라 채택된 다양한 읽기 전략들과 이론적 방향성들을 분석하는 것은 실제로 매우 흥미로울 것이다. 하지만 그것은 지금 연구의 범위 너머에 놓여 있는 과제이다.

29) 이러한 접근의 다양한 적용들에 대해서는 다음의 작품들을 보라. 그리스와 고대 역사(classical antiquity)에 관해서는 R. and F. Etienne의 *The Search for Ancient Greece, Discoveries* (New York: Harry N. Abrams, 1992), 중세에 관해서는 N. F. Cantor의 *Inventing the Middle Ages: The Lives, Works, and Ideas of the Great Medievalists of the Twentieth Century* (New York: Morrow, 1991), 전통에 관해서는, E. Hobsbawm과 T. Ranger, eds., *The Invention of Tradition*(Cambridge: Cambridge University Press, 1983).

30) 포스트모더니즘(postmodernism)의 개관을 위해서는 C. Jencks의 *What Is Post-Modernism?*, 3rd ed. (New York: St. Martin's, 1989)를 보라. 포스트모더니즘의 다른 정의들을 위해서는 L. Hutcheon의 *The Poetics of Post-modernism: History, Theory, Fiction* (New York: Routledge, 1988)과 같은 저자의 *The Politics of Postmodernis, New Accents* (New York: Routledge, 1989)를 보라. 포스트모더니즘적 사고의 함의에 대해서는 V. B. Leitch의 *Cultural Criticism,*

로 말하는 것을 요구한다. 왜냐하면 그렇지 않을 경우 종종 그래왔던 것처럼 다른 방언들에 의해 탈취당하고 다른 방언들에 의해 수행될 것이기 때문이다. 이 읽기는 많은 방언들 사이에서의 비평적 대화를 요구하며, 그 과정에서 모든 그러한 구성체들의 기초, 윤곽, 파생물이 논의되고 평가될 것을 말하고 있다. 이 읽기는 또한 경쟁적 담론 양식들을 자연스럽게 여기고, 주도적 내러티브를 하나의 구성으로서 바라보며, 진정으로 전 지구적인 상호교통을 추구한다. 이 읽기는 식민지로부터의 독립 후의 크리스찬 세계와 식민지로부터의 독립 후의 성서비평의 불가피한 결과이자 양식이라고 할 수 있다.

2

문화연구와 현대성서비평

담론 양식으로서 이데올로기 비평

앞서 우리는 지금까지의 성서비평이 매우 독특한 담론 양식과 고유한 해석의 스펙트럼을 지닌 서로 다른 네 가지의 패러다임, 곧 포괄적 해석의 모델들을 따라 진행되어 왔음을 살펴보았다.[31] 이 네 가지 패러다임은 현재 성서학의 영역 내에서 서로 경쟁의 관계에 놓여 있다. 실제로 영구적 아노미의 혼란은 아닐지라도 외관상 안정된 모습의 아노미 상태임을 묘사하는 것이 적절함을 밝힌 바 있다.[32] 앞에서 그 처음 세 가지 패

Literary Theory, Poststructuralism (New York: Columbia University Press, 1992)를 보라.

31) 이 책의 1장을 참조하라. 또한 J. Capel Anderson and S. D. Moore, "Introduction: The Lives of Mark", in *Mark and Method: New Approaches in Biblical Studies,* ed. J. Capel Anderson and S. D. Moore (Minneapolis: Fortress Press, 1992), 1-22쪽을 보라.

러다임에 초점을 맞추었기에 여기서는 문제의 네 번째 패러다임의 보다 초보적이고 전반적인 성격을 살펴보도록 하겠다. 편의상 그 네 번째 패러다임을 문화연구 혹은 이데올로기 비평이라고 부르도록 한다.[33] 먼저 서론을 대신하여 위와 같은 서로 다른 패러다임들의 구분에 대한 간단한 요약과 설명이 유용할 것이다.

---

32) 이러한 특징짓기는 S. B. Ortner에 의해 수행된 1950년대로부터 1980년대 초반의 인류학적 연구에 대한 구획(plotting)으로부터 부분적으로 빌려온 것이다("Theory in Anthropology since the Sixties", *Comparative Studies in Society and History* 26 [1984]: 126-166). Ortner의 관찰에 의하면, 1950년대의 주요 패러다임들은 1960년대에 접어들어 다양한 이론적 모델들에 자리를 내주게 되었는데 이는 그 분야 내에서의 의사소통 자체를 전혀 불가능한 것은 아닐지라도 매우 어려운 일로 만들어 놓았다. 이러한 상태를 그녀는 고전적인 역(閾 : liminality)의 상황이라고 묘사한다(예를 들어, 372쪽을 보라: "그 분야는 파편적이고 조각난 상태에 있고, 개인들과 소규모 동인회들은 이접(離接)적인(disjunctive) 연구를 추구하고 있으며, 주로 범주의 혼동, 카오스와 반구조(antistructure)의 표현들을 말하고 있다"). 그것은 1980년대, 또는 대략 20년 후의 성서비평에서 일어난 것들과 전혀 다르지 않다. 흥미롭게도 Ortner는 인류학의 방향정립에 있어서 새로운 주요 상징("실행(practice)" 또는 "실천(praxis)", 그리고 "행위자(agent)" 또는 "실행자(actor)"에 대한 초점)을 지목했는데, 그것이 다양한 종류의 이론들과 방법들을 야기시켰으며, 새로이 출현하는 합일(consensus)의 움직임을 표시해 주었다고 하였다. 나는 그러한 실천 이론과 문화 연구들 사이의 분명한 유사점들에도 불구하고, 성서비평 안에서 합일의 움직임이 있었다고 주장하지는 않을 것이다. 우선, 그 어떤 발전하는 또는 다가오는 합일의 조짐을 볼 수 없을 뿐만 아니라, 나는 아노미 상태가 선천적으로 반대할 만한 것이라거나 매력적이지 않은 것이라고 보지 않음을 고백해야겠다. 예를 들어, 인문학 전반에 대한 1960년대의 영향에 대해서 V. B. Leitch, *American Literary Criticism from the Thirties to the Eighties* (New York: Columbia University Press, 1988), 366-407; S. Seidman, *Contested Knowledge*: Social Theory in the Postmodern Era (Oxford: Blackwell, 1984), 234-280쪽을 참조하라.

33) 나는 이러한 묘사는 시험적이고 잠정적인 것임을 강조하고자 한다. 왜냐하면, 아직 그것이 앞선 다른 세 가지 모델과는 달리 세월이 어느 정도 경과한 시점에서 회고될 수 있는 특권을 가지고 있지 않기 때문이다. 나는 물론 이러한 묘사의 구성적이고(constructive) 특정 관점의 반영(perspectival)이라는 성격을 지적하고자 한다: 이것은 나 자신의 관점과 경험으로부터 내가 이해하고 실천하는 방식으로 행하는 패러다임의 개관이다.

1) 성서비평의 구획

앞서의 흐름은 시간적, 이데올로기적 차원뿐만 아니라, 공간적, 시적(poetic) 차원도 함께 포함하고 있다. 더욱이 성서학의 영역에서 진행중인 해방과 탈식민지화의 측면에서 볼 때, 비평 패러다임의 순차적 출현에는 다음 세 가지의 기본 단계들이 존재하고 있다.[34] 먼저 이같은 흐름에는 그 구조와 운동성에 있어 매우 고전적인 틀을 드러내고 있다. 이 흐름은 시작과 중간 그리고 끝을 가지고 있다. 즉, 잔잔히 지속된 현재의 상태가 내부로부터 갈등과 긴장을 겪게 되고 결국 해결과 더불어 새로운 상태에 이르게 된다. 다른 한편으로 운동성에 대한 이와 같은 암시적인 감각과 더불어 구획은 명백한 진보의 감각을 소유하고 있으며, "해방"과 "탈식민지화"라는 용어들이 쉽게 함축하는 바와 같이 그 감각에 의해 초기 상태가 시종일관 '보다 나은 쪽'으로 변화하는 현상을 보이게 된다. 그러나 동시에 구획은 또한 내용과 주장에 있어 더욱 현대적이고 풍자적인 양식을 드러낸다. 첫째, 상정된 해소는 상당히 개방적인 것이어서 결국 일종의 비해소(non-resolution)나 다름없다. 새로운 합의 대신 다수성이 지배하게 된다. 둘째, 진행은 단선적이거나 일어(一語)적이라기보다 오히려 다방면적이고 다중 언어적이기 때문에, 그러한 점에서 "많은 방언으로 말하기"라고 할 수 있겠다.[35] 우리가 탐구 중인 세 단계

34) 이 기획은 또한 수사적인 차원과 관련되기도 하는데, 이는 내가 그것의 역사적인 정당성과 발견적인 가치뿐만 아니라, 문화 연구 패러다임에 대한 필요성과 유익을 독자들에게 설득하려고 시도하기 때문이다. 나는 나 자신이 이 문화 연구 패러다임의 지지자임을 곧 설명할 것이다.

35) 따라서, 모더니즘의 논리와 폐쇄성 안에 속해 있기는 하지만, 이 구획은 또한 포스트모더니즘의 논리와 개방성 안에 속해 있기도 하다. 이와 같은 진술은 이 구획이 스스로를 "구획의 시도(plotting)"라는 관점에서 바라보고, 그래서 이론적으로도 실제적으로도 그와 유사한 또 다른 "구획의 시도들"을 얼마든지 인정할 수 있는 한에 있어서 유효할 뿐만 아니라, 또한 제안된 그 구획이 종국에 가서는 스스로를 해체하기에 이를 때, 즉 다양성을 새롭고도 긍정적이고 환영할 만한 상태로 인정하는 한에서 유효하다고 하겠다. 포스트모더니즘과 모더니즘의 불

들은 다음과 같이 진행된다. 우선 완전히 견고하고 지배적인 역사비평(첫째 단계)—거의 19세기 중반 이래 확고히 자리를 잡아 왔었는데[36]—은 두 가지가 상이하고 대체로 무관했던 운동들이라 할 수 있는 문학비평과 문화비평에 의해 1970년대 중반부터 다소 신속하게 그 지위에서 내려오게 되었다. 문학비평과 문화비평 각각은 1980년대와 1990년대(두 번째 단계)를 거치면서 급속한 힘과 세련미를 갖추게 된다. 이어서 1980년대 후반에 이 두 가지 패러다임들 내부에서 이루어진 많은 발전은 점차 본문들 그리고 본문들의 독자들—실제적으로 혈과 육을 가진 현실의 독자들—양자에 특별히 초점을 두는 또 다른 해석 패러다임인 포괄적 해석모델, 즉 문화연구 혹은 이데올로기 비평(세 번째 단계)을 향한 길을 지시하기 시작했다.

한편으로 문학비평은 마침내 두 가지 측면에서 현실의 독자들이라는 근본적인 문제와 씨름하지 않을 수 없게 되었다. 첫째로, 점차 본문들의 형식적인 특징들이나 요소들의 분석에서(내러티브 비평) 독자들의 분석(즉 본문 내재적 독자들)과 의미구성의 읽기 과정의 분석(독자-반응 비평)으로 이동하게 되면서 그러한 씨름에 관여하게 되었다. 둘째로는, 그것이 주로 본문(언어의 다의성을 통해)에 기초를 두든 혹은 독자(본문의 간격을 채우는 일을 통해)에 기초를 두든 간에, 다중적 해석들이라는 개념을 점차 즐기게 되면서 현실의 독자라는 문제와 씨름하게 되었다.[37]

가피한 관계에 대해서는, 특히 L. Hutcheon, *The Politics of Postmodernism* (New York: Routledge, 1989)를 참조하라.

36) 예를 들어, 그러한 비평적 일치의 부상(rise)을 상당부분 F. C. Baur (1792-1860)의 영향과 튀빙겐 학파의 성공에 기인한다고 여기는 R. F. Collins (*Introduction to the New Testament* [Garden City, N. Y.: Doubleday, 1983], 41-74, esp. 41-45)를 참조하라. 또한 이 점에 있어, 18세기 후반과 19세기의 역사-비평 패러다임과 고전 문헌학 사이의 관계가 분명하고 직접적으로 표면화시켰던, 역사비평에 대한 J. Fitzmyer의 열렬한 항변 ("Historical Criticism: Its Role in Biblical Interpretation and Church Life", *Theological Studies* 50 [1989]: 244-259)을 참조하라.

37) 문학비평의 행로에 대한 최근의 설명을 보려면, E. Struthers Malbon and J.

다른 한편, 문화비평 또한 두 가지 점에 있어 현실의 독자들이라는 이 결정적인 문제와 대면하게 되었다. 첫째는, 네오 마르크스주의 해석의 지속적인 강조점인 독자들과 읽기들이 사회경제적이고 이데올로기적 산물이라는 견해와 관련된 것이고, 둘째로는, 인류학적 접근들이 독자들과 읽기들을 사회문화적 산물로 보는 전환을 맞게 된 것과 관련해서 문화비평 또한 현실의 독자라는 문제에 직면했던 것이다.[38]

문학비평과 문화비평 양자에서 발생한 독자를 향한 점진적인 전환은 결국 성서비평으로 하여금 실제로 혈과 육을 가진 독자들이라는 문제에 직면하게 만들었다. 그렇게 함으로써 그 전환은 성서비평을 그 나름의 담론 양식과 이론적 스펙트럼을 지닌 매우 다른 해석모델로 전이시켜 놓았다. 반복해서 말하지만 그 마지막 결과물은 성서비평의 영역에 네 가지 경쟁적인 패러다임들이 동시에 존재하게 되었다는 것이다. 그것은 역사비평이라는 초기의 패러다임을 대체하는 새로운 합의가 아니라, 오히려 철저한 복수성의 상태를 말한다(또는 아마도 어떤 합의도 아닌 것에 관한 합의이다).

동시에 성서비평 영역에서 이러한 방법론적이고 이론적인 발전 외에,

Capel Anderson, "Literary-Critical Methods", in *Searching the Scriptures,* vol. 1: *A Feminist Introduction*, ed. E. Schüssler Fiorenza (New York: Crossroad, 1993), 241-254; D. M. Gunn, "Narrative Criticism", and E. V. McKnight, "Reader-Response Criticism", in *To Each Its Own Meaning: An Introduction to Biblical Criticisms and Their Application*, ed. S. L. McKenzie and S. R. Haynes (Louisville: Westminster/John Knox Press, 1993), 171-219을 참조하라; E. Struthers Malbon, "Narrative Criticism: How does the Story Mean?" 와 R. M. Fowler, "Reader Response Criticism: Figuring Mark's Reader", in Anderson and Moore, *Mark and Method*, 23-49쪽과 50-83쪽을 참조하라.

38) 문화비평의 행로에 대한 최근의 설명을 보려면, M. A. Tolbert, "Social, Sociological, and Anthropological Methods", in Schüssler Fiorenza, *Searching the Scriptures*, 255-271; D. B. Martin, "Social Scientific Criticism", in McKenzie and Haynes, *To Each Its Own Meaning*, 103-119; D. Rhoads, "Social Criticism: Crossing Boundaries,: in *Mark and Method*, 135-161쪽을 참조하라.

앞서 제안된 구획 작업은 또한 결정적인 인구 통계학적이고 사회문화적인 발전과 관계를 맺고 있다. 전 학문의 영역을 거쳐서 그리고 신학연구 영역 자체 내에서 사용되고 있는 패턴을 따르면서 학문의 영역으로 시작된 이래, 배타적이지는 않을지라도 대체로 서구 남성들—더 정확히 말하자면 서구 남성 성직자들—의 전유물로 남아 있던 성서비평이 외부인들의 유입을 목도하기 시작했다. 그 외부인들은 이제야 비로소 자신의 목소리를 내기 시작한 개인들로서 서구 여성들, 비서구 신학자들과 비평가들, 그리고 서구에 살고 있는 비서구 문명 출신인 민족적, 인종적 소수자들로 구성되어 있다.[39)]

이러한 개인들은 거의 배타적으로 서구의 교육기관들에서 훈련을 받아 왔는데, 서구 교육기관을 지배한 최고 권력은 역사비평이었다. 이들은 서구 교육기관에서 '학문적 아버지(Doktorvater)' 역할을 떠맡은 서구 남성 학자들을 통해 방법론의 기초를 터득하게 되었고, 이 서구 남성 학자들은 모든 중요한 학문적 계보의 창시자들이거나 연결고리 역할을 하는 사람들일 뿐만 아니라 최고의 연구가들이자 교사들이었다. 외부인들인 이 개인들은 계몽주의라는 고전적 이상을 강조하는 구심적이고 균

39) 서구 문명 또는 문화라는 말을 통해 나는 서구를 자신들의 가장 상위의 문화적 소속 그룹이자 가장 넓은 수준에서의 문화적 정체성으로 동일시하는 모든 사람들을 의미한다. 이는 S. P. Huntington ("The Clash of Civilizations?" *Foreign Affairs* 72 [summer, 1993]: 22-49; and idem, "If Not Civilizations, What? Paradigms of the Post-Cold War World", *Foreign Affairs* 72 [November/December 1993]: 186-194)의 제안을 따른 것이다. 그러므로 Huntington에게 있어, 문명 또는 문화는 공통의 객관적인 요소들(예를 들어, 언어, 역사, 종교, 문화들, 기관들)과 사람들의 주관적인 자기 정체성 둘 다를 포괄한다. 게다가, 거대 문명들은 하위문명들(sub-civilizations)을 가질 수 있다; 예를 들어, 서구 그 자체는 유럽과 북미(Anglo/Francophone)라는 두개의 하위 그룹으로 구성되어 있다. 모든 고도로 추상적 범주들처럼, 이 개념에는 문제가 없지 않다. 예를 들어, 서구 자체 안에서의 "서구"라는 구성(construction)—플롯, 등장인물, 사건 그리고 기타 등등의 내러티브 요소들—에 대한 분석은 다양하고 중요한 변형들을 드러내고 있다. 그럼에도 불구하고, 나는 그것이 정체의 확인과 비교(identification and comparison)의 목적을 위해 분명 가치가 있다고 생각한다.

질화하는 강력한 교육의 힘에 복속되었다: 계몽주의에 따르면 모든 지식은 과학이고, 과학적 방법론은 모든 연구 영역에 적용 가능하고, 자연이나 사실들은 중립적이고 인지 가능한 대상이며, 연구는 가치중립적인 관찰과 사실들의 복원에 관련된 진리 탐구이며, 연구자는 사실들을 가치중립적인 시각을 가지고 관찰하는 이성의 신봉자로 간주되었다. 더욱이 계몽주의에서 비롯된 근대성의 숭배와 궤를 같이 하는 이같은 사회화 과정의 근본적 차원이 비록 암시적인 것이라 할지라도 주목해야 한다. 그 근본적 차원에 해당하는 것은 성서의 전통적인 해석에 대한 진보를 의미할 뿐만 아니라(어둠에 대한 빛의 승리 그리고 전통에 대한 이성의 승리), 다른 문화와 문명에 대한 서구의 우월성을 반영한다(무엇인가에 대치하는 해석학, 백인 남성이 짐을 진다는 식의 해석학)는 확신이다. 즉, 역사비평은 성서 본문을 읽고 해석하는 적절한 방식으로서 뿐만 아니라, 성서학 영역의 궁극적인 진보의 징후로 인식되고 장려되었다. 또한 역사비평은 (기독교) 서구 세계가 나머지 (기독교) 세계에 제공하고 기여한 것으로 그리고 뒤떨어지고 무지한 사람들이 근대화되고 교육받을 수 있게 되는 수단으로 인식되고 장려되기도 하였다.[40]

이러한 압도적인 학문적 사회화에도 불구하고, 위에서 말한 개인들 중 많은 사람들이 역사비평을 주로 하는 성서비평의 교육과정과 논의 주제들을 서서히 문제시하기 시작했다. 특히 문제시된 것은 역사비평뿐만 아니라 다른 두 가지 새롭게 출현한 패러다임 중에서 이런 저런 형태로 통용되고 있는 과학적, 객관적, 그리고 중립적 연구자인 보편적이고 교육받은 독자라는 개념이다. 이러한 개인들은 그와 함께 성서비평의 전망과 상황화에 대한 근본적인 질문을 제기하기 시작했다.[41] 모든 읽기와

---

40) 이 가정의 문화적인 함의들과 성(gender)에 대한 문화적 함의들 사이의 유비가 손쉽게 유도될 수 있다. 마치 역사비평이 모든 다른 문화들에 대해 진보성과 우월성을 나타내듯이, 그것은 감정과 주관성이라는 "여성의" 특징에 대하여 이성과 객관성이라는 "남성의" 특징을 구체화시켰다.

41) 바로 그와 똑같은 현상이 프랑스 혁명의 여파로 역사 연구 분야에서도 일어났다는 것은 놀라운 일이 아니다; 성서비평은, 그것이 계몽주의, 근대주의

해석은 특정한 상황과 이해관계에 얽혀있기 마련이라는 점증적인 주장이 날카로운 압력으로 성서비평에 작용함으로써 혈과 육을 가진 독자들의 문제를 다루지 않을 수 없게 만들었고, 더 나아가 성서학 영역으로 하여금 그 자체의 독특한 담론 양식과 해석 스펙트럼을 지닌 완전히 다른 또 하나의 해석모델을 창출하도록 내몰았다.[42]

따라서 역사비평과 그리고 새롭게 출현하고 있는 역사비평의 경쟁 모델들 내에서 확고히 자리를 잡아 왔던 계몽주의의 오랜 기획은 궁극적

(modernity), 그리고 과학적인 방법들과 타협해 나감에 있어서, 19세기의 첫 절반 동안 영감을 얻고 인도(guidance)를 받기 위해 역사비평에 의존했다. 역사 연구에서 밖으로부터의 목소리들의 중요성에 대해서는, J. Appleby, L. Hunt, and M. Jacob (*Telling the Truth about History* [New York: Norton, 1994], 특히 129-159 그리고 198-237)에 의한, 역사기술에 대한 최근의 개관과, P. Novick (*That Noble Dream: The "Objectivity Question" and the American Historical Profession* [Cambridge: Cambridge University Press, 1988], 특히 469-521)에 의한, 역사기술에 있어서의 객관성에 대한 질문에 대한 최근의 개관을 참조하라. 문학비평에 대한 외부의 목소리들의 영향에 대해서는 V. B. Leitch, *Cultural Criticism, Literary Theory, Poststructuralism* (New York: Columbia University Press, 1992), 83-103쪽을 참조하라. 사회이론 전반에 대한 외부의 목소리들의 영향에 대해서는 N. B. Dirks, G. Eley, and S. B. Ortner, eds., *Culture/Power/History: A Reader in Contemporary Social Theory* (Princeton: Princeton University Press, 1994), 특히 3-45쪽을 참조하라. 인류학에 대한 외부의 목소리들의 영향에 대해서는, T. Asad, ed., Anthropology and the Colonial Encounter (New York: Humanities Press, 1973), and R. Rosaldo, Culture and Truth: The Remaking of Social Analysis (Boston: Beacon Press, 1989)을 참조하라.

42) 예를 들어, 서구 여성들의 관점으로부터 E. Schüssler Fiorenza, Bread Not Stone: *The Challenge of Feminist Biblical Interpretation* (Boston: Beacon Press, 1984); E. Schüssler Fiorenza, ed., *Searching the Scriptures*, 2 vols. (New York: Crossroad, 1993-1994); C. A. Newsom and S. H. Ringe, eds., *Women's Bible Commentary* (Louisville: Westminster/John Knox Press, 1992); 비서구 문화의 관점으로 쓰여진 R. S. Sugirtharajah, *Voices from the Margin: Interpreting the Bible in the Third World* (Maryknoll, N. Y.: Orbis books, 1991)을 참조하라; 또한, 서구 안에 있는 비서구 소수자들의 관점으로 쓰여진, C. H. Felder, ed., *Stony the Road We Trod: African American Biblical Interpretation* (Minneapolis: Fortress Press, 1991)을 참조하라.

으로 심판대에 서게 되었다. 다수의 부수적인 원칙들과 개념들도 마찬가지의 운명에 처하게 되었다. 성서연구를 과학으로 보는 시각과 과학적 방법의 사용이라는 개념, 역사의 성격, 가치중립적 관찰의 가능성, 이성적이고 이해관계로부터 자유로운 조사자의 역할에 대한 개념, 진보의 개념이 모두 문제시되었다. 그 과정에서 새로운 경쟁 패러다임들과 나란히 역사비평은 (계몽주의 자체와 마찬가지로) 전망과 상황화, 논의 주제와 사회적 위치, 이것들과 풀기 어렵게 얽혀 있는 실제 비평 실행자들의(서구 남성 성직자들이라는) 성별과 출신의 관점에서 분석되기 시작했다. 즉, 보편적이고 해박한 독자라는 과학적 외관 밑에 도사리고 있는 매우 서구적이고 남성 중심적인 성격이 폭로되고 비평되기 시작했다. 읽기와 해석은 더 이상 가치중립적이거나 이해관계에서 자유로워 보이지 않았다. 오히려 읽기와 해석은 공적인 투쟁에 철저히 연루되어 있고, 그래서 "정치적"이라는 용어의 보다 협소한 의미(사회문화적인 영역내의 정책결정 분야)의 관점에서 보거나 그것의 보다 넓은 의미(이데올로기적인 영역내의 권력의 분야)의 관점에서 보거나, 회복할 수 없을 정도의 정치적인 성격과 함의를 가지게 되는 것으로 이해된다.

따라서 외부의 사회문화적인 발전뿐만 아니라 내부의 학문 발전을 기초로 한 안팎으로부터, 성서비평은 고대 유대교와 초기 기독교의 문헌들뿐만 아니라 그러한 문헌들의 독자들과 해석자들—문화연구라는 새롭게 떠오르는 패러다임의 이중적 강조점으로 나는 이 둘을 진척시켜 왔다—을 고려하도록 강요받는다.[43] 이러한 구상을 나는 해방과 탈식민지화의 관점에서 묘사해 왔다. 나는 두 가지를 고려하면서 그렇게 해 왔다. 첫째는, 모델들과 전략들을 철저히 통제하는 패러다임이 이론적이고 방

---

43) 나는 "성서비평"이라는 말을 통해, 그것이 유대교(Judaism)의 것이든 기독교의 것이든 정경 본문들에 관한 비평뿐 아니라, 고대 유대교 또는 초기 기독교로부터 유래한 모든 다른 본문들에 대한 비평을 아울러 표현하고 있다. 나는 "성서비평"이라는 용어를 그같은 포괄적 연구들에 대한 편의상의 호칭으로 사용하는데, 이는 현재 이보다 더 나은 간결한 용어가 없기 때문이다.

법론적인 영역에서 거대한 다양성에 의해 사라지게 되는 한에 있어서이다. 둘째는 독자의 구성이라는 측면에서, 이름도 얼굴도 없는 본문의 내재적 독자들에 대한 개념 구성들뿐만 아니라 과학적이고 관조적인 이상적 독자라는 개념 구성이 사회문화적 영역에서 엄청난 다양성에 의해 사라지게 되는 한에 있어서이다. 그 결과 객관성과 공정성의 가면을 쓰고 통용되는 성서비평의 서구적이고 남성 중심적인 성격이 밝혀지게 된다. 그리고 전망과 상황화의 문제는 본문의 현실의 독자들과 해석자들에 관한 것만큼 본문과 관련하게 된다. 고백컨대 식민지 현실과 담론들의 다양성에 소속해 왔고 계속해서 소속할 나에게 있어 이러한 대단원의 결말은 해방과 탈식민지화라는 매우 환영할 만하고 매력적인 상태를 의미한다. 이것에 의해 다른 목소리들이 그들 자신의 방언으로 말할 수 있고, 이 담론을 제어할 만한 어떤 중심도 존재하지 않게 된다. 만약 그 결과가 아노미의 상태라고 해도 나는 어떤 면에서는 그렇다고 믿는데, 그것은 후회할 만하거나 통탄할 만한 것이라기보다는 오히려 환영하고 포옹할 만한 것이라고 생각한다.[44]

44) 이와 관련해서, 매우 아이러니하게도, 성서비평의 현재 상황에 대한 나의 평가는 근대성의 본문과 과거로부터의 자유에 대한 근대의 강조 안에 명기되어 있다. 다시 말하면, 역사 비평이 마치 종교적 전통과 도그마주의로부터의 자유에 대한 약진에서 명성을 얻은 것처럼, 그리고 문학 비평과 문화 비평이 비평적인 폭압으로부터의 자유를 느끼며 즐거워했던 것처럼, 내가 구상하는 문화연구는 독자들의 표면적 비인간화(dehumanization)(객관성에 대한 요구)로부터의 자유와 독자들의 근본적인 재인간화(rehumanization)(모든 독자들의 서구화)로부터의 탈식민화에 대한 기대를 함께 아우르는 것이다. 물론, 이 평가는 해방과 탈식민화 개념이 모든 독자들의 인간화를 요청한다는 점에서 포스트모더니즘의 맥락 속에 포함되어 있다고 하겠다. 이때 독자들이 신분상 높은지 낮은지, 중심부에 있는지 주변부에 있는지, 지배그룹에 속해 있는지 종속그룹에 속해 있는지는 문제가 되지 않는다.

2) 문화연구 : 구성으로서 본문

아직 출현중인 문화연구라는 패러다임에 있어 현실의 실제 독자들은 모든 해석 모델들과 읽기 전략들의 배후에, 그리고 본문으로부터 의미를 재창조해 내고 역사를 재구성해 내는 배후에 자리하고 있다. 더욱이 이러한 모델들, 전략들, 재창조들, 그리고 재구성들 모두는 혈과 육을 가진 독자들의 편에서 이루어진 구성체들로 간주된다. 그리고 이러한 독자들 자신 또한 자신들 각자의 사회적 위치에 다양하게 정초해 있고 관여하고 있는 것으로 간주된다. 따라서 서로 다른 현실의 독자들은 다양하고 매우 복합적인 사회적 위치들에 따라 서로 다른 방식들로 그때마다 서로 다른 결과들(다른 읽기와 해석들)을 산출하면서 서로 다른 전략들과 모델들을 사용한다. 결과적으로 문화연구에 있어 현실의 독자들과 그들의 읽기(고대 본문들과 고대 세계에 대한 그들의 재현들)에 대한 비평적 분석은, 이러한 두 가지 비평적 초점들이 궁극적으로 상호의존적이고 상관적으로 보이기 때문에, 고대의 본문들 자체(고대 세계의 유물)의 비평적 분석만큼이나 중요하고 필수적인 것이 된다. 즉, 의미의 재창조와 역사의 재구성은 모두 결국 구성체들 혹은 재현 내지는 재창조와 재구성들로 간주된다.

그렇게 함으로써 문화연구는 전통적 역사비평의 역사적이고 신학적인 논의로부터 시작해서 문학비평과 문화비평이라는 보다 최근의 대화 파트너, 그리고 문화연구 분야 자체를 망라하는 다양하고 폭넓은 이론적 틀과 담론 양식들에 의지하게 된다.[45] 성서비평 내의 문화연구는 구체적

45) 문화 연구에 대해, 다음의 S. Hall, "Cultural Studies: Two Paradigms", in Media, *Culture, and Society*, 2 vols. (Newbury Park, Calif.: Sage, 1980), 2:57-82; A. Easthope, *Literary into Cultural Studies* (New York: Routledge, 1991); L. Grossberg, C. Nelson, and P. Treichler, *Cultural Studies* ((New York: Routledge, 1992); Leitch, *Cultural Criticism*; F. Inglis, *Cultural Studies* (Oxford: Blackwell, 1993)을 참조하라.

인 상황 속에서 살아가면서 특정한 이해관계에 연루되어 있는 독자와 해석자를 항상 그 핵으로 여기면서, 다른 해석학적 음조에 따라 여러 다른 패러다임들의 역사적, 형식주의적, 그리고 사회문화적 질문들과 관심들을 다른 방식들로 통합하기를 추구한다. 그 결과 이 새로운 담론 양식은 자신만의 독특한 분석 수단과 학명을 가지고 해석의 게임에 뛰어든다. 상황화와 관점, 사회적 위치와 논의 주제들이 이 담론 양식의 주요 관심사에 해당됨으로써 읽기와 해석뿐만 아니라 모든 구성과 텍스트가 정치적인 성격을 띤다는 점을 이 담론 양식이 강조한다는 점을 감안할 때, 이 새로운 담론 양식을 가장 잘 특징지어주는 말은 이데올로기적이라는 말일 것이다. 이러한 담론 양식은 결코 일어적(一語的)이지 않고 오히려 사회적 위치들과 논의 주제들의 복합성을 고려할 때 매우 다양하고 다어적(多語的)이라 할 수 있다. 결국 이 다른 해석모델은 그것을 따르는 자들에게 다른 읽기와 적용 양식을 요청하면서 그 형체를 갖추기 시작한다. 이러한 배경을 염두에 두고 이제 나는 성서비평 내에 새롭게 등장한 이 포괄적 해석 모델(문화연구를 가리킴: 역자 주)을 안내하고 활기를 불어 넣는 기본적인 원칙들의 개관을 시도해 보고자 한다. 다시 한 번 강조하지만 이 모델은 새로운 것으로서 시간이 많이 경과한 시점에서 되돌아보면서 검토하는 일은 불가능하기에, 이 개관은 예비적이고 잠정적인 것에 불과함을 기억해주기 바란다. 이 개관에 사용될 비교 범주와 관련해, 앞서 다른 모델들을 분석할 때와 마찬가지의 방식을 따라 의미의 소재, 읽기 전략, 이론적 토대들, 독자의 역할, 신학적 전제들, 그리고 교육학적 함의의 순서로 진행할 것이다.

의미의 소재

문화연구 모델은 의미가 본문의 저자나 본문의 배경 세계(역사비평과 문화비평 양자에 의해 가정되는 것처럼) 또는 본문 자체 안에(본문-우위의 읽기를 시도하면서도 그 안에 다양성을 보여주는 문학비평에 의해 가정되는 것처럼) 존재하는 것이 아니라, 본문과 독자 사이의 만남과 상호교환 안에 존재하는 것으로 간주하는 한, 본문을 구성체로 보면서 접근한다. 더군다나 이 해석 모델에 있어 이러한 상호작용에 참여하는 독자는 비록 그들이 읽기와 해석의 과정에서 전혀 배제되지 않겠지만, 중재적이고 형식주의적인 독자-구성체라고 보기는 어렵다. 오히려 이때에 독자는 주로 현실의 독자들로 이해된다(독자에 비중을 두는 문학비평에서처럼).[46] 따라서 의미는 사회적이고 역사적으로 조건 지워진 본문 그리고 사회적이고 역사적으로 조건 지워진 독자 간의 만남의 결과로 나타나게 된다.

이러한 전망에서 볼 때 본문은—매체로서 다루어지든 혹은 수단으로 다루어지든 어떤 방식으로 접근되든, 혹은 자기 자신이든 타인이든 누구에 의해서 접근되든 간에 상관없이—항상 자율적이고 변함없는 대상으로 간주되지 않는다. 본문은 앞서 가면서 해석을 안내하거나 조절하는 고정된 의미를 지닌 "저 바깥쪽에 있는" 어떤 것이 아니라, 오히려 "본문" 자체로서 항상 현실의 독자들에 의해 읽혀지고 해석되는 어떤 것으로 간주된다.[47] 따라서 본문은 다양한 관점에서 접근되고 해석될 수 있

46) 이와 관련하여 두 가지 점이 언급되어야 하겠다. 첫째로, 그러한 독자-구성체(reader-constructs)가 (아래 "독자의 역할"이라고 명명되어진 섹션을 참조하라) 명시적으로 그 자신을 밝히는 것은 읽기 전략의 견지에서 정당화될 수 있으며, 그들 각자의 사회적 위치들(social locations) 속에서 다양하게 관계 맺고 일정한 위치를 갖는 실제 독자들의 구성(constructions)으로 인정될 것이다. 이와 달리, 중립적이고 형식주의적인 독자-구성체의 활용을 통해 생산된 읽기들은, 그 제시된 목적과 목표에도 불구하고, 보다 더 중립적이고 객관적인 산물 이상으로 보여지는 것이 아니라 오히려 철저하게 상황화되고 이데올로기적인 산물로 비추어질 수 있다. 둘째로, 현실의 독자들 자신도 종국적으로는 구성체(constructs)의 견지에서 보여지고 분석되어야 할 것이다.

47) 그러한 입장(position)은 저자의 의도(여실히 보여주던지 혹은 암시되었던지)의 존재, 문학이나 혹은 수사학적 요소들과 특징, 그리고 사회역사적 문맥이나 사회문화적인 텍스트와 문법들을 전혀 부인할 필요가 없다. 자아-반추는 읽거나 말하거나 행동할 때, 내가 자주 어떤 목적이나 목표들을 마음속에 갖고 그렇게 하며, 뿐만 아니라 바로 가까이에 있는 다양한 사회문화적 텍스트와 문법의 영향 속에서 어떤 특정한 방식으로 형성해 나가는 것을 분명히 가르쳐 준다. 동시에, 경험은 내가 행동하거나 말하거나 글을 쓸 때, 그리고 심지어 인식하지 못하고

다. 첫째, 본문은 매체로서 송신자와 수신자, 저자와 독자 사이의 메시지로 보여 질 수 있다. 이때에 관심의 초점은 문학적이고 수사학적인 창작물로서의 본문에 놓여 질 것이다. 이에 상응하여 예술적인 그리고/또는 전략적인 성격과 형식적인 미 그리고/또는 설득적 특징들의 조사에 대한 강조가 부각된다. 둘째, 본문은 구성할 당시로부터 그리고 구성할 당시에 대한 증거라는 의미에서 수단으로 접근될 수도 있다. 이때에 관심의 초점은 본문 뒤의 세계(본문에 의해 전제되고, 본문 안에 반영되고, 본문이 말을 걸게 되는 세계)에 있고, 이때의 본문은 역사적, 문화적, 이념적 창조물로서 이해된다. 이에 상응하여 컨텍스트와 관점 그리고 본문의 역사적, 사회문화적, 정치적 차원들의 조사에 대한 강조가 부각된다. 셋째, 본문은 구성체로의 본문과 독자(들) 사이의 상호작용이나 협상의 결과로 이해될 수 있다. 이때에 관심의 초점은 독자들에 의해 읽혀지고 해석되는 본문, 독자들과 해석자들에 의해 만들어진 산물로서의 본문에 놓이게 될 것이다. 이에 상응하여 역사적이든 현대적이든 본문의 다양한 독법들과 그러한 독법들의 컨텍스트와 관점에 대한 조사가 부각된다.

그러나 결국 본문이 직접적으로 접근되건 또는 간접적으로 접근되건, 문화연구의 모든 읽기와 해석은 현실의 독자들 편에서 이루어지는 구성과 재현이라는 사실을 언제나 민감하게 인식한다. 이때 본문에 대한 설명이 역사적, 신학적, 문학적, 수사적, 사회문화적, 이념적 차원 중 어떤 차원에서 이루어졌는가 하는 점은 중요치 않다. 자기 자신에 의해서인가 타인들에 의해서인가, 현재에서인가 과거에서인가도 중요치 않다. 중요한 것은 모든 읽기와 해석이 자기가 속한 구체적 사회적 자리로부터 자기의 구체적 관심사를 염두에 두면서 읽고 해석하는 독자들의 편에서 이루어진 의미의 재창조이자 상황의 재구성이라는 사실이다. 따라서 문

있는 곳에서도 — 본문 뒤에 있는(behind) 많은 다른 하위본문들 — 많은 다른 목표와 목적들이 있다는 것을 가르쳐 준다. 경험은 더 나아가 독자들과 해석가들처럼 나 자신과 나의 "본문들"에 대하여 읽기와 해석을 만들어 내는 것을 가르쳐 준다.

화연구에 있어 "텍스트"로서의 본문의 이러한 성격은 본문 분석과 본문 독법에 대한 분석의 병행을 필요불가결한 과제로 만든다. 저쪽 바깥에 하나의 본문이 존재하는 것이 아니라 많은 "본문들"이 있을 뿐이다.

읽기 전략

원리상 이론적 측면에서 볼 때 문화연구는 본문에 대한 통전적(holistic) 읽기만큼이나 다층적(layered) 읽기에 관심이 있다. 즉, 역사비평의 주로 종단적 읽기는 미해결의 문제와 본문 파열에 기초하는 읽기이고, 문학비평과 문화비평의 주로 횡단적 읽기는 본문의 단일성과 통일성에 기초하는 읽기로서, 양자는 현실의 독자들이 선택한 읽기 전략과 밑바탕에 깔려 있는 이론적 모델들의 관점에서 이해될 수 있다. 그러한 전략들과 모델들이 가진 전제들과 함의들은 그 자체가 주된 주목의 대상이 된다. 어떤 독자들은 본문을 현재 있는 그대로 읽는 것이 불가능하다고 생각함으로 이음새와 파열을 찾아내는 일종의 발굴적인 비평에 종사하게 된다. 이 경우 문학적 층들이 걸러지고 연대기적인 배열을 통해 본문을 올바로 읽을 수 있다고 생각하는 본문 내의 불일치를 보게 되는 것은 어떤 이유에서인가? 한편 또 다른 어떤 독자들은 지금 현재 있는 그대로의 본문 내에서 통일성과 일관성을 보게 되고, 파열이나 이음새의 존재에 대해서는 무시하거나 전혀 그 가능성을 배제시키며, 문학적 해부와 흐름 혹은 사회적 규약과 법전에 강조점을 두면서 일종의 횡단적 비평 유형을 선택하게 되는 이유는 무엇인가?

그러므로, 실제적인 문화비평은 본문에 대한 자신의 고유한 접근을 통해 본문상의 균열이 존재할 가능성을 배제하지도 않고, 통일성과 일관성을 주장하는 것이 필수적이라고 간주하지도 않는다. 과연 문화비평은 해체비평의 노선을 따라 본문 속에 난제들이 존재하지만 그러한 난제들이 상호 갈등관계에 있는 문학층들을 지시하는 것이 아니라 오히려 본문 속의 단일성과 일관성의 근본적인 결핍을 지시한다는 훌륭한 주장을 내놓을 수 있다.[48] 어떤 결정은 상황적 필요에 따라 그때그때 이루어질 수 있을 것이다. 그러나 결국 문제시 되는 본문과 관련하여 어떤 결정이 내려지고 적용되든 결과는 상황화와 관점에 연루되어 있고, 그것들의 분석을 요청하게 되는 현실의 독자들에 의한 읽기와 해석으로서의 "본문"으로 간주될 것이다. 특정한 상황 속에 처해 있고 나름의 이해관계에 얽혀 있는 혈과 육을 가진 독자들은 때로 문학적 층들이 존재하는 증거로서 불일치와 비일관성을 주장하기도 할 것이고, 때로는 이념적 모순과 내적 파열의 증거로서 필요에 따라 통일성과 일관성을 혹은 불일치와 비일관성을 주장하기도 할 것이다.

이론적 토대들

문화연구와 더불어 역사비평, 문학비평, 문화비평에서 그토록 성행했던 실증주의와 경험주의 정신은 종언을 고하게 된다. 우선 본문의 의미가 더 이상 객관적이고 단일하다고 간주하지 않을 뿐 아니라, 본문 분석에 사용된 비평적 접근이 그러한 단일하고 객관적인 의미의 정확한 복원과 재생을 가져온다는 엄격한 의미의 과학적인 것으로 소개되지도 않는다. 이와 유사하게 본문 뒤에 있는 역사의 경로와 관련해서도 그것이 단일하고 객관적이기에 과학적인 복원과 재건에 열려있을 것이라는 생각은 폐기된다. 문화연구에 있어 본문은 어떤 의미도 가지고 있지 않으며, 역사는 독자나 해석자 없는 즉 구체적 상황과 관련된 관점으로부터

48) 다른 말로 하자면, 해체주의 접근법은 다시 한 번 전제들과 내포된 의미들에 대하여 질문을 제기하는, 실제 독자들 편에서의 읽기 전략과 근원적인 이론적 정향성의 측면에서 이해될 수 있을 것이다. 예컨대,어떤 독자들이 본문의 불일치와 비일관성을 강조하기 위해서 본문 속에서 부조화와 모순들을 찾게 되는 이유는 무엇인가? 더 나아가, 왜 그러한 전략이 모든 전체화(totalizing)의 이데올로기들에 반하는 비평적 움직임으로서 나타나며, 자유주의적인 것으로 특징지어지는가? 성서비평 내의 해체주의에 대해서는 S. D. Moore, *Literary Criticism and the Gospel: The Theoretical Challenge* (New Have, Conn.: Yale University Press, 1989), 131-178; idem, "Deconstructive Criticism: The Gospel of Mark", in Anderson and Moore, *Mark and Method*, 84-102쪽을 참조하라.

이루어지는 의미의 창조와 경로의 구성없는 어떤 경로도 가지지 않는다. 마찬가지로 비평가 없는 비평적 접근이라는 것도 존재하지 않는다. 즉, 구체적 상황에 영향을 받은 관점으로부터 이루어지는 방법과 모델의 구성 없이는 어떠한 비평적 접근도 불가능하다.

문화연구는 본문과 독자(즉 현실의 독자) 사이의 상호교환 속에 의미가 존재한다고 본다. 그리고 문화연구에서 본문은 저기 바깥에서 앞서 가면서 해석을 안내하고 통제하는 그 무엇이 아니라, 항상 읽혀지고 해석되는 그 무엇으로서의 "본문"을 의미한다. 그렇기 때문에 문화연구는 해석의 복수성을 당연한 것으로 여길 뿐만 아니라 본문과 역사의 분석을 위한 출발점으로 받아들인다. 기실 문화연구는 해석의 타당성 문제를 제기하는 것 자체가 문제 있는 것이라고 본다. 왜냐하면 판단과 평가를 위한 바로 그 기준들조차 본질주의자들이 주장하듯 보편타당하고 모든 시대와 장소, 모든 모델과 사회적 위치에 걸쳐 두루 적용 가능한 것들이 아니라, 오히려 그 자체가 현실의 독자들의 구성이기에 구체적인 사회적 위치와 논제들로부터 생겨나고 그 안에서 형식화되는 것들이기 때문이다. 그러므로 문화연구에 있어 해석의 다수성이라는 개념은 결국 문학비평에서 보다 훨씬 덜 제한적이고 훨씬 개방적인 성격을 띤다.

결과적으로 문화연구는 본문 읽기와 해석의 다양성에 초점을 둔다. 학문 연구는 그 자체가 가끔씩 중대한 궤도이탈과 일탈을 보여줌으로써 덜 진화론적이고 덜 발전론적인 경향을 보여준다. 그리고 현실 독자들에게서 통용되는 읽기 전략들과 모델들을 반영해 주면서 다방면적이고 다언어적인 것으로 보이는 경향이 있다. 이런 맥락에서 현실의 독자들의 상황과 이해관계에 대한 비평적 분석이 요구된다.[49] 독자들과 해석자들

49) 이는 발전과 진보가 전혀 없다고 말하려는 것이 아니다. 실제로 나 자신은 일정 정도 진보와 발전을 내포하는 자유와 탈식민화라는 범주에 의존하고 있다. 그러나 한편으로, 그러한 범주들은내 편에서의 구성물로 제출될 뿐, 본문 의미의 최종적이고 결정적인 혹은 종말론적인 복원과 폭로와는 전혀 무관하다. 오히려 그러한 진보와 발전은 의미와 역사를 탈중심화의 다어적(polyglot)인 것으로서 이해하는, 다양성과 다수성(multiplicity)를 향해 움직이는 운동의 견지에서 이해된다.

은 항상 특정한 상황에 처해 있고 특정한 이해관계에 얽혀 있음으로 항상 평가와 구성에 관여한다는 이유로, 앞에서 논의된 문화연구가 "아무 얘기나 해도 다 통할 수 있는" 종류의 비평이라고 생각할 이유는 없다는 점을 지적해야겠다. 본문들과 "본문들"은 항상 존재하며 계속 바뀌는 가능성들로서, 부분적인 혹은 전적인 수용이나 거절을 겪으면서 지속적으로 분석되고 독자들과 관계를 맺게 된다. 동시에 그렇게 오랫동안 성서학 영역의 핵심이 되어 왔던 날카로운 경쟁, 파괴와 폭로의 정서는—저자주: 이 정서는 의심할 여지없이 성서학 연구가 진행되었던 서구 남성 위주의 자본주의 사회라는 맥락을 반영해 주고 있다—모든 관점들과 상황을 초월하여 인정할 만한 최종적인 의미의 재생이나 역사적 재건이 불가능하다는 인식에 자리를 내어주게 되었다. 모든 재창조와 재구성은 현실의 독자들에 의해 만들어진 산물들—창작과 구성—이다. 현실의 독자들은 서로 다른 정황 속에 처해 있고 그 안에서 관계를 맺으며 살아간다. 따라서 현실의 독자들에 의해 이루어진 이와 같은 모든 구성은 비평적 대화의 정신에 기초해 비평적으로 분석되고 실존적으로 관여되어야 한다.

독자의 역할

문화연구를 현대 성서비평 내에 존재하는 다른 경쟁 패러다임들로부터 가장 예리하게 구분시켜 주는 것은 의심의 여지 없이 독자들에게 부여된 역할이다. 문화연구에 있어 독자들은 얼굴 없이 남아 있지 않고 남아 있을 수도 없다. 독자들이 비록 그렇게 원하고 노력한다 할지라도 그들의 목소리는 뒤에 감추어져 있지 않고 감추어져 있을 수도 없다. 문화연구에서 독자는 "본문들"과 역사의 의미생산에 활발하게 관여하는 것이 불가피한 현실의 독자를 가리킨다. 문화연구에서 말하는 독자들은 객관성과 보편성에 대한 어떤 주장을 하지 않으며 할 수도 없고, 오히려 그들 자신을 포함해서 모든 독자들과 읽기들의 사회적 위치와 논의 주제들을 깊이 인식한다. 그리고 그들은 올바르고 적절한 본문의 필수적인 것으로서, 어떤 종류의 것이든지 세련된 훈련이나 그에 상응하는 이상적 독자들의 창출을 주장하지도 않고 할 수도 없다. 오히려 이들은 고차원이건 저차원이건, 학술적이건 대중적이건, 훈련되었건 훈련되지 않았건 모든 읽기들이 "본문들"의 성격을 지닌다는 사실을 뼈저리게 자각하고 있다.[50] 이와 같은 독자의 얼굴과 음성을 전경에 내세움은 비평적 작업을 위한 직접적인 중요성을 가진다.

첫째, 문화연구는 읽기 전략들의 비평적 분석을 요구한다. 한편으로 전략들이 탐지되어야 하는데, 독자-구성체와 관련하여 다양하고 폭넓은 선택지가 주어져 있다. 그 선택지는 다음과 같다: 피해설자, 암시된 독자들, 또는 함축적인 독자들 같이 본문에 "새겨진" 독자들/내부 독자들; 원래 의도된 독자들과 고대 지중해 지역의 독자들과 같은 역사적 종류의 외부적 독자들; 최초의 순진한 독자들과 세련되고 이상적인 독자들 같이 초역사적인 종류의 외부 독자들; 개인으로 고려되든 또는 사회적 존재로 고려되든 현대적 종류의 외부 독자들; 위에서 말한 종류의 독자들을 조합함으로써 만들어질 수 있는 또 다른 종류의 독자들. 다른 한편 모든 전략들이 구성체로 간주되기 때문에 그 전략들의 사용 또한 정당

50) 내가 이 점에 관해 오해를 사지 않기 위해, 교육과 학문이 불필요하고 여분의 것이라는 주장이 아님을 분명히 해야겠다. 사실, 나는 학문과 교육을 해방과 탈식민화에 있어서 아주 필수적인 것들이라고 생각한다. 식민지 개척자(colonizer)의 주요 도구가 식민화된 사람들(the colonized)에 대한 공식적 교육을 거부하거나(그것이 그들에게 무슨 이득을 주겠는가?), 또는 식민화된 사람들의 사회적 위치와 이해관계들을 부정하는 방식으로 교육을 실행하는 것이라는 점은 결코 우연이 아니다(cf. "그들을 우리의 형상대로 만들자"). 오히려 나의 주장은, 교육과 학문—높은 사회교육학적인 수준—이 본문의 의미 또는 역사의 행로에 대한 특권적인 접근을 의미하는 것이 아니라, 단순히 모든 읽기와 해석들에 영향을 주는 인간 정체성에 대한 다른 구성적인(constitutive) 요소들이라는 것이며, 그리고 이러한 점에서 다른 구성적 요소들과 별 차이가 없다는 것이다. 이러한 견해가 모더니즘과 포스트모더니즘 안에서 명기되는 방식에 대해 분명히 할 필요가 있다. 교육과 학문이 가장 귀중하고 해방시켜 주는 것이라고 여겨지는 한, 그것은 모더니즘에 속하며, 그것들이 또한 사회적 맥락과 이데올로기의 견지에서 이해되는 한 포스트모더니즘에 속한다.

화 되어야 한다. 그것에 의해 어떤 목표들과 목적들이 수행되는가? 채택된 전략의 전제와 함의는 무엇인가? 왜 경우에 따라 다른 전략들이 채택되는가?

둘째, 문화연구는 또한 현실의 독자들 즉 배경에 놓여 있으면서 이러한 전략들을 선택하고 구성하고 적용하는 사람들에 대한 비평적 분석을 요구한다. 현실의 독자들은 중립적이지도 공평하지도 않으며, 그들 자신의 서로 다른 복합적인 사회적 위치 내에서 빠져 나오기 어려울 정도로 특정한 상황에 얽혀 있고 실존적으로 관여되어 있다. 따라서 문화연구에 있어 독자들의 상황과 조망은 그들의 읽기와 해석에 어떤 방법으로든 영향을 미치게 되며, 그런 이유로 인간 정체성의 다양한 구성요인들의 견지에서 이러한 사회적 위치와 논의주제들의 비평적 분석이 요구된다. 인간 정체성을 구성하는 요소들에는 다음과 같은 것들이 있다: 성과 성별, 사회경제적 계급, 인종과 민족성, 사회정치적 지위와 가입, 사회교육적 배경과 수준, 지적 정신적 지주, 사회 종교적 배경과 가입, 이데올로기적 입장 등이다. 문화연구에 있어 이 모든 인간 실존의 차원들은 본문과 관련된 즉 본문 속에 있는 그들의 재현에 대해서 뿐만 아니라, 본문의 독자들과 그들의 읽기에 관련된 즉 "본문들" 속에 있는 그들의 재현과 관련해서 연구되어야 한다.

끝으로 문화연구는 학술적 영역 안에서 행해진 것이건 아니건, 매우 해박한 것이건 아니건 간에 모든 독자들과 읽기에 대한 비평적 분석을 요구한다. 결과적으로 고차적인 것과 저급한 것 사이의 전통적인 구별이 붕괴된다. 이를테면 천년왕국 집단들처럼 주변화된 사회 집단들이나 하층계급의 기독교 공동체들에 의한 읽기들이 최근의 지적 흐름을 따르는 저명한 학자들에게서 나온 읽기와 다를 바 없이 분석과 비평의 대상이 될 수 있다. 따라서 비평가의 입장은 궁극적으로 볼 때 원론상 훨씬 덜 강하고 덜 권위적인 것으로 나타난다. 한편으로 비평가는 어떤 사회적 상황과 관심에 기초하고 있든 어떤 이론적인 틀에 기초하고 있든, 그 특정한 읽기 전략이나 그같은 일련의 읽기 전략들을 인정해야 하기 때문에 비평가가 본문과 독자 사이의 필수적 중개자가 되기를 중단하게 된다. 즉, 비평가들은 어떤 다른 독자 못지않게 특정한 태도를 취하고 있고 특정한 관심사에 매여 있다. 다른 한편 비평가들은 사회교육적으로 탁월한 훈련을 받는 특권을 누렸기 때문에 아마—비록 경험에 비추어 볼 때 종종 그렇지 않은 경우도 있겠지만—그들 자신의 읽기 전략뿐만 아니라 타인들의 읽기 전략들을 분명하게 표현할 수 있는 더 좋은 위치에 서 있다고 하겠다. 앞서 논한 입장(역자주: 이는 비평가도 중립적이고 객관적인 독자가 아니라는 주장임)이 비평가의 매우 강력하고 권위적인 역할을 감소시키는 경향이 있는 반면, 뒤에 논한 입장은(역자주: 이는 비평가들이 독자들의 비중립적 성격을 잘 드러낼 수 있다는 주장임) 그것을 영속시키는 경향이 있다. 그러나 대체로 상황화와 조망의 개방적 승인은 결국 상대화시키는데 기여하며 따라서 고도의 특권을 누려온 교육과 비평가의 위치는 전복된다. 이러한 점에서 사회와 교회 안에서 비평가의 역할이 무엇인가에 관한 근본적인 질문이 곧 표면화되는데, 그것은 이 논문이 다루고자 하는 범위를 넘어가는 질문이다.

신학적 전제들

문화연구 모델은 어떤 다른 모델들 못지않게 신학적이지만 그것은 또한 이 점에 있어서도 근본적인 개방성을 요구한다. 성별과 성(이 학과의 남성적 성격) 그리고 사회정치적 지위와 가입(이 학과의 서구적 성격)의 요인들 외에 제3의 요인 또한 성서비평에서 매우 중대한 요소가 되어 왔는데, 그것은 사회 종교적 배경과 가입 여부에 달려있다. 사실 비평가의 사회 종교적 기반이나 구역—남자이건 여자이건 비평가의 제도적, 종교적, 그리고 신학적 사고의 지주가 되는 것들—은 본문으로부터의 의미 재창조, 본문 배경의 역사 재구성, 그리고 본문과 관련된 비평적 방법론의 사용과 관련해서 다른 어떤 요인들보다 더욱 명백하고 분명하게 드러난다. 비평가가 최고 수준의 객관성과 공평성을 가장할 때조차 그 또는 그녀의 사회 종교적 정체성은 숨길 수 없고 부인할 수 없이 밝혀지고 만다. 비평가가 행한 고대 본문들과 공동체들의 재현은 그 비평가가 속해 있는 세계의 명백한 흔적을 담지하기 때문이다.

문화연구에 있어 사회 종교적 요인—믿음 체계들의 문제, 그 체계들의 담론과 실행, 그리고 그 믿음 체계들이 이데올로기적 세계관과 입장에 대해 가지는 관계—이 부정되거나 한쪽으로 밀려나서는 안 되고 또한 그렇게 될 수도 없으며, 오히려 본문에서 뿐만 아니라 본문 읽기에서도 개방적으로 드러나서 비평적으로 분석되어야 한다. 즉, 본문으로부터 의미의 모든 재창조, 본문 배경에 있는 역사의 모든 재구성, 그리고 본문 연구에 사용된 모든 비평 모델들과 방법들은 긍정적이든 부정적이든 비평가들과 독자들의 상황이해와 조망을 다시 한 번 반영하는 심원한 수준의 종교적인 것들이다.

따라서 한편으로 문화연구는 본문의 깊은 사회종교적 성격에 관심을 갖는다. 본문에 존재하는 신학적인 입장, 갈등, 그리고 발전, 다른 사회종교적 전통들의 조망 하에서 행해지는 그것들의 비교분석은 본문의 의미와 역사의 중요한 차원으로 비평적 전망에서 추구할 가치있는 것들이다. 동시에 다른 한편으로 문화연구는 현실의 독자들의 사회종교적 기반에 관심을 가지며, 그 관계가 어떻게 상상되거나 표명되건 간에 신학과 해석의 관계에도 관심을 갖는다. 신학과 해석의 관계가 상상되고 표명되는 방식과 관련하여 다음의 경우들을 생각해 볼 수 있다. 종교사 연구는 보다 넓은 신학적 기획으로부터는 격리되어 신학자들이 각자 자신의 컨텍스트에서 다룰 수 있는 사실이나 자료들을 산출하는 것에 관심을 갖는다. 또 어떤 경우는 역사적, 문학적 또는 문화적인 노선을 자유롭게 따르고 그 본문이 생산될 당시의 상황으로 본문을 보다 잘 이해할 수 있는 일에 관심을 가짐으로써, 궁극적으로 현대 종교 공동체에서 '하나님의 말씀"으로서의 본문에 대해 더욱 박식한 해석학적 전유(專有)를 가능토록 하는 일에 관심을 갖는다. 또는 해방을 가져오는 본문을 추려내고 압제적인 본문은 한쪽으로 제쳐 두면서, 억압받은 자의 편에 서서 해방을 염두에 두고 신학과 해석의 관계에 대해 관심을 갖는다.

그러므로 문화연구의 모든 독자들과 비평가들은 부정적이든 긍정적이든, 암묵적이든 명시적이든 신학자들이며, 따라서 본문에 대한 모든 접근들은 이런 저런 방식으로 신학적이라 하겠다. 따라서 읽기와 해석의 이러한 사회 종교적 차원은 믿음체계들과 그리고 이 믿음체계들이 이데올로기적인 세계관과 입장에 대해 가지는 세부적 함의들이라는 관점에서 표면화되고 조사될 필요가 있다. 문화연구에 있어 사회종교적 차원에서 벗어날 수 있는 것은 아무 것도 없다. 더구나 구성체나 "텍스트"로서의 본문에 대한 그 기본 개념을 고려할 때, 모든 시대와 모든 문화에 있어 모든 독자들에게 통할 수 있는 하나의 의미는 존재하지도 않고 존재할 수도 없다. 어떤 의미도 기독인들의 삶의 모든 전반적인 경계와 변수들을 결정하고 지배할 수는 없다. 사실 이러한 경계와 변수들은 근본적으로 그 의미라는 것에 의해서 오히려 쟁점화 된다.

교육학적 함의

문화연구의 교육적 함의는 다른 세 가지 패러다임들의 그것들과 근본적으로 다르다. 다수의 요인들이 신학교육 내에서 성서학 교육의 담론과 실행에 대한 완전한 재고와 재진술을 요구한다. 그 요소들에는 해석모델의 폭넓은 다양성, 모든 읽기는 현실의 독자들에 의해 행해진 구성이라는 개념, 현실의 독자들과 관련된 사회적 위치와 관점의 강조, 비평가도 본문의 다른 어떤 독자와 마찬가지로 자신이 처한 삶의 상황에 좌우되고 독특한 관점을 가지고 읽기를 수행한다는 견해 등이 포함된다. 이러한 수정된 이해가 가져올 결과들 중 몇 가지는 곧 명백해진다.

첫째, 그 독자의 신학적인 정초나 사회문화적인 상황이 무엇인지에 상관없이 모든 독자들에게 공히 적용되는 제대로 된 비평가가 되기 위해서는, 통용되는 방법론적 접근과 이론적 장치를 배워야 한다는 요구가 이제는 더 이상 불가능해진다. 방법과 모델의 다양성은 그러한 요구가 실제로 실행 불가능할 뿐 아니라 이론적으로도 근거 없는 것임을 여실히 드러내 주었다. 실제로 박식한 독자나 비평가가 되는데 필요한 것은 자기 학문 영역(성서학을 말함: 역자 주) 자체 내에서 뿐만 아니라, 여러 학문 영역의 스펙트럼에 공히 걸쳐 있는 이론과 그 이론의 역사에 대한 이해를 뜻하는 메타이론이라고 주장할 수 있다. 둘째, 학문적 지식에 기초한 읽기가 해석학적으로 더 많은 이점을 가진 읽기이기에 그러한 읽기가 본원적으로 학문적 지식에 기초하지 않은 읽기 혹은 "대중적" 읽기보다 더 우월한 것이라는 인식이 더 이상 불가능하게 되었다. 왜냐하면 두 가지 읽기 양식 모두 각기 자신들의 방식을 따라서 현실의 독자들에게 발견되는 상황화와 관점에 연루되기 때문이다. 이런 점에서 독자들이 교육을 받아야 하고 비평가가 되어야 한다는 요구는 재개념화 되어야 한다. 끝으로 우리는 이제 독자들에게 해박한 독자가 되기 위하여 그들의 "얼굴"과 목소리를 버리라고 더 이상 요청할 수 없다. 오히려 우리는 독자들에게 읽기와 해석의 과정에서 자기 얼굴과 목소리에 대해 스스로 의식하고 자기 비판적이 되도록 요청해야 한다. 다시 말해 독자들은 본문뿐만 아니라 자기 자신들이 누구이며 그것이 자기들의 읽기에 어떻게 영향을 미치고 있는지를 읽어 내는 법을 배워야 한다. 결국 표면상 비역사적이고 비사회적인 진공상태 내에서 수행되어 온 학적인 전수와 피동적인 수용의 오랜 기간에 걸쳐 형성된 모델은, 계속 진행되고 항상 바뀌는 전수와 수용을 수반하는 자기 의식적이고 매우 비평적인 전지구적 차원의 대화라는 모델에 자리를 내주어야 한다. 그렇게 함으로써 교육 모델의 중심이 해체되어 다중심적이고 다중언어적인 과정에 있게 되기 때문에 앞서 논의한 해석모델을 철저히 따르게 된다.

3) 결론적 논평

이러한 것들이 문화연구라는 패러다임을 형성하고 안내하는 기본 원칙들이다. 나는 이제 앞서 다른 세 개의 모델들에서 행한 것과 같은 방식으로 지금까지의 이 모델의 개관에 이어, 성서비평 작업의 문화와 경험뿐만 아니라 이론과 방법에 대해서 이 새로운 패러다임이 초래한 결과들에 대해 조금 언급함으로써 결론을 맺고자 한다. 이러한 작업에서 나는 이 학과의 과거, 현재, 미래에 대한 나의 구획작업에서 호출되고 채용된 해방과 탈식민지화라는 근본적인 화두를 다시 한 번 사용할 것이다.

첫째, 방법론적이고 이론적인 전망에서 볼 때 문화연구는 성서비평에서 한층 더 심원한 해방적 발자취를 대변한다. 이는 문화연구가 모든 모델들과 전략들의 토대, 적용, 그리고 부수적 함의에 관한 비평적인 자각과 관여를 요구하는 한편, 읽기 전략들과 이론적 모델들의 다양성을 허용한다는 점에서 확인된다. 문화연구는 마치 전체화하는 내러티브를 위하여 모든 다른 것들을 배제하면서 어떤 한 가지 전략이나 틀거리(framework)가 본문으로 들어가는 유일하고도 적절한 통로라고 주장하지 않는다. 대신 문화연구는 역사적, 문학적, 문화적 관점과 관심들의 창조적 활용 방안을 고심한다. 이렇게 할 때 문화연구는 다양하고 폭넓은 학문 영역들 및 비평적 틀거리들과의 대화를 시도한다. 그러나 문화연구는 모든 전략들과 모델들을 현실의 독자들 편에서 행한 구성체로 간주하며 따라서 모든 독자들로 하여금 자신들의 사회적 위치와 논의주제들뿐만 아니라 그들의 읽기 전략들과 이론적 틀에 대해 완전히 공개적일 것을 요구한다.

둘째, 역사적이고 문화적인 전망에서 볼 때 문화연구는 성서비평에 있어 한층 더 심원한 해방적 발자취를 대변한다. 이는 문화연구가 방법론적이고 이론적인 영역에서의 다양성을 훨씬 넘어서서 사회문화적 영역 속의 다양성에로 이동해 간다는 점에서 확인된다. 문화연구는 본문들의 사회적 위치와 논의 주제들뿐만 아니라, 현실의 독자들을 분석하며 본문들에 대한 그들의 읽기에 해당하는 "텍스트"를 분석하는데 관심을 둔다(현실의 독자들이 본문에 대해 수행한 읽기 자체를 저자는 다시금 분석 대상이 되어야 하는 또 하나의 "본문/텍스트"로 보고 있다. 이를 구분하기 위하여 저자는 후자에 대하여 따옴표를 사용하고 있다: 역자주). 모든 읽기 전략들과 "본문들"이 현실의 독자들에 의한 구성체로 간주되기 때문에, 비평 작업은 본문에 관련된 문화와 경험의 분석뿐만 아니라, 그 다양성에 대한 충분한 고려 속에서 독자들에 관련된 문화와 경험의 분석을 포괄하는 것으로 이해된다. 따라서 문화연구에 있어 모든 본문주석(exegesis)은 궁극적으로 성서 원문에 관한 자기 해석(eisegesis)이 된다는 점에서 해석과 해석학은 함께 간다고 할 수 있다.

본문과 "텍스트", 독자들과 그들의 읽기를 모두 분석함으로써 문화연구는 이 학문 영역의 암묵적이고 지배적인 서구적 정초와 관심을 훨씬 넘어서서 세계의 나머지 도처에 두루 산재해 있는 독자들의 관심과 정신적 정초를 포괄하는 데로 나아간다. 그렇게 함으로써 문화연구는 모든 사람들로 하여금 그 또는 그녀 자신의 방언으로, 그 또는 그녀 자신의 장소로부터 말하도록 길을 열어준다. 따라서 문화연구와 더불어 성서비평의 해방과 탈식민지화의 과정은 결정적인 발걸음을 내딛게 되었다. 남성중심적이고 서구적인 비평가의 문화이식이 중단될 때에 어떤 일이 발생하는가? 결과적으로 발생하는 것은 이 학과에서 현재 목격될 수 있는 것으로서, 해방과 탈식민지화의 과정이 성공적인 것으로 드러나게 되는 곳에 늘 발견되는 것들이다. 다시 말해 축하와 한탄과 갈등이 동시에 발생한다. 첫째, 외부인들은 주변에서 그들이 새로 발견한 정체성과 역사에 대해 기뻐한다. 둘째, 내부인들은 중심부에 의해 표현된 표준과 "학문"의 쇠퇴를 한탄한다. 셋째, 갈등이 존재하는데 그것은 한편으로는 외부인들에 의해 수행된 중심부에 대한 그리고 그 담론과 실행('당신들이 우리한테 한 일을 생각해 봐' 신드롬)에 대한 예리하고 불가피한 비평이고, 다른 한편 중심부에 의해 수행된 주변부에 대한 그리고 그 담론과 실행('결국 우리가 너희들을 위해서 해 준 일을 생각해 봐' 신드롬)에 대한 즉각적인 거부이다.

동시에 축하, 비탄, 그리고 갈등을 넘어서 새롭고 근본적인 문제들이 제기된다. 몇 가지만 언급해서 만약 어떤 중심적 내러티브가 상정될 수도 없고 바람직하다고 여겨지지도 않는다면, 어떻게 압박자에 의한 피압박자, 강자에 의한 약자, 지배자에 의한 피지배자의 계속적인 학대를 논할 수 있을 것인가? 만약 우두머리 선생이라는 이상적 존재가 제거된다면 어떻게 성서학 교육과 신학교육의 작업을 실행할 수 있을 것인가? 만약 비평가가 객관적이지도 않고 공평하지도 않다면 사회와 종교 내에서 비평가의 역할은 무엇이 되는가? 만약 성서비평이 핵심에 있어 과학적, 비신학적, 그리고 비종교적인 것으로 간주되지 않는다면, 성서비평이 다른 고전적인 신학과 소위 종교 연구 분야에 대해 가지는 관계는 무엇이 되어야 하는가? 분명히 아노미는 그 대가를 치룰 것이다. 그러나 이러한 문제들의 고려는 또 다른 기회로 미루기로 하자.

마지막 논평을 할 차례이다. 나는 문화연구가 대화, 비평적 대화를 요구하고 필요로 한다고 주장했다. 그러나 나는 또한 이러한 대화에 관해 그 어떤 낭만적인 환상이 있어서는 안 된다는 것을 주장한다. 해석 스펙트럼을 따라 대화의 담론과 실행을 구획해야 할 경우, 다음 세 가지 입장들이 쉽게 떠오른다. 첫째는, 한쪽 극단에 있는 입장으로 대화는 심원하게 전복적이므로 어떤 대화도 있을 수 없다는 전체주의적인 입장이다. 두 번째는 한가운데 서 있는 입장으로, 아마 전문직이나 대학원 수준의 교육 프로그램에 속한 사람들에게서 가장 흔히 발견되는 인문주의자의 우아한 대화를 지지하는 입장이다. 여기서는 권력이나 이데올로기와 같은 정치적인 문제들의 논의가 회피되며, 그것들은 파괴적이고 정치화하는 것들로서 "공동체"를 해체하거나 아니면 건설적인 기여를 하지 않는 것으로 여겨진다. 세 번째는 다른 쪽 극단에 서 있는 입장인 비평적 대화를 지향하는 민주적이고 해방적 입장이다. 이 입장에 따르면 모든 목소리들이 거리낌 없이 크고 분명하게 말할 수 있는 권리를 소유하고 있으며, 권력과 이데올로기를 포함하여 어떤 주제도 언급되지 않은 채로 남아 있을 수 없다. 나는 문화연구가 스펙트럼의 후자의 충분히 끝 쪽에 안치하는 갈등의 산물이자 갈등의 원인이라고 본다. 이와 같은 대화는 갈등으로부터 태어났고 갈등을 초래한다. 이 갈등상태가 탈식민지 세계와 탈식민지 성서비평의 불가피한 결과이자 양식이다.

2부

교육의 주요한 모델들과 전략들

1
현대성서비평의 교육학적 담론과 그 실제

20세기 성서비평의 담론에 대한 이전 분석에서 나는 현대성서비평의 세계가 각각 그 자신의 독특한 담론 양식과 해석 입장의 광대한 스펙트럼을 지닌 네 가지 주요한 경쟁적 패러다임들(혹은 포괄적 모델들)로 구성되어 있다고 그려 보았다. 이러한 네 가지 패러다임들을 다음과 같이 구별했는데, 그것은 역사비평, 문학비평, 문화비평, 그리고 문화연구이다.[1]

나는 이러한 해석의 포괄적 모델들이 현재 세기의 전환점에서 이 학과 전체에 대해 도식화 했던 "구획"이나 특별한 발전과정에서 비롯된 결과이고, 이 학과의 공적인 무대에서 다른 수준의 경쟁을 체감하고 있다고 주장했다. 이러한 다양한 경쟁 준비 상태를 나는 다음과 같이 묘사했다. 첫째로, 전통적으로 이해되고 수행된 역사비평은 매우 약화되어 거의 절대적인 지배권을 누리던 이전의 옥좌에서 내려앉은 상태이다. 그리

1) 이 학과의 최근 동향에 대해 다른 각도에서 바라 본 연구서들을 참조하려면, E. Schüssler Fiorneza, "'For the Sake of Our Salvation……', Biblical Interpretation and the Community of Faith", in *Bread Not Stone: The Challenge of Feminist Biblical Interpretation* (Boston: Beacon Press, 1984), 23-42; A. C. Thiselton, "New Testament Interpretation in Historical Perspective", in *Hearing the New Testament: Strategies for Interpretation, ed., J. B. Green* (Grand Rapids, Mich.: William B. Eerdmans, 1995), 10-36; The Bible and Culture Collective, "Introduction", in *The Postmodern Bible* (New Have, Conn.: Yale University Press, 1995), 1-19쪽을 보라.

고 그 자신의 방법론적인 전략들과 이론적인 토대들에 대해 어떻게 제대로 방어해야 할지 갈피를 잡지 못하고 있다.[2] 둘째로, 역사비평이 차지했던 그 옥좌에 대한 권리를 주장하는 독창적 방법론 두 가지는 문학비평과 문화비평이다. 이 둘은 역사비평에 대해 날카롭고 성공적인 도전을 제기한 이래 이 학과 내에서 완전히 둥지를 텄고, 방법과 이론 양자에서 완전히 세련된 모습을 갖춤으로 학문간 대화와 교환에서 상당히 활기를 띠게 되었다. 끝으로, 이제 갓 출현한 문화연구는 근본적으로 혼혈아라고 할 수 있다. 한편으로 문화연구는 문학비평과 문화비평에 의해 이 학과에 도입된 방법론적이고 이론적인 엄청난 변화들의 산물이고, 또 한편으로는 다른 모든 고전적인 신학 영역들에서와 마찬가지로 이 학과에서 영향력을 발휘하고 있는 인구 통계학적이고 사회문화적인 측면에서의 결정적 변동의 결과로 태동되었다고 볼 수 있다. 이 결정적 변동이라 함은 철저히 서구 남성 성직자의 영역이었던 곳에 침투해 들어온 외부인(서구 여성들, 비서구 비평가들과 신학자들, 그리고 서구에 거주하는 비서구 소수자들이다)의 계속적 증가를 말한다.[3] 네 가지 패러다임들 사이의 경쟁적 상태에 대한 이와 같은 평가는 유럽보다는 북미의 사정을 더욱 정확하게 반영하고 있다고 할 수 있다. 실제로 여기저기서 현저

2) 나는 전통적인 역사비평의 견지에서 이 첫 번째 포괄적 모델을 묘사해야 한다고 항상 주장하는 편인데, 이는 이 학과(the discipline)를 그렇게 오랫동안 지배해 왔던 본문에 대한 독특한 접근, 그리고 그것에 따라 아주 많은 세대들이 교육받아 왔던—그리고 실제로 지금도 계속 교육받고 있는—본문에 대한 그 독특한 접근을 가리키기 위함일 뿐만 아니라, 하나의 패러다임으로서 그러한 비평이, 19세기 이래로 자신의 근거지(home base)가 되어 온 역사기술(historiography) 분야에서의 발전하는 흐름들과 그 어떤 종류의 지속적인 비평적 대화도 수행하지 못했다는 사실을 강조하기 위해서이다. 환언하면, 나는 이 학과에서의 독특한 역사적 현상과 역사기술 분야에서의 독특한 이론적 입장 둘 다를 표시하기 위해서 "전통적인"이라는 형용사를 사용한다. 나의 관점에서 볼 때, 역사기술 분야와의 대화 결핍 및 그 자신을 위해 적절히 변호할 수 없는 무능력은 아주 밀접하게 관련되어 있다.

3) 이러한 발전의 본질과 함의에 대해서는 이 책의 8장을 참고하라.

한 예외들이 나타나기는 하지만, 여러 면에서 "옛 세계" 즉 유럽은 미국에서 많은 사람들이 이미 다루어서 해결하고 넘어간 문제들과 이제 막 투쟁을 시작하고 있다.[4)]

더 나아가 나는 네 가지 패러다임들 모두에 이런 저런 방식으로 영향을 끼친 여섯 가지 기본적인 요소들(혹은 원칙들)의 비교 분석을 통하여, 해석의 포괄적 모델들 각각의 구성과 활용에 영향을 미친 다수의 근본적인 전제들을 표면에 드러내어 풀어보려고 노력해 왔다. 그 여섯 가지 기본 요소들은 의미의 소재, 읽기 전략, 이론적 토대들, 독자의 역할, 신학적 전제들, 그리고 교육학적 함의 등이다. 메타이론을 소개함에 있어 이러한 연습의 주요 목적은 모든 단계마다 오늘날 이 학과의 전문적인 실천자들에게 주어진 다양한 선택지와 선택들을 최대로 간략하게 개관하는 것이다. 이 선택들과 선택지들은 두말할 필요 없이 비평가가 지닌 이 학과의 이해와 실천에 대한 즉각적이고도 불가피한 결과들을 알려주는 신호들이다. 결과적으로 내가 주장한 바와 같이 지금 상황은 1970년대 중반과는 근본적으로 달라졌다. 예를 들어, 지배적인 패러다임(역사비평) 내의 방법론적인 다양성이 동일한 담론 양식에 속한다는 점에 대체적으로 합의를 인정하는 것이다. 그런데 이제 그 방법론적 다양성은 (1) 담론 양식에 있어 광범위하게 다른 특징을 보이는 패러다임의 다양성, (2) 이전의 지배적인 패러다임 내에 존재하는 것보다 조절하고 초월하기 훨씬 더 어려운 종류의 각 패러다임 내의 방법들과 이론들의 다양성, 그리고 (3) 모든 패러다임들을 가로지르는 이데올로기 문제를 전면에 드러내는 해석의 다양성에 자리를 양보하게 되었다. 이러한 전환이 이 학과에 유익한가, 혹은 무익한가의 문제와는 별개로—저자주:

4) 두 가지 요소가 이 점과 관련해서 아주 중요한 역할을 해 왔다. (1) 성서비평이 유럽에서는 전적으로 서구, 남성, 성직자의 전유물 성격을 지속적으로 보여주었다는 점; 그리고 (2) 인문학과의 간학문간 대화에 대한 명백한 결핍의 요소를 들 수 있다. 이는 유럽 자체 내에서 발견되는 후기 구조주의자와 포스트 모던주의자의 흐름들과 움직임 속에서 끌어내 사용할 수 있었던 풍부한 재료들을 고려할 때, 그 자체로 매우 아이러니한 현상이라고 할 수 있다.

결국 그것은 매우 개인적이고 컨텍스트에 좌우되는 판단이 될 것이다—그러한 전환이 가지는 함의와 부수적 의미들이 모든 비평가들의 비평에 영향을 미친다는 사실은 철회될 수 없다. 그 결과 다음과 같은 질문들이 보다 명백하며 지속적인 고찰을 요구한다.

- 우리는 고대 본문들—실제로 "고대" 그 자체인—에 어떤 방법으로 접근해야 하며, 왜 그렇게 해야 하는가?
- 비평가로서 성서비평가의 역할은 정확하게 무엇인가?
- 성서비평과 인문학/사회과학과의 관계는 무엇이며, 성서비평과 다른 신학 영역과의 관계는 무엇인가?
- 성서비평가와 교회의 관계, 성서비평가와 다른 종교전통과의 관계, 성비비평가와 다른 종교전통에서 통용되는 비평 양식들과의 관계는 무엇인가?
- 성서비평가가 세상과 사회에 대해 가지는 관계는 무엇인가?
- 성서 해석의 윤리적, 사회적, 그리고 이데올로기적인 책임은 무엇인가?
- 오늘날 이 시대에 성서비평 교육은 어떻게 수행되어야 하는가?

각 질문들의 중요성과 비중을 고려할 때 이러한 문제들을 성찰하기 원하는 비평가는 질문들을 하나하나 차례로 숙고해 나아가야지, 이 문제들을 포괄적으로 다룰 수 있는 다른 특별한 방법을 찾아내려고 하는 것은 허사이다. 따라서 이 연구에서 나는 그 마지막 질문—성서비평을 어떻게 교육할 것인가 하는 문제—에 초점을 두기 원한다. 이미 앞의 장들에서 나는 네 가지 성서비평 패러다임들의 핵심을 개관할 때 여섯 가지 중심 항목별로 각 비평 패러다임을 설명한 바 있는데, 마지막 여섯 번째 항목으로 이 성서비평 교육의 문제를 표면화하여 논의한 적이 있다. 이번에는 두 단계로 나누어 설명을 해보고자 한다.

먼저, 나는 첫 세 가지 패러다임들 (역사비평, 문학비평, 문화비평) 각각이 함축하고 있는 고유한 교육적 담론과 실행을 더욱 체계적인 방식으로 조사해 보고자 한다. 처음부터 분명히 하고 싶은 것은 이 분석 작업에는 극복하기 어려울 정도는 아니라 할지라도 상당한 장애물이 놓여 있다는 점이다. 왜냐하면 위 세 가지 패러다임 중 어느 것과 관련해서도 성서비평 교육의 문제가 정식으로 제기된 적은 거의 없으며, 그 문제가 제기될 때조차도 명시적으로 다루어진 적이 없기 때문이다. 이 장애물의 존재가 의미하는 바는 내가 제안하고자 하는 분석 작업이 그동안 주로 암시적인 상태에 머물러 있던 것을 명백하게 만드는 작업이어야 한다는 것이다. 다시 말해 이 분석 작업을 통해 나는 각각의 패러다임이 전제하고 있는 교육적 담론과 실행들을 표면에 드러내어야 한다. 그러나 이러한 분석은 전적으로 연역적인 작업에만 그치는 것이 아니라 동시에 귀납적으로 회상하는 작업의 성격도 지니게 될 것이다. 다시 말해 나는 완전히 문외한으로서도 아니고 참여적 관찰자로서도 아닌, 잘 알고 있는 내부인으로서 이 문제에 접근해 보고자 한다. 우연히도 나는 이 학과가 새로운 성서비평 패러다임들을 개발하고 발전해 가는 과정에서, 그 패러다임 각각의 연구자요 실행자로서 그 과정에 참여해 왔기 때문에 이러한 접근이 가능하게 되었다.

매우 독특한 방식으로 각 패러다임의 이상과 목표를 구현하고 있을 뿐만 아니라 또한 자신들의 저서에서 이러한 이상과 목표에 대해 정확한 이해를 보여주고 있는 여러 개인들과의 대화를 통해서 연역과 회상을 통한 이 분석 작업을 시도해 보고자 한다. 대화 상대자가 될 사람들은 모두 각각의 패러다임들의 주요 대표자들이자 뛰어난 대변인들에 해당한다. 힘주어 말하지만 이 작업에서 나의 목표는 잘라내고 태우고 뽑아내고 파괴하는 초토화 전술을 구사하는 것이 아니라, 그들로부터 내가 많이 배워왔고 그들의 저작들에 친숙해 질 기회가 있었던 바로 그 사람들과의 비평적 대화에 참여하는 것이다. 서구 자본주의와 팽창주의가 성행할 때에 맞추어 출현하게 된 까닭에 성서비평은 무자비할 정도로 "용맹스런" 투쟁을 신봉하며 너무나도 일상적으로 그와 같이 자르고 태우고 찢고 파괴하는 일들을 자행해 왔다는 점은 안타까운 일이다.

두 번째 단계로 나는 최근 문화연구 패러다임의 영역 내에서 성서비평 교육의 새로운 방향성에 대한 제고를 요청하기 시작한 다양한 목소리들과의 대화를 앞서와 비슷한 방식으로 진행할 것이다. 이때에 나는 이 새로운 패러다임의 확장되고 있는 방법론적, 이론적 장치들과 점증하는 세계화 현상에 대해 특별히 언급하게 될 것이다. 이러한 분석의 목적은 이 학과에 대해 제시된 다양한 진단들과—이 학과의 현재 상태에 대한 전반적인 이해—그에 상응하는 처방들을 분석하는 것이다.

내 정의에 따른다면[5] 그 자체로 간문화(intercultural) 비평의 중심적 구성 요소라 할 수 있는 이중적 분석과 관여는 두 가지 기본적인 목적을 갖는다. 하나는 새로운 세기에 직면하여 이 학과의 교육적 논의가 갖는 방향성과 경향을 드러내는 것이고, 다른 하나는 문화연구의 관점에 비추어 내 자신의 건설적인 교육적 제안을 위해 사전 준비를 하는 것이다.

1) 역사, 문학, 문화비평에 담긴 교육학적 담론과 그 실제

역사비평

1장에서 역사비평에 깔려 있는 교육철학적 모델에 대한 예비적 평가를 시도하면서, 나는 다수의 기본 원칙들과 함의들에 대해 관찰할 수 있었다. 첫째, 이 모델은 박식한 교사가 지식을 전수하고 학생이 수동적으로 그 지식을 수용하는 형태를 보여준다. 보편적이고 학식 있는 독자-

5) 내 논문 "Toward a Hermeneutics of the Diaspora: A Hermeneutics of Otherness and Engagement", in *Reading from This Place,* vol. 1: *Social Location and Biblical Interpretation in the United States,* ed. F. F. Segovia and M.A. Tolbert (Minneapolis: Fortress Press, 1995), 57-73쪽; 그리고 "Toward Intercultural Criticism: A Reading Strategy from the Diaspora", in *Reading from This Place,* vol. 2: *Social Location and Biblical Interpretation in Global Perspective,* ed. F. F. Segovia and M. A Tolbert (Minneapolis: Fortress Press, 1995), 303-330쪽을 보라.

구성이라는 교육 목표에 맞추어 이 모델은 올바른 방법론적 도구들의 적절한 전파와 획득을 통해 독자들/학생들이 자신들의 사회문화적인 정초(moorings)나 신학적인 이해에 영향을 받지 않는 학식 있고 보편적인 교사들/비평가들이 될 수 있다고 주장한다. 둘째, 학식의 전수에 대한 강조를 고려할 때 이 모델은 학문적 계보(누가 누구를 낳았는가? 어느 학교에서 누구와 공부했는가?)와 비평적인 사회적 방언(본문에 대한 적절한 접근: 부적절한 접근)의 견지에서 서로 명예를 다투는 피라미드식 구조를 보여주며, 매우 권위적이고 전형적인 가부장적 성격을 보여준다. 셋째, 다시 한 번 보편적이고 학식 있는 독자-구성이라는 교육 목표와 관련해 생각해 볼 때, 이 모델은 역사비평의 예비 실행자들과 신봉자들의 가입 의식의 가장 핵심적인 요소로서 비인간화의 과정을 필요로 하게 된다. 학생/독자들은 그들 자신을 독자들로 읽지 않는 방식을 배움으로써 교사/비평가가 될 수 있다. 자신들을 독자로서 읽어내는 일은 자신들의 신학적 전제들을 표면화시킴으로써 그 전제들을 적절하게 확인해 낸 후에 해석에 영향을 미치지 않도록 제거하기 위한 목적에 한해서 허용된다. 결국 이 모델에서 나는 학생들/독자들이 본문과 그 의미의 설명을 위해 교사/비평가를 의지하게 되는 구조에 머물러 있게 된다고 결론 내렸다. 이 모델에서는 단지 과학적 도구들의 획득과 사회문화적인 변수들의 제거를 통해 적절히 활성화되고 배양된 이성의 목소리만이 해석의 문제에 관해 권위 있게 말할 수 있다.

나는 역사비평과 관련한 대화상대자로 조셉 피츠마이어(Joseph A. Fitzmyer, S. J.)를 선택했는데, 몇 년 전에 그가 현대성서비평의 문제를 특집호로 다룬 신학 연구(Theological Studies)에 기고한 논문을 중심으로 대화를 시도하고자 한다.[6] 이 연구에서 피츠 마이어는 역사비평에 제

6) J. A. Fitzmyer, "Historical Criticism: Its Role in Biblical Interpretation and Church Life", *Theological Studies* 50 (1989): 244-259쪽. 이는 미국 예수 연구협회(Society of Jesus in the United States)의 신학교수들에 의해 출판되는 로마 가톨릭의 대표적 신학 저널이다. 특별히, 이 권(卷)은 미국 가톨릭의 성서학 연

기한 네 가지 도전들과 관련하여 간결하고 예리하고 활력 있는 방식으로 역사비평을 변호하고자 시도한다.[7] 그 네 가지 도전은 다음과 같다: (1) 로마 가톨릭 그룹 내의 순수주의: 역사비평은 모더니즘에 사로잡혀 있고 성서가 "하나님 말씀"이라는 특성을 과소평가한다; (2) 로마 가톨릭 그룹 내의 자유주의: 역사비평은 전통적, 민속적 가톨릭주의의 종말을 대변한다; (3) 신학적 비평: 역사비평은 본문의 최종 형태에 어떤 관심도 보여주지 않는다. 본문의 문학적 특징들, 정경 내의 위치, 그리고 신학적인 의미들에 주목하지 않는다; (4) 개신교 그룹 내의 근본주의: 역사비평은 기록된 말씀의 권위와 본문의 영감을 무시함으로써 기독교 교리의 근본을 저버린다. 그러나 매우 흥미 있는 것은 이 논문이 1989년에 발표되었음에도 불구하고 이 논문에서 피츠마이어는 학문적 비평 전통 내에서 제기된 어떠한 도전도 다루고 있지 않다는 점이다.[8]

구, 사회 과학, 여권주의자의 해석학, 내러티브 비평, 신약 신학, 그리고 성서의 현대 영 번역들에 관한 논문들을 포함하고 있다.

7) 역사 비평의 최근 다른 발표들에 대해 알아보기 위해서는, J. Reumann, "After Historical Criticism, What? Trends in Biblical Interpretation and Ecumenical, Interfaith Dialogues", *Journal of Ecumenical Studies* 29 (1992): 55-86; M. Fander, "Historical-Critical Methods", in *Searching the Scriptures,* vol. 1: *A Feminist Introduction*, ed. E. Schüssler Fiorenza (New York: Crossroad, 1993), 205-224; J. M. Miller, "Reading the Bible Historically: The Historian's Approach", in *To Each Its Own Meaning: An Introduction to Biblical Criticisms and Their Application*, ed. S.L. McKenzie and S. R. Haynes (Louisville: Westminster/John Knox Press, 1993), 11-28; J. D. Levenson, "The Hebrew Bible, the Old Testament, and Historical Criticism" and "Historical Criticism and the Fate of the Enlightenment Project", in J. D. Levenson, *The Hebrew Bible, the Old Testament, and Historical Criticism: Jews and Christians in Biblical Studies* (Minneapolis: Fortress Press, 1993), 각각 1-32쪽과 106-126쪽을 보라.

8) 이유는 분명하다. 피츠마이어(Fitzmyer)에게 있어("Historical Criticism", 255) 해석의 "새 양식들(new modes)"은 단지 역사비평의 "기본적" 방법을 개정하거나 가다듬는 데 기여할 수 있을 뿐이다. 즉 그것들은 이러한 "근본적인" 접근을 대체할 수도 없거니와 또한 대체하도록 허용되지도 않는다. 다른 말로 하자면, 전통적인 역사비평은 이론적으로 난공불락인 것으로 간주된다. 그것은 가다듬어

변호 그 자체는 역사적인 궤도, 읽기 전략, 이데올로기적 전제, 그리고 교회론적 역할 같은 역사비평 방법의 다양한 측면들을 건드리면서 폭넓게 수행된다. 나아가 변호는 종교 역사가와 기독교 신학자로서 비평가가 가지는 관점에서 수행된다. 이 관점은 두 가지 견해를 포괄하고 있는데, 하나는 비평이 역사적 재구성과 신학적 초보 연구(고대 기록이면서 하나님의 말씀인 성서)와 관계된 것이라는 견해이며, 다른 하나는 그렇기 때문에 기독교 교리와 삶은 하나님의 말씀이면서 오직 역사비평의 채널을 통해서만 접근할 수 있는 그 말씀의 안내와 판단에 종속된다는 견해이다. 그 방어/변호는 또한 방법과 전제를 근본적으로 구분한다.

기본적인 핵심과 이어지는 정교화로 구성된다고 말할 수 있는 방법 그 자체는 "중립적"인 것 즉 "전제"를 가지지 않는 특징을 지닌다.[9] 고전 문헌학이 그 핵을 구성한다. 그러므로 본문의 성격(본문의 확정)과 역사적 성격(진정성, 통일성, 기록 연대와 장소, 문서의 내용, 기록의 계기나 목적)에 대한 질문들이 중심 문제로 다루어진다.[10] 이러한 핵심을

질 수는 있겠지만, 공격될 수는 없었다. 결국, 그에게는 원리상 거부되지는 않았다고 하더라도, 이 논문을 작성할 당시 이미 작용 중이던 토론의 메타이론적(metatheoritical) 특성은 전적으로 간과되었다.

9) 그러나 소위 말하는 이 "중립적인" 방법은 다음과 같은 언급되지 않고 검증되지 않은 이론적 전제들을 갖고 있다. (1) 비평적 객관성—방법 그 자체는 전제들을 가지고 있지 않으며, 그러므로 실행자들(practitioners)은 연구에 있어서 자기들의 공정성(impartiality)을 주장할 수 있다; (2) 의미는 객관적인 것이라고 보는 생각—의미는 본문 자체에 숨어 있다; (3) 저자의 의도—그 의미는 저자가 쓰고자 의도했던 것과 일치 한다; (4) 사회역사학적 캡슐로서의 본문—그 의미는 더 나아가 본문의 세계를 반영한다; (5) 발견의 해석학—의미와 실재는 저기 바깥에 독자들 너머에 있고, 올바른 과학적 방법들의 사용을 통해 적절히 복원될 수 있다; (6) 배타적인 타당성(exclusive validity)—의미는 단지 이 방법으로만 복원될 수 있으며, 의미를 복원할 수 있는 다른 방법은 없다.

10) 고전 문헌학의 기원, 발전, 그리고 전제들에 대해 알아보려면 M. Olender, *The Languages of Paradise: Race, Religion, and Philology in the Nineteenth Century* (Cambridge: Harvard University Press, 1992)을 보라. 고고학의 기원, 발전, 그리고 전제들에 대해 알아보려면, B. Kurlick, *Puritans in Babylon: The Ancient Near East and American Intellectual Life*, 1880-1930) (Cambridge:

넘어서 우리는 일련의 정교화를 발견하게 되는데, 그 정교화는 엄격히 말해 역사비평의 한 부분을 형성하지는 않지만 시간이 지나면서 그것과 연결을 가지게 되었다. 문학비평(구조, 스타일, 형태), 자료비평, 양식비평, 그리고 편집비평이 그와 같은 정교화에 해당한다. 따라서 문헌학으로서의 역사비평이라는 관점에서 성서는 고대에 기록된 문서에 해당하며, 그렇기 때문에 만약 우리가 저자 자신들에 의해 의도된 의미에 도달하고자 한다면 성서도 다른 고대 기록들과 마찬가지로 접근되고 분석되어야 한다. 즉 역사적 배경, 당시의 상황, 그리고 원래 기록된 언어 등에 세심한 주의를 기울여야 한다.

이 방법의 중립적인 성격을 고려할 때, 이 방법은 다른 전제들을 고려하면서 추구되어야 한다. 그 전제들 중 몇 가지는 이 방법을 부당하게 "부패시켰다"라고 일컫는 반면(예를 들어 19C의 합리주의적 분석 또는 도전; 루돌프 불트만의 비신화화하는 실존주의적 접근), 특별히 어떤 것은 피츠마이어(Fitzmyer)가 "문헌학 그 이상"이라고 칭한 제대로 된 "주석"으로 묘사된다.[11] 로마 가톨릭 교회의 관점에서 정의된 이러한 주석은, 고대의 기록이기도 한 성서를 인간의 말로 표현한 하나님의 말씀으로 읽을 것을 요청한다. 이와 같은 견해는 다음과 같은 또 다른 여러 전제들을 수반한다. 성경은 성령의 인도하에 기록되었고, 유대-기독교 유산에 대해 권위를 가지며, 교회와 구원을 위해 하나님에 의해 하나님의 백성들에게 주어졌으며, 백성들의 "공동체적인 신앙-생활 내에서" 그 전승이 출현한 맥락 속에서만 적절히 해명될 수 있다는 것이다. 따라서

Harvard University Press, 1996)을 보라.

11) 이론적인 구조물은 이 시점에서 거의 붕괴 직전에 이른다. 만약 주장되어진 대로 역사적인 방법이 참으로 중립적이라면, 그 방법을 사용하는 모든 사람들이 그것의 사용이나 적용에 영향을 미치는 "전제들"에 상관없이 동일한 역사적 결론에 도달해야 한다는 결론이 가능하게 된다. 결과의 건전성(soundness)이 서로 다른 실행가들(practitioners)의 전제들에 따라 다양할 수 있음을 인정한다면 뭔가 이 방법 자체에 매우 잘못된 것이 있으며, "방법"과 "전제들" 사이의 근본적인 분리라는 제안은 철저히 재검토되어야 한다는 경고의 표시로 기능해야 한다.

주석으로서의 역사비평의 관점에서 볼 때 하나님은 성서 속에서 역사적이고 유일하게 말씀하셨고, 그래서 인간의 말로 표현된 하나님의 말씀으로서의 성서가 지닌 적절하고 올바른 의미를 확인하기 위해 역사비평과 신앙을 전제한 접근이라는 조합이 요구된다.

결국 피츠마이어는 이러한 접근의 교육적 함의가 무엇인지를 넌지시 내비친다. 요컨대 역사비평이 성서 자체에 의해 암시된 것처럼(벧후 3:15-15과 사도행전 8장) 독자들에게 "무거운 짐"을 부과하기는 하지만 그래도 적절한 읽기와 해석이 가능하도록 하는 유일한 방법은 역사비평뿐이라는 것이다. 역사비평이 함축하는 이와 같은 교육모델의 특징은 혼동될 수 없으며 앞에서 열거한 모든 예비적 관찰이 사실임을 확인해 준다. 그 예비적 관찰들을 다시 한 번 정리해 보면 다음과 같다:

첫째, 학생/독자들은 비평가/교사가 되기 위해 고전 문헌학의 원칙들과 정교화된 기술들을 철저히 숙달할 필요가 있으며, 나아가 학생/독자들은 성서 해석자가 되기 위해 적절한 신앙적 전제를 소유할 필요가 있다. 따라서 한편으로 학생/독자들은 고찰하고자 하는 시기와 영역에 대한 광범위한 지식 즉 본문에 사용된 원어들, 당대의 상황들, 그리고 역사적 배경들과 관련된 전문 지식을 습득해야만 한다. 다른 한편으로 학생/독자들은 주석 전통, 그 주석 전통에 깔려 있는 다양한 전제들, 그리고 적절한 성서 주석에 필요한 신앙적 전제들이 무엇인지에 대하여 정통해 있어야 한다.

둘째, 그러한 원칙들과 기술들 그리고 전문적 지식과 학식의 소유가 전제된다는 점을 고려할 때, 교사/비평가들이 고대의 기록으로서의 성서의 의미에 대한 열쇠를 쥐고 있다. 같은 방식으로, 주석의 전통에 깔려 있는 전제들에 대한 정통한 지식과 신앙적 전제들에 뿌리를 두고 있어야 한다는 요구사항을 고려할 때, 교사/성서 주석가들이 하나님의 말씀으로서의 성서의 의미에 대한 열쇠를 쥐고 있다.

셋째, 이러한 탁월한 지식과 학문적 수련은 비평가들로 하여금 객관적이고 공정한 연구를 할 수 있게 만들어 준다. 이것이 가능한 이유는 그러한 지식과 학문적 수련이 비평가들로 하여금 사회적 위치와 이데올로기를 초월할 수 있도록 도와주며, 원래의 저자들에 의해 의도된 본문(고대의 기록)의 원래 의미를 복원하도록 허용해 주기 때문이다. 유사한 방식으로 이러한 정통함과 신앙적 토대는 그들의 역사적 연구에 적절한 방향을 제시 한다. 이것이 가능한 이유는 그러한 정통함과 신앙적 정초가 그 연구를 건전한 논의의 맥락 속에 위치시켜 주며, 또한 주석가들이 성서 저자들에 의해 의도된 본문(하나님의 말씀)의 온전한 의미를 복원할 수 있도록 만들어 주기 때문이다.

그럼으로써 출현하게 되는 것은 철저히 피라미드식 서열구조를 보여주는 가부장적이고 권위적인 교육 모델이다. 이 모델에서 이성의 목소리를 대변하는 자로서의 교사/비평가는 고대 기록으로서의 본문에 담겨있는 역사적 신비들을 수집하여 학생/독자들에게 유포시켜야 하고, 신앙의 목소리를 대변하는 자로서의 교사/주석가는 하나님의 말씀으로서의 본문에 숨겨져 있는 신학적 신비들의 베일을 벗겨내어 학생/독자들에게 밝히 알려 주어야 한다. 또한 이 모델에서 교사/비평가는 본문의 의미에 도달하기 위해 사회적 위치와 이데올로기를 초월하여 넘어서야 하며, 교사/성서 주석가는 본문의 온전한 의미에 도달하기 위해 구체적으로 문제가 되고 있는 역사적 상황 속에 자신들을 위치시켜야 한다.

문학비평

문학비평에 깔려 있는 교육철학적 모델에 관하여 나는 그 기본적인 원칙들과 함의들이 역사비평의 그것들과 별반 다르지 않음을 1장에서 언급했다. 첫째, 이 모델 역시 세련된 전이와 수동적인 획득과 관련되어 있다. 처음에는 보편적이고 학식 있는 독자-구성체를 요구하고 이후에는 더욱 구체적이고 형식적인 독자-구성체를 요구한다는 점을 고려할 때, 만약 올바른 신학적, 방법론적인 장치들이 적절히 보급되고 학습되기만 한다면, 모든 학생/독자들이 사회문화적인 정초나 신학적 설득에 영향을 받지 않는 교사/비평가들이 될 수 있다는 것을 이 모델은 당연한 것으로 생각한다. 둘째, 세련된 전이에 대한 지속적인 강조를 고려할 때 이 모델은 문학적인 사회 방언(어떤 비평적 입장을 따랐는가?)과 외부적 권위(어떤 비평가들을 읽었는가?)라는 견지에서 서로 명예를 다투는 근본에 있어 고도로 피라미드식 계층 구조를 보여주며, 권위적, 전형적인 가부장적 성격을 보여준다. 셋째, 보편적이고 학식 있는 독자이든 구체적이고 형식적인 독자이든 어느 쪽 독자-구성체 개념을 사용하느냐와는 상관없이, 이 모델은 모든 예비 실행자들과 신봉자들의 가입의식에 있어 현실의 독자들의 읽기를 계속해서 삼가한다. 그렇게 함으로써 이 모델은 분명 비인간화화의 이상(ideal)에 집착한다. 현실의 학생/독자들은 그들 자신을 읽지 않는 법을 배움으로써 교사/비평가가 될 것이다. 본문에 대한 다양한 해석 가능성이 존재한다는 점과 본문 읽기에서 독자가 차지하는 역할이 상당하다는 사실에 대해 더욱 주목하게 되면서부터 확실히 약화되는 경향을 보여주고 있기는 하지만, 이 모델에서 학생/독자들은 본문과 그 본문의 의미를 설명하기 위해 궁극적으로 교사/비평가들에게 계속적으로 의존해야 한다고 결론을 내렸다.

나는 문학비평과 관련한 대화상대로 Mark Allen Powell의 작품을 다루어 보고자 하는데, 특히 Fortress Press에서 출판한 성서학 입문 시리즈를 위해 그가 집필한 서사비평에 대한 개론서를 참조하고자 한다.[12)] 이 책은 문학비평 자체 내의 다른 접근 방식들과 역사비평의 조명 하에 문학비평의 한 지류라고 할 수 있는 서사비평의 방법들, 목적들, 그리고 결과들을 설명하고자 하는 작품이다.[13)] 그렇게 함으로써 이 연구는 공식

---

12) M. A. Powell, *What Is Narrative Criticism?, Guides to Biblical Scholarship: New Testament Series* (Minneapolis: Fortress Press, 1991). 또한 그의 "Narrative Criticism", in Green, *Hearing the New Testament,* 239-255쪽을 보라.

13) 문학비평에 대한 최근의 또 다른 발표들을 위해서는 C. C. Black, "Rhetorical Criticism", and K. J. Vanhoozer, "The Reader in New Testament Interpretation", in Green, *Hearing the New Testament,* 256-277쪽과 301-328쪽을 각각 참조하라; 또한 S. E. Porter, "Literary Approaches to the New

적 변론이라기보다는 오히려 비교 설명의 논조를 채용하는데, 이는 이 책을 집필할 당시(1990)에 문학비평—그리고 분명히 서사비평—이 이미 이 학과에서 훌륭히 자기 입장을 굳히게 되었다는 사실에 기인함이 분명하다. 따라서 이 책의 주요 저술 목적은 서사비평을 정당화하는 것이 아니라 서사비평을 역사비평과 차별화하는 것이라고 볼 수 있다.[14] 차별화를 위한 이러한 시도는 종교 역사가와 기독교 신학자로서의 비평가가 갖는 관점에서 수행된다. 이 관점은 비평이 문학적 분석과 신학적 초보 연구(문학작품이면서 하나님의 말씀인 성서) 양자와 관련되어 있다는 견해를 포괄한다.

포웰(Powell)은 문학비평을 전통적 비평(역사비평: 역자 주)과 구별함으로써 시작한다. 역사비평이 역사적 상황들의 견지에서 본문을 설명하고자 했다면 문학비평은 본문 자체의 문학적 특성에 초점을 둔다.[15] 그 결과 두 가지 접근들 사이에 존재하는 여러 가지 기본적인 차이가 쉽게 윤곽을 드러낸다. (1) 문학비평은 본문의 형성 과정이 아니라 최종 형태로 주어진 있는 그대로의 본문에 집중한다; (2) 문학비평은 문맥상 흐름의 단절이나 이해 불가능성보다는 전체로서의 본문의 단일성과 일관성을 강조한다; (3) 문학비평은 본문을 역사적 재구성을 위한 수단으로 보지 않고 본문 그 자체를 목적으로 간주한다; (4) 문학비평은 진화 모델이나 발굴 모델보다는 해석의 의사소통 모델을 채택한다. 이 두 비평 방

Testament: From Formalism to Deconstruction and Back"과 D. L. Stamps, "Rhetorical Criticism of the New Testament: Ancient and Modern Evaluation of Argumentation", in *Approaches to New Testament Study,* ed. S. E. Porter ad D. Tombs, Journal for the Study of the New Testament Supplementary Series 120 (Sheffield: Sheffield Academic Press, 1995), 77-128쪽과 129-169쪽을 각각 참조하라. 수사비평의 보다 전문적 요약을 알아보려면 B. L. Mack, *Rhetoric and the New Testament,* Guides to Biblical Scholarship: New Testament Series (Minneapolis: Fortress Press, 1990)을 보라.

14) 그러나, 이때 벌써 한 참 진행 중이던 비평적 문화비평의 어떤 형태와 관련해서도 그러한 차별화가 이루어지지 않았다는 점이 주목되어야 한다.

15) Powell, "Scripture as Story", in What Is Narrative Criticism?, 1-10.

법이 본문에 대해 보여준 차이점들과 서로 다른 통찰에도 불구하고 포웰은 두 가지 접근들이 상호 대립적이라기보다는 상호 보충적 관계에 있다고 주장한다. 즉, 포웰의 주장은 문학비평이 역사비평의 정당성을 문제 삼는 것이 아니라 단지 본문을 문학작품으로 연구하기 위해 역사성의 문제를 유보한다는 것이다.[16] 사실 포웰은 심지어 서사비평이 진정 효과적이기 위해서는 내러티브에 의해 가정된 사회적, 역사적인 정황들에 대한 지식을 가지고 있어야만 한다고 주장하기까지 하였다. 따라서 포웰에게 있어 문학비평은 그것이 최종 형태의 본문을 분석의 전면에 내세운다는 점에서 역사비평에 대한 일종의 절정 역할을 하는 것으로 이해되었다고 말할 수 있겠다.

다음으로 포웰은 서사비평을 문학비평 자체 내의 다른 "읽기 방식들"—구조주의, 수사 비평, 그리고 독자반응 비평—과 구별한다.[17] 서사비평의 목적은 "내재된" 독자, 즉 본문에 의해 전제되고, 본문 안에 존재하며, 본문으로부터 재구성될 수 있는 독자의 견지에서 본문을 읽어내는 것이다. 그래서 서사비평은 문학비평 내의 다른 흐름들과 쉽게 구별될 수 있다. (1) 구조주의는 "능력을 갖춘" 독자, 즉 본문을 뒷받침하는 심층 구조들과 코드들을 이해하는 독자를 주장한다; (2) 수사비평은 "의도된" 독자, 즉 본문이 최초로 말을 건넨 독자를 선택한다; (3) 독자반응 비평은 처음 읽는 독자, 즉 순서대로 본문을 따라가며 읽어가게 되는 독자를 선호한다. 본문 접근에 있어 발생하는 이러한 차이와 다른 통찰에

---

16) 이 두 접근법의 관계에 대한 평화지향적(irenic) 견해는, 본문의 현재 상태에 관해 상정된 기본적인 상반성의 빛에 비추어 볼 때—Powell이 반대되는 주장을 내 놓고 있음에도 불구하고 (ibid., 92)—문제가 많다. 다른 말로 하자면, 문학비평에 의해 선호되는 본문의 통일성과 일관성에 대한 개념이 어떻게 역사 비평에 의해 지지되는 본문의 불가해성과 흐름의 결여라는 견해와 조화될 수 있단 말인가? 만약, 해체의 길을 취하는 것이 아니라면, 돌이킬 수 없는 지점, 즉 본문의 고르지 못함에 대한 지각이 더 이상 통일성과 일관성이라는 원리하에 포괄될 수 없는 지점이 있어야 한다.

17) Powell, "Ways of Reading", in *What Is Narrative Criticism?*, 11-21.

도 불구하고 포웰은 다양한 접근들 사이에 존재하는 대립성보다는 상호보완적인 관계성을 암묵적으로 주장한다. "내재된" 독자 개념을 통한 읽기를 분명 선호하지만 서사비평은 다른 접근들에서 사용되는 읽기 방법들의 타당성을 의문시 하지 않는다.[18] 따라서 포웰에게 있어 최종 형태의 본문이 분석의 초점이 되기만 한다면, 그 본문은 수많은 다른 "읽기 방식들"에 종속될 수 있다고 말해도 과언이 아니다.

서사비평을 포함한 문학비평이 하나의 방법과 일련의 전제들을 수반한다는 사실은 앞서 살펴본 두 번의 차별화하는 설명의 시도에서 분명해졌다.[19] 그것의 핵심적 원칙은 분명하다. 내재된 독자가 그렇게 읽을

18) 문학비평 내의 다양한 접근법들 사이의 관계에 대한 이러한 평화지향적인 견해는 어떤 독자-반응 비평가들이 제기한 내러티브 비평의 내재된 독자에 대한 비판에 대해 Powell 자신이 언급한 내용에 의해 (ibid,, 20-21) 심각하게 의문시된다. 이 비판은 두 가지로 표현될 수 있다: (1) 형식주의자의 관점으로부터 볼 때, 그 어떤 독자도 암시된(implied) 독자라는 개념에 의해 요청되는 것처럼 본문 안에서 일어나는 모든 복잡한 상호관계들을 이해할 수는 없다고 주장 된다; (2) 해석학적인 관점으로부터 볼 때, 내재된 독자의 개념이 실제 독자들의 특정한 관심들과 상황들에 따라서 얼마든지 달라질 수 있다고 주장된다. 이에 답하여, Powell은 형식주의자들이 제기한 비판만을 다루는데, "내제된 독자로서의" 읽기라는 목적은 도달하기 어려운 것임에 틀림없지만, 그럼에도 불구하고 여전히 추구할 가치가 있는 목적이라고 응답한다. 그러나 해석학적인 도전은 훨씬 더 근본적인 것인데, 대답되지 않은 채로 남아 있다: 내러티브 비평에 의해 선호되는 본문 안에 내재하는 독자라는 인식이 어떻게 내재된 독자는 실제 독자들의 관심과 상황을 반영한다는, 수많은 독자-반응 비평가들에 의해 옹호된 견해와 조화될 수 있는가?

19) 앞서 확인된 이론적인 전제들 외에도, 상당수의 다른 전제들은 인정되지 않은 채로 남아있다: (a) 비평적 객관성—문학비평은 본문의 문학적 특징들을 표면에 드러내주며, 그렇기 때문에 연구에 있어서 공정성과 정확성을 허용해준다; (b) 본문과 의미에 대한 객관적 이해—문학적 특징들은 본문 안에 있고 내재된 저자의 손으로부터 나오며, 본문과 그 본문의 의미에 대한 올바른 이해로 이끄는 안내자 역할을 한다; (c) 저자의 의도—앞서 말한 그러한 의미는 내재된 저자가 실제로 쓴 것을 대변한다; (d) 발견의 해석학—문학적 특징들과 본문의 의미는 독자를 넘어 외부에 있으며, 올바른 방법들의 사용을 통하여 적절하게 복원될 수 있다; (e) 특권적 타당성 (privileged validity)—내러티브 비평은 다른 접근들과의 보충적 관계를 인정한다고 하지만, 본문 자체 안에 있는 것을 다룬다는 점에

것이라고 추정되는 방식대로 본문을 읽는 것. 이러한 읽기 양식은 나아가 다음과 같이 묘사될 수도 있다. 첫째, 내재된 독자, 즉 내재된 저자에 의해 구성되고 대화 상대가 되는 독자는 본문 자체가 제공하는 단서들에 근거해서 본문으로부터 재구성될 수 있다.[20] 둘째, 이러한 읽기에서 독자는 본문에서 자신이 알고 있으리라 가정되지 않는 모든 사실은 그냥 지나치며, 본문에서 독자가 알고 있으리라 가정되는 모든 것은 알고 있을 것을 요구 받는다. 환언해서 이러한 읽기는 본문에 따라 독자가 질문할 것으로 가정되는 것들만을 추적하고 그 외의 질문들은 무시한다. 셋째, 이러한 읽기는 처음 읽는 독자를 반드시 요구하지 않으며 오히려 여러 번 반복해서 읽는 독자를 요구한다. 마지막으로 이러한 읽기는 내재된 저자에 의해 본문에 도입된 다양한 내러티브 장치들을 좇아가야만 한다. 그러한 장치들은 이야기 및 강화(discourse), 다르게 표현하자면 내러티브의 내용(사건, 인물, 배경, 플롯) 및 내러티브의 수사학(관점, 내러티브의 차원들, 상징과 아이러니, 내러티브 패턴들)과 관계가 있다. 그리하여 이러한 읽기의 목적은 내재된 저자에 의해 주어진 이야기를 본문 안에서 본문을 통해서 이해하는 것이다. 그러므로 결국 내재된 독자라는 개념은 해석을 위한 확정적 표준들을 설정한다. 즉, 모든 본문 읽기는 본문 자체 내에서 발견되는 지시와 기대들의 견지에서 정당화되는 것이다.

문학작품이면서 하나님의 말씀이라는 성서에 대한 포웰의 관점을 고

서, 내재된 혹은 암시된 독자라는 개념에 의존하여 해석을 위한 일정한 기준들을 제공한다. 그러나 우리는 포웰이 내러티브비평에서 시종일관 상당한 정도의 애매성(a measure of ambiguity)을 실제로 인정한다는 점을 지적해야 한다. 그에 의하면, 본문 자체에 의해 설정된 변수들 내에서, 서로 다른 해석들이 가능하다.

20) 내재된 저자는 또한 독자에 의해 본문으로부터 재구성되며, 본문 해석의 필연적 관점을 형성하며, 본문에 대한 해석의 열쇠 역할을 한다. 환언하면, 내재된 독자가 그렇게 읽을 것으로 추정되는 방식대로 읽는다는 것은 내재된 저자의 지시와 기대에 따라 읽는 것을 말한다.

려할 때 이러한 읽기는 더 깊은 목적을 가지고 있는데, 그것은 이야기 형태를 취하고 있는 경전으로서의 본문을 읽는 것이다.[21] 그렇게 할 때 서사비평이 신자들에게 주는 유익은 분명해진다. 첫째, 이러한 읽기는 시종일관 역사나 선사(prehistory)가 아닌 성서 자체에 초점을 두게 된다. 둘째, 이러한 읽기는 또한 자료나 전승들이 아니라 기독교 공동체의 권위 있는 본문으로 인정되는 정경 본문에 초점을 두게 된다. 셋째, 이러한 읽기는 계시가 과거에만 아니라 현재에도 본문의 이야기에 참여하는 과정 속에서 발생하도록 허용한다는 점에서 성령에 대한 기독교 교리와 또한 매우 일치한다. 끝으로, 이야기에 관한 집중을 통하여 이러한 읽기는 개인적이고 사회적인 변화의 문을 연다. 결과적으로 본문의 문학적 특징들에 빛을 비추어 줌으로써 서사비평은 본문의 사회 종교적이고 영적인 차원들—경전으로서 본문이 갖는 계시적이고 변화시키는 특성—을 활성화시킨다.

전반적으로 포웰은 이러한 접근의 교육적 함의에 대해서는 간헐적이고 제한된 관심만을 보여 준다. 하지만 문학비평에 작용중인 교육 모델은 쉽게 밝혀질 수 있고 앞에서 언급한 다양한 예비적 관찰들을 사실로 확인해 준다.

첫째, 비록 이 방법이 어떤 점에서 전문적 독자들과 비전문적인 독자들을 서로 더욱 가깝게 만들어 준다고 할 수 있겠지만, 결국 학생/독자들은 교사/비평가가 되기 위해 문학비평, 특히 서사비평의 원칙들과 기술들을 숙달할 필요가 있을 뿐만 아니라, 그들은 또한 본문이 가정하고 있는 사회적, 역사적인 정황들에 대한 광대한 지식을 획득할 필요가 있다는 점은 자명하다. 동시에 신자들에게 그 방법이 가장 유익한 것으로 묘사된다 할지라도, 학생/독자들이 교사/비평가가 되기 위해 신앙적 입장을 소유할 필요는 없다. 따라서 어떤 의미에서 그 방법이 성서를 문학작품과 하나님의 말씀 양자로 간주하는 사람들에게 훨씬 더 효과적이라

21) Powell, "Story as Scripture", in *What Is Narrative Criticism?*, 85-101.

고 말할 수 있는 반면, 성서를 문학작품으로 읽기 위해 그것을 경전으로 간주할 필요가 없다는 것은 자명하다.

둘째, 독자는 본문에 의해 전제된 사회적, 역사적인 정황들과 친숙할 뿐만 아니라 서사비평의 원칙들과 기술들에 정통할 것이 요구된다는 점을 고려할 때 성서가 문학작품으로 인정되든 아니면 하나님의 말씀으로 인정되든, 그 성서의 의미에 대한 열쇠는—본문 자체 내에 존재하는 상당한 정도의 모호성을 용인하면서—여전히 교사/비평가가 소유하고 있다. 이러한 숙달과 정통함을 통하여 교사/비평가들은 내재된 저자의 장치들과 의도를 좇아갈 수 있고, 본문의 적절한 이해—본문 그 자체에 의해 설정된 변수들 내에서 어느 정도의 의미 범위를 용인하면서—에 도달할 수 있다.

셋째, 이러한 숙달과 정통함의 조화는 교사/비평가들을 사회적 위치와 이데올로기로부터 무관하도록 그 너머에 위치시키며, 그들로 하여금 그 내재된 저자에 의해 의도된 본문의 원래적 의미를 회복하도록 허용하는—본문 그 지체에 의해 도입된 모호성의 범위 내에서—연구의 객관성과 공평성을 허용한다. 동시에 신앙적 입장에서 작업하는 이들에게 있어 이러한 연구는 사회 종교적이고 영적인 측면 모두에서 즉각적 열매를 맺을 수 있다. 왜냐하면 본문의 이야기에 참여하고 내재된 저자에 의해 의도된 의미를 해독하는 확장된 과정 속에 개인적이고 사회적인 변화뿐만 아니라 성령의 계시를 위한 엄청난 기회가 존재하기 때문이다.

그 결과 교육 모델은 다시 한 번 고도의 피라미드식 계층 구조를 보여주며 가부장적이고 권위적이다. 이 모델에서 교사/비평가는 학식 있고 보편적인(내재된) 독자의 목소리로서 본문의 문학적인 신비들을 포착해 그것들을 학생/독자들에게 드러내 주게 되는데, 그 신비들은 신앙 공동체의 회원들에게 사회 종교적이고 영적인 차원 모두에서 상당한 중요성을 가지고 있는 것들이다. 이 모델에서 교사/비평가들은 본문의 원래적 의미에 도달하기 위해 사회적 위치와 이데올로기를 넘어서야 한다.

문화비평

1장에서 문화비평의 기초가 되는 교육 모델을 처음으로 평가하면서 나는 그 기본적인 원칙들과 함의들이 역사비평의 그것들과 아주 유사하다는 것을 지적했다. 첫째, 이 모델은 다시 한 번 학식의 전수와 피동적인 수용을 포함한다. 박식하고 보편적인 독자-구성체나 또는 박식하고 헌신된 독자-구성체를 요구하는 견지에서 이 모델은 만약 정당한 방법론적 도구들과 이론적인 장치들이 적절히 학습되고 획득될 때, 모든 학생/독자들은 자신의 사회문화적인 위치나 신학적인 성향이 어떠한가에 상관없이 교사/비평가가 될 수 있다고 주장한다. 둘째, 학식의 전수에 대한 지속적 강조를 고려할 때 이 모델도 마찬가지로 고도의 피라미드식 구조를 보여주고 권위적이면서 핵심에 있어서는 가부장적이다. 그러한 권위에 대한 경쟁적 주장은 학문 영역의 사회적 방언(어떤 개별 학문영역을 따라가야 하는가라는 질문)과 외부적 권위(어떤 저자들이나 전통들을 읽어야 하는가 하는 질문)의 차원에서 개진된다. 셋째, 예비 실행자들과 신봉자들을 위한 가입의식의 한 부분으로서 이 모델은 기존에 통용중인 독자-구성체 개념에 의존하면서 현실의 독자들에 의한 어떠한 읽기도 삼갈 것을 요구하거나(저자주: 단지 사회문화적 전제들을 표면화하고 제거하며 문화 상호간의 커뮤니케이션을 수립하기 위한 목적으로 허용하는 경우는 있음) 또는 현실의 독자들에 의한 읽기는 사회 계급의 전망에 국한시키기를 요청한다. 사회계급의 관점에서 현실의 독자에 의한 읽기를 허용하는 마지막 선택지를 제외하면, 여전히 비인간화가 추구되어야 할 이상(ideal)으로 지배하게 된다. 다시 말해 학생/독자들은 자신들의 사회문화적 전제들을 전면에 드러내는 것을 목적으로 하는 경우를 제외하고는, 여전히 자기 자신을 읽지 않는 법을 배움으로써 교사/비평가가 되는 것을 기대하게 됨을 의미한다. 앞에서 말한 마지막 선택지의 경우, 모든 학생/독자들은 자신들을 읽는 법을 배워야 하겠지만 그것은 단지 억압자와 피억압자의 범주에 국한시켜서 그렇게 해야 한다. 결국 나는 비록 사회 경제적 및 사회 문화적 특성들에 대한 관심의 증대로 인한 입장에 약간의 침식이 초래되기는 했지만, 이것은 학생/독자들이 본문과 그 의미의 설명을 위해 교사/비평가를 바라보는 또 다른 모델이라고 결론을 맺는다.

문화비평에 대한 대화의 파트너로서 나는 말리나(Bruce J. Malina)의 저서를 살펴보고자 한다. 보다 구체적으로 말하자면, 그가 결국 사회과학 비평이라고 칭하게 된 것에 대해 최초의 주요한 모험에 대한 입문서 역할을 했던 그의 연구를 나는 마음에 두고 있다.[22] 이 초기 연구는 역사비평에 의해 본문에 제기된 전통적인 질문들(몇 년 후 역사비평에 대한 그 자신의 방어에서, 피츠마이어가 제기했던 종류의 질문들)의 견지에서, 성서비평에 문화 인류학을 도입한 공식적인 변론에 해당한다.[23] 비

---

22) B. J. Malina, “Bible Study and Cultural Anthropology”, in *The New Testament World: Insights from Cultural Anthropology* (Atlanta: John Know Press, 1981), 1-24. 이 책의 두 번째 개정판에서 (*The New Testament World: Insights from Cultural Anthropology*, rev. ed. [Louisville: Westminster/John Knox Press, 1993], 1-17) 이 장은 부제의 추가를 포함해 단지 약간의 변화만 덧붙여져 재출판되었다: “Bible Study and Cultural Anthropology: Interpreting Texts Fairly.” (여기서는 이 두 번째 개정판을 참조하고 있다.) 이 두 개의 출판물 사이에 해당되는 기간 동안, 이 연구 안에 포함되어 있는 많은 기본적 아이디어들이 B. J. Malina에 의해 다시 나타나면 확대되었다. “Reading Theory Perspective: Reading Luke-Acts”, in *The Social World of Luke-Acts*, ed. J. H. Neyrey (Peabody, Mass.: Hendrickson Publishers, 1991), 3-23.

23) 문화비평의 최근 다른 발표들을 알아보기 위해서는 S. C. Barton, “Historical Criticism and Social-Scientific Perspectives in New Testament Study”, in Green, *Hearing the New Testament*, 10-36; P. F. Esler, “Social Worlds, Social Sciences and the New Testament”, in *The First Christians in Their Social Worlds: Social-Scientific Approaches to New Testament Interpretation* (Minneapolis: Fortress Press, 1990), 1-19; P. F. Esler, “Introduction: Models, Context, and Kerygma in NEw Testament Interpretation”, in *Modelling Early Christianity: Social-Scientific Studies of the New Testament in Its Context,* ed. P. F. Esler (London-New York: Routledge, 1995), 1-20; B. Holmberg, “Sociology and New Testament Studies”, in *Sociology and the New Testament: An Appraisal* (Minneapolis: Fortress Press, 1990), 1-20을 보라, 더 발전된 요약을 보기 위해선 J. B. Elliott, *What Is Social-Scientific Criticism?,* Guides to Biblical Scholarship (Minneapolis: Fortress Press, 1992)을 보라.

록 "문학적" 종류의 질문이 언급되었다 할지라도 말리나가 가졌던 문학적 관심은—저작 시기가 1981년임에도 불구하고—그 당시 매우 상승세에 있었던 문학비평에 의해 소개된 최근의 질문들이 아닌, 문학 형태와 스타일에 관한 역사비평의 전통적인 질문들과 관계된 것임이 분명하다.[24]

이 변론의 요점은 문화 인류학의 개념들과 모델들이 성서연구에 기여할 수 있는 많은 것들을 가지고 있다는 것이 아니라, 오히려 문화 인류학에 의해 제기된 기본적 질문들이 이 학과가 추구해야 할 정점일 뿐만 아니라 필수불가결한 요소를 구성한다는 것이다. 전통적인 비평이 무엇을, 누가, 언제, 어디서, 어떻게(역사적으로/문학적으로)와 같은 중요한 질문들에 답하고자 추구하는 반면, 문화 인류학은 문화 속의 의미를 규명하기 위하여 '왜'라는 보다 근본적인 질문을 제기한다. 따라서 전통적인 비평은 문화 인류학에 의해 제공된 이러한 독특한 관점이 없이는 단지 매우 인상주의적인 방식으로 이 질문을 다룰 수 있을 뿐이며 따라서 민

24) 이 변론(apologia)의 후속 개정판("Reading Theory Perspective")에서는 문학비평이 역사비평을 대신하여 논의의 주된 참조점으로 등장하고 있다는 사실이 주목되어야 한다. 말리나(Malina)가 의미를 언어, 즉 "의미들(meanings)"안에서 구체화되고 전달되는 사회적 체제들 안에서라기보다 "말(wording)" 안에 존재하는 것으로 보는 견해들에 반대하여 주장을 펼칠 때, 이러한 방향의 재정립은 처음부터 분명한 것이라 할 수 있다(3-8). 논문의 나머지 부분은 이러한 변화를 확인시켜 준다. 말리나에 따르면, 모든 읽기는 심리언어학자들에 의해 잘 탐구되었듯이, 인간 내부적인(intrapersonal) 또는 개인적인 차원뿐만 아니라, 사회언어학자들에 의해 탐구된 바와 같이 사람들 사이의, 혹은 사회적인 차원을 함께 포함한다(8-12). 그의 주장에 따르면(12-17), 문학비평 일반에 의해 채택된 모델—"현대의 구조적, 기호학적, 해체주의적, '마르크스주의적' 그리고 심미적인 문학비평"에서 활용되는 모델(the text as "a sort of supersentence")—은 그것이 실제 연구, 즉 읽기에 의해 증명될 수 없는 한 완전히 목표를 벗어나 있다. 또한 그에 의하면(17-22), 대부분의 문학비평이 추종하는 모델—"문학으로서의 성서를 읽고자 하는 노력"과 "문학에 대한 독자-반응적 접근의 상당수"의 경우에서처럼 비상황화 된(decontextualized) 읽기("인쇄된 그 자체"로부터 읽기)—은 공정하지도 올바르지도 않으며, 이는 문학비평이 저자, 본래의 청중, 그리고 본문의 사회적 차원들을 기각시켜버리기 때문이라는 것이다.

족 중심주의와 시대착오라는 이중 위험에 끊임없이 노출된 채로 남아 있게 된다. 변론 그 자체는 기독교 신학자로서가 아닌 종교사가로서 성서비평가의 전망에서 착수되었다. 이 변론이 추구하는 것은 본문의 사회문화적 차원들에 초점을 둠으로써 더욱 정교화된 종교사적 연구를 실습해 보는 것이다. 따라서 주요한 관심은 하나님의 말씀으로서의 성서가 아닌 고대의 문화적 기록으로서의 성서이다. 결과적으로 이 실습의 목적은 이러한 본문들을 "먼 장소와 먼 시대"로부터 생성된 "이질적인" 본문으로 더욱 정확히 이해하도록 허용하는 것이다. 따라서 말리나에게 있어 성서비평은 무엇보다도 먼저 교차문화적 이해를 위한 실습을 의미하며, 이러한 이해는 문화 인류학에 의지하지 않고는 불가능함이 입증된다.[25] 결국 말리나가 제안한 작업이 완벽한 역사비평을 위한 시도라고 기술하는 것은 아주 적절해 보인다.

여기서 추구되는 교차문화 이해는 방법뿐만 아니라 전제들—모든 전제들이 적절하게 인식되지는 않는다.[26]—과 연루된다. 논의의 과정은 다

25) 간단히 말해, 말리나는 기독교 신앙인들, 즉 성경을 하나님의 말씀으로서 받아들이는 이들을 위하여 문화 인류학의 중요성과 적합성을 언급한다("Bible Study and Cultural Anthropology", 17-18). 첫째로, 하나님의 말씀의 성육신은 하나님 말씀의 토착문화화(inculturation)를 상징한다. 다른 말로 하면, 하나님 말씀의 생명과 그 생명에 대한 성찰 또는 기록된 설명은 그 해당 시기의 문화적 이야기들을 따를 수밖에 없다. 둘째로, 결과적으로, 오늘날 하나님의 말씀을 이해하는 유일한 방법은 과거의 문화적 이야기—1세기 팔레스타인과 지중해 문화의 문화적 이야기—의 상황으로부터 이해하는 것이다. 동시에 말리나는, 그러한 이해는 현대 독자들의 문화적 이야기와는 아주 다른 문화적 이야기를 산출한다고 덧붙인다(25). 그는 다음과 같은 해석학적 원리를 제공한다. 독자의 세계와 본문의 세계 사이의 "차이점들(differences)"이 아주 크게 존재하고 도덕적 판단들 사이의 "다름(variance)"이 매우 혼란스러우며, 종교적인 관심사들 사이의 "초점(focus)"이 매우 거리가 먼 그런 종류의 해석이 본문의 정확한 해석일 가능성이 더 높다. 그러나, 말리나는 신앙적 기독교인들의 신학적인 과제에 대한 그러한 심오한 차이점들의 내포적, 함축적 의미들을 파고들지는 않았다. 결과적으로, 그는 종교사학자로 남게 되었다고 할 수 있다.

26) 제대로 인식되지 않는 전제들에는 다음과 같은 것들이 있다: (a) 비평적인 객관성 비평적 방법은 사회문화적인 전제들이 전면에 드러나게 만듦으로써 연구의

음과 같이 추적될 수 있다. 첫째, "그것들 자신의 관점에서" 본문을 정확하게 이해하는 것이 가능하다. 현대의 독자들은 현대 세계와 고대 세계 간의 문화적이고 역사적인 간극을 교차할 수 있다. 둘째, 그 어법 속에 구체화된 본문의 의미는 본문이 나타난 사회체계로부터 비롯된다. 결과적으로 본문을 정확히 이해하기 위해서는 본문의 배경이 되는 사회체계의 이해가 필수적이다. 셋째, 이러한 본문의 배경에 있는 사회체계의 이해를 위해서는 1세기 지중해 유역의 세계에서 작용했던 문화 이야기—문화적인 기록들, 단서들, 그리고 모델들—를 이해할 필요가 있다. 넷째, 문화적, 역사적 간극을 가로질러 이 문화 이야기를 이해하기 위해서는 해석의 교차문화 모델에 의존하는 것이 필수적이다. 이러한 모델들은 문화 이야기들 사이의 차이들이 날카롭게 정리되고 차별화되는 것을 가능케 함으로써, 우리가 우리 자신의 문화 이야기를 성서 본문 속으로 읽어 넣는 것을 피하게 해주고 따라서 "그것들 자신의 관점에서" 성서 본문들의 문화 이야기를 읽을 수 있게 해준다. 끝으로 인간들은 이러한 모델을 다음과 같은 몇 가지 요인들의 결과로 구성할 수 있다: (1) 추상적으로

공평성과 정확성을 가능하게 해준다; (b) 의미에 대한 객관주의적 이해—의미는 본문 자체 속에 숨어 있다; (c) 사회역사적인 캡슐들로서의 본문들—본문들 안에 숨어 있는 본문의 의미는 본문의 세계로부터 유래한다; (d) 발견의 해석학—의미와 실재는 독자들을 넘어서 그 밖에 존재하며 올바른 과학적 방법들의 사용을 통해서 적절하게 복원될 수 있다; (e) 배타적인 타당성—정확한 의미는 이 특별한 접근법의 사용을 통해서만 얻어질 수 있다. 수많은 다른 전제들은 전혀 언급되지 않는다: (1) 획일화의 사회적 체제나 문화—의미는 보편적으로 알려지고, 공유되고, 활용될 수 있다는 견해: 다른 말로 하면, 하나의 문화적 스토리가 있고, 과거와 현재에 속한 모든 개인들과 본문들은 그 이야기를 반영한다; (2) 모든 것을 포괄하는 것으로서의 사회적 체제들이나 문화들: 예를 들어, 1세기의 지중해 문화에 대해 이야기 하는 것이 가능하다; (3) 고정되고 변화가 없는 것으로서의 사회적 체제들 또는 문화들: 지중해 문화에 대한 현대의 인류학의 연구에서 나온 모델들을 1세기 지중해 문화에 적용하는 것이 가능하다; (4) 중립성의 모델들: 각각의 모델들과 그 창시자들의 이데올로기적 경향성은 결코 문제화 되지 않는다. (5) 사회적 체제와 문화 안에서의 커뮤니케이션에는 문제가 없다: 의미가 사회의 모든 층들을 가로질러 쉽게 전달되고 받아들여진다.

생각하고, 경험의 모델들을 만들고, 문제의 다양한 모델들을 비교하는 인간들의 능력; (2) 그들 자신들이 변화한다는 인식; (3) 감정을 이입해서 다른 사람의 역할을 떠맡을 수 있는 그들의 능력.[27] 요약해서 오직 문화 인류학만이 성서연구를 위한 교차문화 모델을 제공할 수 있고, 오직 문화 인류학만이 이러한 본문들의 정확한 이해를 위한 열쇠를 제공할 수 있다.

시종일관 말리나는 사회과학 비평의 교육적 함의에 관심을 가지고 있었다. 실제로 여기서의 정열적인 질문은 현대의 학생/독자들이 이러한 "이질적" 본문들 그리고 그 배경에 있는 "외국인들"에 대해 어떻게 정확하고 공평한 읽기와 해석을 성취시킬 수 있는가 이다. 그 결과로서 생기는 교육 모델은 아주 분명하며 앞에서 열거한 최초의 관찰을 따른다.

첫째, 학생/독자들은 역사비평의 원칙들과 기술들을 숙달함으로써 그들은 전통적인 비평에서 특징적인 모든 중요한 질문들을 끊임없이 물을 필요가 있을 뿐만 아니라, 그들 자신이 문화 인류학의 개념들과 모델들—특히 당대 지중해 사회나 다른 유사한 사회들의 연구에서 끌어낸—

27) 그러므로, 말리나에게 있어 문화 인류학의 모델들은 그것들이 과학적이고 교차문화적인 한, 아주 긴요하다. 한편, "아주 복잡한 현실 세계의 사물들과 상호작용들에 대한 추상적이고 단순화된 표현들"로서 그러한 모델들은 그것들이 과학적인 정당화 과정에 종속되는 한, "적합한" 이해를 허용한다("Bible Study and Cultural Anthropology", 19-20). 일단 모델이 만들어지면, 그 모델들은 자신들이 연관되어 있는 실제 세계의 경험들에 의거해서 검증의 단계를 거치게 되며, 그 검증 단계에서 정당화되거나, 혹은 부작위(不作爲 : omission)나 작위(作爲 : commission)에 의한 어떤 오류가 발견되는 경우에는 수정되어 질 수 있다. 다른 한편으로, 그러한 모델들은, 본문의 전망과 독자의 전망에 대한 비교적인 접근을 시도하는 한, 다른 문화들에 대한 적절한 이해를 가능하게 하며, 자기와 다른 것에 대한 공감적 이해라는 문화적 특색을 요청한다. 성서비평에서 문화 인류학을 사용하는 말리나의 비전(25)은 지중해 사회 또는 성서 본문들 안에 반영된 것과 유사한 다른 사회들에 관한 고고학적 연구로부터 교차문화적 모델들을 차용하여 이러한 모델들을 본문 그 자체의 증거에 의거해 시험해 보는 것이다. 만약 모델과 데이터 사이에 조화가 존재한다면 그 모델은 정당화되며(validated), 낯선(foreign) 성서 본문들에 대한 적절한 이해—정확한 이해—가 결과로 얻어진다.

을 완전히 정통하게 됨으로써, 그들은 의미에 대한 근본적인 질문을 제기하는 곳으로 나아갈 수 있다. 그러나 학생/독자들은 교사/비평가가 되기 위하여 올바른 신앙적 입장을 소유할 필요는 없다. 사실상 그들이 이러한 본문들을 과거의 문화적 유물들로 보건 아니면 경전으로 간주하건, 학생/독자들은 1C 지중해 사회의 연구 그리고 현대의 지중해 사회와 다른 문화적 유비들의 인류학적 연구 양자에서 광대한 전문적 지식을 발전시켜야 한다. 오직 그럴 때에만 그들은 자료와 모델들 간의 적합성을 설립하고, 이러한 본문들의 공평하고 적합한 이해를 얻기 위해 고대 본문들의 실재에 비추어 문화 인류학의 교차문화 모델을 시험할 수 있을 것이다.

둘째, 문화 인류학의 개념들과 모델들에 대한 그들의 정통함뿐만 아니라 역사비평의 원칙들과 기술들에 대해 주어진 그들의 숙달이 요구됨을 고려할 때, 교사/비평가들은 성서가 하나님의 말씀으로 인식되건 고대의 기록으로 인식되건 성서의 의미에 대한 열쇠를 여전히 보유하고 있다. 이러한 숙달과 정통함을 통하여 교사/비평가들은 본문의 배경에 있는 사회체계와 문화 이야기에 대한 것뿐 아니라 본문들의 정확하고 공평한 이해에 도달할 수 있다.

셋째, 역사비평과 문화 인류학 양자 모두에 대한 이해는 교사/비평가들로 하여금 그들 자신의 사회체계와 문화 이야기의 전망으로 그들 자신을 읽도록 허용하고, 자기민족 중심주의와 시대착오의 수렁에서 그들을 구원하고, 그들로 하여금 이러한 본문들 배경에 있는 사회 체계와 문화 이야기에 대한 것뿐만 아니라 그 본문들에 대한 그들 자신의 이해에 있어서의—역사적이고 문화적인 분할을 가로질러—객관성과 공평성을 유지할 수 있게 만들어 준다. 사실상 학생/독자들의 인간화는 비인간화를 향한 도구로 기여한다고 말할 수 있다. 학생/독자들은 그들 자신의 사회체계와 문화 이야기를 표면화시킨 연후에 그것을 괄호로 처리함으로써 정확하게 감정을 이입시켜 현재와 과거 모두의 "외국인들"을 읽어낼 수 있게 되고, 사회적 위치와 이데올로기를 넘어선 교사/비평가들이 될 수 있다.

결과적으로 교육 모델은 아직도 여전히 고도의 피라미드식 구조를 보여주며 가부장적이고 권위적인 것으로 드러난다. 이 모델에서는 교사/비평가가 박식하고 보편적이고 자기 계몽적인 독자의 목소리로서 본문의 사회문화적 신비들을 포착하여 그것들을 학생/독자들에게 중개한다. 이 모델에서 교사/비평가들은 본문의 의미에 도달하기 위하여 자기인식을 통해 사회적 위치와 이데올로기를 초월한다.

2) 변화에 대한 최근의 요청 : 문화연구

성서학 영역을 위한 역사비평, 문학비평, 문화비평의 교육적 함의는 지금까지 살펴본 바와 같다. 나는 이제 이러한 실행과 담론에서 근본적인 변화를 주장하는—다른 다양한 관점들로부터—과거 수년간에 출판된 다수의 연구들을 살펴보고자 한다. 이미 광대하고 끊임없이 확장되는 저서들의 양을 고려하면서 분석과 대화를 위한 다른 목소리들을 선택할 때 우리는 선별적일 수밖에 없다. 따라서 나는 이제부터 최근에 이루어진 발전의 견지에서, 특히 사회문화적 종류와 관련되고 가르침과 교육에 대해 상당한 강조점을 두고 있는 발전의 견지에서, 성서학 전반을 평가하는 일련의 대표적인 연구들을 채택할 것이다. 더군다나 서구에서 디아스포라로 살아가는 내 자신의 상황을 고려할 때, 나는 비록 이러한 논의가 전 지구적인 차원의 대화로 쉽게 확대될 수 있다 할지라도 대체로 미국 내에서 출현중인 논의에 집중해 보려 한다.[28] 끝으로 나는 토론이 점

28) 개관을 위해, R.S. Sugirtharajah, "The Margin as a Site of Creative Revisioning" and "Cultures, Texts and Margins: A Hermeneutical Odyssey", in *Voices from the Margin: Interpreting the Bible in the Third World*, ed. R. S. Sugirtharajah, rev. ed. (Maryknoll, N. Y.: Orbis Bookes, 1995), 1-8쪽과 457-475쪽을 각각 참조하라. 제 2, 3세계의 작품들을 전체적으로 알아보기 위해서는, (1) 아프리카의 관점에서: C. S. Banana, "The Case for a NEw Bible", in "*Rewriting*" *the Bible: The Real Issues*, ed. J. L. Cox, I. Mulonyora and F. J.

진적으로 발전해 왔다는 점을 느낄 수 있도록 만들기 위해 시간적 순서에 따라 우리가 살펴볼 연구물들을 배열할 것이다.

미국 흑인들과 학문의 장 - W. H. Myers(1991)

우리는 이 문제와 관련하여 논의할 때 두말할 것도 없이 성서연구에 있어서 미국 흑인들이 직면하고 있는 해석학적 딜레마에 대한 마이어(William Myers)의 분석을 최우선적으로 살펴보고자 한다. 그의 분석은 그 자체로서 이미 미국 흑인들의 성서해석의 문제를 다루는 포괄적이고 매우 성공적인 저술의 한 부분을 이루고 있다.[29] 그 진단은 처음부터 아주 분명하게 표현되는데, 성서 해석은 해석학적 소재들을 선택함에 있어서나 방법론적 관심을 추구함에 있어서나 해석의 역사 속의 특정 사건들을 강조할 때에 있어서나 심원하게 유럽 중심적이라는 것이다. 마이어

Verstraelen (Gweru: Mambo Press, 1993), 17-32; I. J. Mosala, "The Use of the Bible in Black Theology", in *Biblical Hermeneutics and Black Theology in South Africa* (Grad Rapids, Mich.: William B. Eerdmans, 1989), 13-42; (2) 아시아의 관점에서: G. Soares-Prabhu, "The Historical Critical Method: Reflections on Its Relevance for the Study of the Gospels in India Today", in *Theologizing in India*, ed. M. Amaladoss (Bangalore: Theological Publications in India, 1981), 214-249; R. S. Sugirtharajah, "Introduction, and Some Thoughts on Asian Biblical Hermeneutics", in *Biblical Interpretation* 2 (1994): 241-263; Kwok Pui-lan, *Discovering the Bible in the Non-Biblical World* (Maryknoll, N. Y.: Orbis Books, 1995); (3) 라틴 아메리카의 관점에서: J. S. Croatto, "Biblical Hermeneutics in the Theologies of Liberation", in *Irruption of the Third World: Challenge to Theology*, ed. V. Fabella and S. Torres (Maryknoll, N. Y.: Orbis Books, 1983), 140-168; P. Richard, "The Hermeneutics of Liberation: Theoretical Orientation for a Communitarian Reading of the Bible", in *Teaching the Bible: The Discourses ad Politics of Biblical Peadagogy*, ed. F. F. Segovia ad M. A. Tolbert (Maryknoll, N. Y.: Orbis Books, 1998), 272-282을 보라.

29) W. H. Myers, "The Hermeeutical Dilemma of the African America Biblical Students", in *Story the Road We Trod: African American Biblical Interpretation*, ed. C. H. Felder (Minneapolis: Fortress Press, 1991), 40-56.

의 이러한 진단은 특히 역사비평을 염두에 둔 것이었다. 이러한 유럽 중심주의는 다음과 같은 직접적 결과들을 초래하게 된다. 우선 그것은 다른 많은 세계관들을 무시한 채 어떤 하나의 특정한 세계관을 고양시키게 되며, 그 시대의 뜨거운 논점들은 건드리지 않고 해석의 주요 과제들을 대체로 과거에 한정시키게 된다. 또한 유럽 중심주의는 해석의 다른 전통들을 고려에서 제외시켜 버리게 된다. 이러한 유럽 중심주의에 의한 성서와 그 해석에 대한 장악은 나아가 그들의 해석을 위한 특허 문서들과 규범들을 포함하여 정치, 경제, 그리고 사회문화체계에 대한 광범위한 유럽 중심적인 통제가 이루어지고 있음을 반영한다.

따라서 미국 흑인 비평가의 관점에서 볼 때 성서 해석의 세계에 들어간다는 것은 낯선 세계, 유럽 중심적 질문들과 관심사들이 다루어지는 세계에 들어감을 의미할 뿐만 아니라, 그 자신을 외국인으로 여기지 않는 세계, 그 자신을 규범적이며 따라서 문화적 편견을 가지지 않았다고 내세우는 (유럽인의) 세계로 들어감을 의미한다. 그 결과는 근본적인 딜레마에 부딪힌다. 전적으로 매우 다른 해석 전승을 추구하며 성서학 내에서 유효하다고 인정되지 않는 전승에 뿌리를 두고 있는 이 낯선 흑인 비평가는 어찌할 바를 모르게 된다. 한편으로 해방을 필요로 하는 억압받고 있는 미국 흑인 공동체를 위한 성서 해석의 타당성에 대해 고민하게 된다. 왜냐하면 성서는 이 흑인 공동체의 해방을 위한 전통적이고 강력한 도구로 기능해 왔기 때문이다. 다른 한편 유럽 중심적 접근이 해석 과제를 수행함에 기여한 바를 어느 정도 인정하게 된다.

마이어는 계속해서 이러한 딜레마가 일반적인 신학 교육의 유럽 중심적 특성에 의해 강조된다고 보았다. 그 특성은 유럽 중심적 교과과정의 절대적 지배, 미국 흑인 동료들의 결핍, 대안적인 모델들과 자원들의 부족, 변화에 대한 철저한 저항, 그리고 전승을 해석적 접근과 동일시하는 오랜 습관에 의해 드러나고 있다. 그 딜레마는 또한 미국 흑인 집단들의 외연 너머로 확대된다. 실제로 제3세계와 제1세계의 소수자들의 전망에서 볼 때 다른 사람들은 그 본문들을 어떻게 해석하는가를 고려하지 못하는 한 전통적인 접근은 부적절한 것으로 간주될 수밖에 없다.[30] 따라서 유럽 중심적 경계 외부에 있는 모든 이들에게 있어 현재 상황에 내릴 수 있는 진단은 딜레마가 지속되고 있다는 것이다.

마이어에게 있어 변화를 위한 적절한 전략들에 대한 미국 흑인 자신들 내에 의견차이가 있음을 고려할 때, 치료를 위한 처방은 아직도 이 시점에서 완전히 명백하지 않다. 결국 마이어는 몇 가지 지침이 될 만한 원칙들을 제안하는 정도에 그치게 된다. 그 해결책은 (1) 미국 흑인 학자들 그룹 내부로부터 나와야 하고; (2) 대체로 상황적인 조사와 간학문적 조화의 조합을 대변하게 될 것이고; (3) 대체로 균형 잡힌 긴장을 유지하는 다양한 방법론의 채택을 수반하게 될 것이며; (4) 유럽, 유럽계 미국, 그리고 제3세계 출신의 비평가들과 대화하는 것을 포함해야 하고; 그리고 (5) 교육적 내용과 학문적 집회의 재조직을 수반해야 한다는 것이다.

보다 구체적으로 마이어는 그 최종적인 형태의 견지에서가 아니라 오히려 과정과 그 최종적인 형태의 기능의 관점에서 보다 넓은 규범 개념을 요구한다.[31] 마이어는 그렇게 함으로써 규범의 개념이 다른 신앙 공

30) 마이어스(ibid., 45-47)는 유럽 중심적인 접근법이 서구 세계 안팎에 존재하는 많은 진영들로부터의 도전에 직면해 있는 것으로 본다. 그러나 토론의 성격은 방법론적이라기 보단 훨씬 더 문화적이었고, 토론은 유럽 중심적인 견해와 무관한 그룹들의 관점으로부터 거의 배타적으로 발전되어 왔다.

31) 여기서 마이어스는 그 초점을 최종적인 형태에 맞추고 있는 Brevard Childs, (*Biblical Theology in Crisis* [Philadelphia: Westminster Press, 1970]; *Introduction to the Old Testament as Scripture* [Philadelphia: Fortress Press, 1979]; *The New Testament as Canon* [Philadelphia: Fortress Press, 1985]; *Biblical Theology of the Old and New Testaments* [Minneapolis: Fortress Press, 1993]); 그리고 초점을 최종적 형태의 기능에 맞추고 있는 James Sanders(*Torah and Canon* [Philadelphia: Fortress Press, 1972]; *Canon and Community* [Philadelphia: Fortress Press, 1984]; *From Sacred Story to Sacred Text* [Philadelphia: Fortress Press, 1987]) 사이의 정경비평에 관한 토론에 의존하고 있다. 정경비평에 대한 최근의 개관을 위해서는 R. W. Wall, "Reading the New Testament in Canonical Context", in Green, *Hearing the New Testament*, 370-393을 보라.

동체들의 그 규범 개념에 대한 접근들을 포함하는 데로 확장될 수 있다고 보았다. 그는 이러한 방법을 통해서 유럽 중심주의의 외부에 있는 모든 자들을 마주 대하고 있는 그 해석학적 딜레마뿐만 아니라 본문과 그 해석에 대한 유럽 중심적 장악이 천천히 그러나 확실하게 무너지기 시작하게 될 것이라고 주장한다.

제3세계의 성서 연구 – P. J. Hartin(1992)

마이어의 연구보다 1년 뒤에 출현한 이 연구는 남아프리카(이 글이 쓰여 질 당시 남아프리카는 여전히 흑인에 대한 인종차별정책의 체계를 해체시켜 가는 과정 중에 있었다)의 독특한 시각을 통하여, 특별히 거대 다수의 흑인 학생들이 그 구성원을 이루고 있는 큰 주립대학교의 맥락 속에서, 제3세계가 성서학의 교육과 관련하여 제기한 도전들을 다루고 있다.[32] 이 연구가 제시한 진단과 처방은 즉각적으로 확인될 수 있는데 그것은 남아프리카를 포함한 세계 도처에서 전혀 차별화되지 않은 동일한 방식으로 교수되어 온 이 학과가 이제 해당 학생들의 필요와 상황—남아프리카의 경우 그것은 다문화와 다종교 사회의 현실과 관계 된다—을 고려하기 시작할 수밖에 없다는 것이다.

이러한 현실은 본질상 이중적인 교수 유형을 요구한다. 한편으로 이

---

32) P. J. Hartin, *Third World Challenges in the Teaching of Biblical Studies: Occasional Papers* 25 (Claremont, Calif.: The Institute for Antiquity and Christianity, 1992). 지정학적 관점으로부터, 하틴은 그것이 제3세계 국가들에게 공통적으로 나타나는 다음과 같은 다양한 특징들을 충족시키는 한, 남아프리카를 "제3세계"로 규정한다: 외부의 도움을 기초로 해서 생존함; 외국에 의한 자원의 착취; 하부구조의 완전 결핍; 인구 대다수에 대한 기본 서비스의 부재; 가난과 문맹. 또한 사회교육학적 측면에서, 하틴은 원거리 교육을 통해 그 과업을 수행하고 120,000여명 되는 학생들로 구성된 남아프리카 대학을 세속적 기관으로 묘사한다. 그같은 맥락 안에서 그는 성서학 교육을 다음과 같이 묘사한다: 그것은 교회 전체에 아무런 도움을 주지 못하며, 특정한 개별 교회를 섬기는 데에도 전혀 도움이 되지 않는다; 성서학 교육은 성경을 문학작품으로서, 고전 작품으로서 취급 한다; 그리고, 그렇게 하는 중에, 성서학 교육은 수많은 과학적인 접근법들에 의지한다.

유형은 성서에 관한 정보의 보급과 흡수에 초점을 두는 대신, 성서가 학생들의 삶에 말을 걸도록 요구한다. 다른 한편으로 이 유형은 특별한 접근이나 문화적 이해를 성서 본문에 부과하는 대신에, 본문이 스스로 말하도록 허용할 것을 요구한다. 그것의 목표는 "능력을 갖춘" 또는 "책임적인" 성서 학도를 배출하는 것이다. 따라서 이러한 역량은 두 가지 독특한 초점들을 가지고 있는데, 그것은 학생들과 본문들이다. 첫째, 학생들의 관점에서 볼 때 이 능력 배양은 아프리카 전통 종교들에 대한 지식을 요구하는데, 이는 그 전통들이 학생들에게 상당한 영향을 미치기 때문이다. 둘째, 본문들의 관점에서 볼 때 능력 배양은 본문들을 분석하는데 사용된 과학들에 부합하는 도구들과 방법들의 획득을 요구한다. 셋째, 학생들과 본문들 모두의 관점에서 볼 때 능력 배양은 현실을 고도로 파편화된 것으로 바라보는 포스트모더니즘에 대한 헌신을 요구한다. 포스트모더니즘에 대한 이러한 천착은 다양한 목적들에 기여한다. 학생들과 관련하여 그것은 성서에 대한 어떤 하나의 문화적 이해를 절대시하는 것을 배제하는 것, 서로 다른 관점들을 가로질러 이해하는 것의 어려움을 강조하는 것, 그리고 다른 민족들과 문화의 관점들에 대한 존중을 불러일으키는 것을 의미한다. 본문과 관련하여 그것은 다시 한 번 성서에 대한 어떤 하나의 접근 방식을 절대화시키는 것을 배제함을 의미한다.

더군다나 이러한 능력은 성서 본문에 대한 "실제 훈련"이라는 접근 방식에 의하여 분배되고 획득된다. 따라서 시종일관 교수의 초점은 성서 본문인데, 이 본문이야말로 이 학과 내의 다양한 조사 영역에로 들어가는 진입점으로 사용된다. 이러한 연구 영역들은 다시 커뮤니케이션 이론에 나오는 표준 모델의 주요한 구성 요소들을 중심으로 조직된다. 그것은 횡적 관점에서 볼 때 저자(생산), 본문, 그리고 독자(수용)의 순서를 보이며, 종적 관점에서 볼 때 본문과 참조의 관계를 말한다. 교수의 순서는 다음과 같다. (1) 먼저 독자로서의 학생에 대한 집중-학생 자신의 상황에서 수행되는 본문의 정밀한 읽기; (2) 생산과 참조 양자 모두의 관점에서 본문에 대한 집중; (3) 과거나 현재에 다른 독자들에 의해 이루어진 본문의 수용에 대한 집중이라는 순서. 결국 결과는 과거와 현재 모두로부터 다문화와 다종교 사회 내에 처한 학생들 자신의 삶의 전망에서 산출되는 다른 읽기들과 나란히 함께 서게 되는 "충족적인" 읽기의 산출이어야 한다.

이러한 능력 배양이 지향하는 궁극적인 목적은 사회 정치적일 뿐만 아니라 사회 종교적이기도 하다. 우선 배양된 능력은 성서로 하여금 상상력에 영감을 주도록 허용한다. 즉, 학생들로 하여금 그들 자신의 문화와 상황 내에서 성서의 이미지와 이야기를 재상황화하도록 허용한다. 그래서 그들 자신의 삶과 세계 속에서 일어나는 사건들이 성서의 용어, 이야기, 내러티브를 통하여 구성되고 소통되게끔 이끌어 준다.[33] 그 결과는 서로 다른 집단들과 문화들의 폭넓은 다양성을 반영하는 하나의 비슷한 상상적 재진술이 될 것이다. 그 모든 재진술은 동일한 메시지와 언어에 의존하지만 그것을 다양한 방식으로 표현하게 될 것이다.[34] 따라서

33) 두 말 할 나위 없이, 대학에서 성서연구가 가지는 세속적인 특징들과 성경을 고전문학으로 취급하는 분위기에도 불구하고, 우리는 이 교육학적 프로그램 안에 작용중인 성경에 대한 아주 높은 신학적인 개념을 발견하는데, 그 신학적 개념은 하틴의 결론에서 남아프리카의 미래에 대한 희망들(ibid., 19)로 묘사되고 있다. 곧, 문제를 해결하는 데 있어, 특히 남아프리카의 미래와 관련한 문제를 해결하는 데 있어, 성경을 "서로 다른 문화들이 함께 이해들을 공유할 수 있는 수단으로서" 사용하여, "성경에 의해 열려진 가능한 세계들에 의해 더 풍요한 문화"를 산출하게 된다는 것이다.

34) 성서 교육에 대한 이와 같은 견해를 만들어내는데 있어, 하틴은 리꾀르(ibid., 10-13)의 연구에 아주 많이 의존하고 있는데, 리꾀르의 연구는 다음과 같은 이해의 삼중적 과정에 대한 설명으로 유명하다: (1) 순진한(naive) 이해—본문의 의미에 대한 추측; (2) 설명—다음 단계로, 그 저자의 삶으로부터 소격화되어(distanced), 그 자체의 삶을 영위해 가는 기록된 문헌으로서의 본문에 주목하여 추측을 정당화함(validation); (3) 전유(appropriation)에 의한 이해—본문(본문에 의해 열려진 방향, 새로운 가능적 세계에 대한 상상)을 자기 자신의 것으로 만들기. 성서학의 목표가 되어야 할 것은 해석의 이 마지막 차원이다: 즉, 학생들이 어디에 있건 간에, 학생들의 삶에 본문이 "그 스스로(on its own)" 말하도록 허용하는 것.

그렇게 함에 있어 배양된 능력은 나아가 인간의 존엄, 정의, 그리고 평화와 같은 어떤 공통의 가치들을 동원함으로써 다른 사람들과 문화들을 하나로 묶어 주는 방편으로 성서를 사용한다. 하틴에게 있어 이러한 상황은 남아프리카가 겪는 진통을 해소하기 위해 오랫동안 갈구해 온 하나의 가능한 해결책을 대변한다.

페미니즘과 식민정책 – K. O' Brien Wicker(1993)

이 연구는 비록 간결하지만 그것이 페미니즘 운동의 맥락으로부터 문화의 문제—계급, 종족, 그리고 인종에 대한—를 제기한다는 점에서 중요하다. 하틴의 연구보다 1년 뒤에 출판된 이 연구는 페미니즘의 관점에서 수행된 성서 개론 및 주석에 해당되는 두 권의 기념비적인 저작의 한 부분을 형성한다.[35] 여기서 개진된 이 학과에 대한 진단은 실제로 이중적인 것으로서 이 연구는 동시에 회고적이면서도 전향적인 시각을 보여준다.

첫 번째 수준의 전제는 다음과 같다. 이 연구는 본문들의 견지에서나 그 본문들에 대한 해석 역사의 견지에서나 성서학 영역이 철저히 가부장적이었다고 간주한다. 이 문제에 대한 처방은 이미 효력을 발휘하고 있는데, 성서 본문에 나오는 여성에 대한 구체적 강조점을 지닌, 그리고 성서 본문에 대한 여성들의 읽기 혹은 성차별적 읽기들에 대한 독특한 강조점을 지닌 여성학과 페미니즘 연구의 보다 폭넓은 학문적 담론을 반영하는 교육적 전략을 요구한다. 두 번째 수준의 전제는 짐바브웨에서의 체류를 통해 새롭게 깨닫게 된 것인데 다음과 같이 표현될 수 있다. 이 학과는 가부장적 전망에서 뿐만 아니라 페미니즘의 전망 그 자체에서도 깊이 서구적이다. 처방은 계급, 종족, 그리고 인종의 논점을 고려하는 페미니스트 교육 전략의 발전을 요구한다. 다시 말해 아프리카에서

35) K. O' Brien Wicker, "Teacher Feminist Biblical Studies in a Postcolonial Context", in *Searching the Scriptures*, vol. 1: *A Feminist Introduction*, ed. Elisabeth Schüssler Fiorenze (New York: Crossroad, 1993), 367-380.

타문화를 경험하게 된 결과로서 위커(O' Brien Wicker)는 이 학과가 깊이 식민주의적이었음과, 그리고 이러한 식민주의 내에서 서구 여성들 자신도 서구 남성들만큼이나 철저히 식민주의에 연루되어 있었음을 깨닫게 되었다. 따라서 처방은 중산 계층과 상류 계층 서구 여성들의 관심과 쟁점의 범위를 넘어서는 페미니즘을 요구하되, 그것은 국제적인 전망을 마음에 새기고 본질적으로 포스트식민주의적인 페미니즘인 것이다.[36)]

교육과 성서연구의 전통적인 식민주의 양태에 반대되는 것으로 발전된[37)] 성서연구에 대한 이러한 접근은 다음의 원칙들을 고수한다: (1) 가부장적 세계관, 여성들에 대한 남성들의 선천적 우월성의 주장, 그리고 사적 영역에 대한 공적 영역의 주도권에 대한 거부; (2) 부당하고 정당하지 않은 기독교 반유대주의 운동의 비난; 그리고 (3) 식민지화 과정에서

---

36) Laura E. Donaldson (*Decolonizing Feminism: Race, Gender, and Empire-building* [Chapel Hill and London: University of North Carolina Press, 1992])의 인도(lead)를 따라서, O' Brien Wicker ("Teaching Feminist Biblical Studies", 368)는 정치적, 지리적 정복이라는 역사적 사실을 가리키는 역사적 식민주의와 경험 안에서 메타포의 현실화를 가리키는 *추론적(discursive)* 식민주의를 구분했다. 한편으로, 여권주의는 가장중심주의(patriarchy)의 추론적 식민주의에 대한 반동을 나타낸다. 그러나 다른 한편으로, 여권주의는 모든 여성들의 이름으로 말하는 것을 통해 그 자체를 보편화하려고 시도해 왔다는 점에서, 추론적 식민주의의 한 형태를 구성한다. 결과적으로 여권주의는 탈식민화되어야 한다고 본다.

37) 교육의 식민지적 모델은 다음과 같은 기본 전략들의 관점에서 잘 표현된다: (a) 종속적인 역할을 감당하도록 토착민을 교육함; (b) 식민화 세력의 문화에 토착민을 통합시킴; (c) 남성들, 남성들의 생각과 행동에 특권을 부여함. 성서학에 있어서 그것의 대응물(counterpart)은 다음과 같은 가정으로 표현된다: (a) 가부장적인 관점을 신적인 것으로 수용하고, 그에 상응하여 비가부장적인 읽기들을 거부하는 것; (b) 남성들이 여성들보다, 공적인 영역이 사적인 영역보다 선천적으로 우월하다고 단언하는 것; (c) 기독교를 유일하게 진실한 종교로 또는 다른 모든 종교 전통들보다 우월한 것으로 보는 관점; (d) 본문 안에서 생성된 정치적 주장들의 수용; (e) 전통에 대한 특정 해석들을 무효화하기 위해 정통과 이단이라는 범주의 사용; (f) 특정한 상황들에 대한 금령(injunctions)을 절대화하는 방식으로 성경 본문들을 비상황화하기(decon-textualization) (O' Brien Wicker, "Teaching Feminist Biblical Studies", 369, 371-372 참고).

작용했던 것들과 같은 기독교 제국주의의 다른 역사적 표현들에 대한 저항.[38] 다양하게 실행되고 있는 이러한 처방의 근본적인 목적은 성서와 같은 텍스트가 여성해방적일 수 있음을 어떻게 증명할 수 있는 것인지, 그리고 모든 인종, 모든 종족적 배경, 모든 계급에 속한 여성들과 남성들의 온전한 인간됨을 어떻게 증진시킬 수 있는지를 살펴보는 것이다.[39]

위커가 볼 때 페미니즘에 의해 취해진 결정적인 단계는 서구의 식민지화 정책의 범주에 발목이 묶여 있다. 그렇기 때문에 성차별 문제, 여성으로서의 여성에 대한 숙고의 범위를 넘어감으로써 인종, 종족, 그리고 계급 문제의 숙고를 포함하는 단계로 나아가도록 다음 조치가 취해져야만 한다. 따라서 이 학과가 방향성과 실천에 근본적으로 서구적인 것으로 남아 있지 않으려면 전지구적인 시각을 획득해야만 한다.

전지구적 조망 – J. R. Levison and P. Pope-Levison(1995)

두 명의 공동 저자는 신약연구의 방법론과 성서 해석학에 관한 개론서의 한 부분으로 전지구적 해석학을 주제로 하는 하나의 논문을 기고

---

38) 더 구체적으로 말하면, 그러한 접근은 다음과 같은 특징들을 드러낸다. (ibid., 374-375): (1) 경험을 고려하지 않은 "진실"의 흡수(assimilation)와는 반대되는 것으로서, 연구 대상이 되는 생각들 또는 이슈들과 관련된 경험들에 대한 성찰과 반영—이는 목소리들의 다양성, 따라서 인종, 민족, 그리고 계층의 다양성을 강조한다; (2) 본문들에 대한 대안적인(alternative) 여권주의적 읽기들—절대적 주장들에 저항하고, 차이점들을 존중하며, 인위적인 통일성(unities)의 창출을 촉진하려는 충동을 거부하는 읽기 방식; (3) 본문의 계시적인 본성과 관계된 전제들, 그러한 전제들의 함축적 의미, 그리고 해석에 있어서 경험의 우선성에 대한 여권주의자들의 요구에 대한 비평적 반성—이는 모든 해석들이 필연적으로 해석학적임을 보여주는 방편이 된다.

39) Ibid., 372-373. 이 점에 있어 O' Brien Wicker가 변형된 의심(suspicion)의 전략을 채택했다는 것은 명백하다("Feminist and Womanist Criticism", in *The Postmodern Bible*, ed. The Bible and Culture Collective [New Haven, Conn.: Uale University Press, 1995], 225-271, 특히 247-251쪽을 보라). 그러므로 지금 요구되는 것은 성경을 절망적으로 가부장적이고 식민주의적인 텍스트로 포기해 버리는 것이 아니라, 오히려 본문의 억압 체제를 약화시키거나 또 다른 충분히 포용적인 해방적 비전들을 밝혀내는 다양한 전복의 작업들이라 하겠다.

했다.[40] 방법론에 관한 저작 속에 전지구적 해석학에 관한 논문을 포함하게 되었다는 것은 다소 이상하게 보일 수 있지만, 오히려 그 사실 자체가 이 학과의 상황에 대한 예리한 진단을 제공하고 있다. 이 진단도 이중적이다. 한편으로는 제1세계의 전망에서 볼 때 비평가에 대한 전통적인 시각—"모든 편견을 내어버림으로써" 성서의 "본래의 의미"를 발견하는 자로서의 비평가—이 비평가 자신의 컨텍스트에서 비롯된 "예단"이 본문 이해에 영향을 미치고 있는 것으로 널리 인정되는 한 더 이상 지지받을 수 없는 상태가 되었다. 다른 한편 제3세계의 전망에서 볼 때 기독교의 무게중심에 있어 신속한 변화가 일어나고 있다. 이 변화는 제1세계로부터 멀어지고 제3세계로 향하는 무게중심의 이동인데, 숫자적인 면에서만이 아니라 그 생명력에 있어서도 확인되는 바이다. 따라서 해석에 있어서 컨텍스트가 차지하는 중요한 역할을 고려할 때, 이 학과가 현재와 현시대에 부적절하게 남아 있는 통탄할 만한 상황을 피하기 위해서는 전지구적 조망을 발전시켜야만 한다.

저자들은 앞에서 묘사된 전통적인 모델을 대체해 온 것으로 여기는 가다머(Hans-Georg Gadamer)의 변증법적 해석학을 이 상황에 대한 처방으로 추천하는데, 이는 서구적 영감을 받은 것이라 하겠다.[41] 이러한 움직임의 효과와 함의는 다음과 같이 설명된다. 첫째, 성서의 최초의 의미나 해석의 현대적 컨텍스트에 초점을 두는 대신, 이 모델은 남/여 해석자가 자신들의 상황에서부터 나온 구체적 질문들을 성서에로 가져오

40) J. R. Levison and P. Pope-Levision, "Global Perspectives on New Testament Interpretation", in *Green, Hearing the New Testament*, 329-348.

41) 저자들은 *A Short History of the Interpretation of the Bible* (Minneapolis: Fortress Press, 1984), 153-187쪽에 나오는 David Tracy의 논의에서 그들의 단서를 취했다. 가다머(Gadamer)에 대해서는 H. G. Gadamer, *Truth and Method*, 2nd ed. (New York: Crossroad, 1990)을 보라. "새로운 해석학"의 성장과 발전에 대해서는, V. B. Leitch, "Hermeneutics", in *American Literary Criticism from the Thirties to the Eighties* (New York: Colombia University Press, 1988), 182-210을 보라.

는 과정 속에서 일어나는 고대의 본문과 현재의 해석자 간의 대화를 강조한다. 둘째, 이러한 대화의 목적은 과거에도 유효하며 현재에도 적합한 방식으로 본문과 해석자라는 두 가지 지평의 융합을 초래하는데 있다. 셋째, 현재 기독교가 확산되는 양상을 고려할 때 제1세계에 의한 어떠한 성서 해석도 본문의 의미를 더 이상 밝혀낼 것이 없을 정도로 완벽할 수는 없는 것은 그들 자신의 질문을 해석 과정에 이입시키고 있는 컨텍스트의 역할을 간과하고 있기 때문이다. 결과적으로 성서와의 대화는 전지구적 차원에서 속행되어야만 한다.

성서학에 대한 이같은 전지구적 전망이 의미하는 바가 무엇인지는 명백하다. 그것은 라틴 아메리카의 관점에서 볼 때 계급투쟁, 온전한 해방, 그리고 정치와 종교 간의 관계에 대한 관심의 집중을 뜻하며, 아시아의 관점에서 볼 때 대중적 전통, 종교적 전통, 그리고 경제문제에 대한 관심의 집중을 뜻하며, 아프리카의 관점에서 볼 때 성서의 반향의 해석학에 지배적인 관심을 두는 것을 의미한다. 동시에 이러한 제3세계의 공헌에 대한 비평도 가능하다: (1) 풀뿌리 공동체들의 관점으로 읽는 것의 중요성에 대한 강조에도 불구하고, 활용할 수 있는 대중적 해석의 실례들이 거의 존재하지 않고 있다; (2) 지평 융합은 본문과 컨텍스트 간의 구별을 붕괴시킬 수 있다; (3) 신약의 해석은 종종 제2성전기 유대교에 대한 부정적 묘사를 포함하고 있는데, 그 때문에 반유대주의를 향한 단초를 제공하게 된다. 따라서 논평의 요소들은 그 성격과 함의에 있어 아주 다양하다: (1) 첫 번째 논평은 이론적인 도전이 아니라 기본적으로 더 많은 조사가 필요함에 대한 지적이다; (2) 두 번째 논평은 이론적인 도전에 해당되지만 단지 가능성을 말한 것이며, 이에 대해 다음과 같은 처방이 첨부된다: 즉, 두 가지 지평들이 적절히 구별되는 반면 병행을 허용하는 수단으로 사회과학 비평을 적절히 사용하라; (3) 세 번째 논평 또한 이론적인 도전으로 사실에 기초한 도전이라 할 수 있고 다음과 같은 처방이 첨부된다: 제2성전기 유대교의 풍부한 다양성을 보여주는 조사를 보다 많이 사용하라.

따라서 저자들이 볼 때 이 학과는 제1세계와 제3세계 내에서 이루어진 발전의 견지에서 전지구적이 되는 길 외에 다른 선택지를 가지고 있지 않다. 이러한 점에서 서구의 해석학—가다머에 따른 지평의 융합—은 하나의 방향 제시 및 제1세계와 제3세계에 의한 성서 해석에 현존하는 어떤 실제적 혹은 가능적 결핍이나 과도함에 대한 수정으로 받아들여진다.[42]

중심과 변두리 – B. K. Blount(1995)

이 미국 흑인 학자에 의해 완전히 무르익은 제안은 문화적 해석의 노선을 따라 신약비평의 근본적인 새로운 방향 설정—책임 있는 읽기의 다양성을 허용하면서 동시에 본문의 의미를 찾는 데 있어 독자들의 컨텍스트를 고려하는 읽기 양식—을 요구한다.[43] 블라운트(Blount)는 전통적인 성서연구—주로 역사비평을 염두에 두고 하는 말—가 단 하나의 해석 이데올로기를 따라왔다고 주장한다. 즉, 성서 본문들이 대표적 유럽 중심 가치기준들의 조망에 따라 해석되어 왔다는 것이다.[44] 그 결과 이러한 규범적인 가치 체계의 외부에 있는 모든 집단은 자신들의 해석적 전망이 비과학적인 것으로 간주되어 논의에서 배제되는 것을 발견할 뿐만 아니라, 지배적 집단의 해석 관습과 기초적 가치들에 자신들을

---

42) 아주 호의적인 맥락에서 수행된 트레이시(Tracy) 자신의 비평(*Inter-pretation of the Bible*, 160-166)을 보라.

43) B. K. Blount, Cultural Interpretation: Reorienting New Testament Criticism (Minneapolis: Fortress Press, 1995), 특히 1-23(1장: "A Contextual Approach"), 89-96, 그리고 175-194(11장: "Beyond Interpretative Boundaries").

44) 블라운트(Blount)에게 있어서 "이데올로기"라는 용어는 중심부로부터(전통적인 성서학의 경우에서처럼) 사용되건, 또는 주변부(margin)로부터(해방의 해석학의 경우에서처럼) 사용되건 포괄적이라기보다는 제한적인(restrictive) 전망을 가리키는 다소 폄하적인 의미를 지닌다는 것이 주목되어야 한다. 그러므로 목표는 "비 이데올로기적인(non-ideological)" 방법, 즉 중심부와 주변부 모두로부터의 다양한 관점들을 개발하는 것이다.

동화시키도록 압박을 받는 상황에 처하여 있음을 발견하게 된다. 블라운트는 자신의 이러한 진단이 자기 자신의 뿌리와 흑인 교회에서의 경험들에서 나온 것이라고 밝힌다. 블라운트는 흑인 교회에서 전통적인 방법론들이 본문을 흑인 공동체의 삶에 연결시키지 못하는 무능을 보게 되었고, 흑인에 의한 해석을 편견에 사로잡힌 것으로 치부해 버리는 외부로부터의 비평을 보게 되었던 것이다. 그러나 이러한 진단은 유럽 중심적 관점의 변방에 위치한 어떤 집단으로부터 나올 수 있었던 것이기에 중심부-주변부 유형의 담론을 만들어 낼 수 있었을 것이다.[45]

두 가지 근본적인 차이점들이 이러한 두 가지 해석적 전망들을 구별한다. 한편으로 그 중심부는 기독론과 구원론(종교적 구원의 문제)의 이슈들을 강조한다면, 주변부는 사회적이고 정치적인 논점들(불평등의 문제)을 강조한다. 다른 한편 중심부가 본문에서 본문상의 논점들과 개념적인 논점들에 초점을 두는 반면("과거 그 당시"의 의미에 대한 질문), 주변부는 본문과 독자 간의 상호 교통의 논점("오늘날을 위한" 의미에 대한 질문)을 강조한다. 블라운트가 보기에 그 대답은 주변부의 시각을 역으로 왕좌에 앉히는 데 있는 것이 아니라—단지 또 하나의 유일하게 유효한 해석 이데올로기를 만들어냄으로써 결국 유럽 중심주의만큼이나 제한적인 해석 이데올로기가 될 처방—오히려 두 관점을 통합시키는 읽기 양식, 본문을 종교적, 사회적인 것으로 보는 읽기 양식, 그리고 해석이 세 가지 관심(본문, 관념, 개인 상호간) 모두와 관계된 것으로 보는 읽기에 있다고 하겠다. 해석들을 대안적이라기보다 보충적인 것으로 간주하는 견해를 보여주는 읽기만이 본문의 의미에 대해 더 온전한 그림을 만들어 낼 수 있다. 블라운트는 두 가지 이론적인 담론—기능주의 유

45) 그러므로 블라운트는 확실히 논의의 출발점으로서 아프리칸-아메리칸의 경험을 고려하지만, 주변부에 속한 보다 광범위한 여타 그룹들과 그들의 경험들을 포괄하기 위하여 아프리칸-아메리칸 경험의 범주를 넘어섬으로써, 시종일관 마이어스(William Myers)의 경우에서보다 훨씬 더 폭넓은 수준에서 논의를 진행한다.

형의 사회언어학과 해방 운동 유형의 사회학—의 토대에서 이러한 읽기 유형, 즉 문화적 해석을 발전시킨다.[46]

기능주의 사회언어학으로부터 블라운트는 두 가지 기본적인 통찰을 얻게 되는데, 먼저는 상황이 언어의 창조와 사용을 구체화한다는 것이며—다른 사회학적 환경에 속한 사람들은 다른 언어적 형태들을 운용한다—다른 하나는 언어로부터 파생된 의미가 상황에 의해 형성된다는 것이다.[47] 블라운트는 언어에 대해 적용되는 것이 읽기에 대해서도 적용된다고 주장한다.[48] 따라서 성서연구의 관점에서 중심부와 주변부의 전망들과 같은 서로 다른 사회언어학적 전망들과 본문의 언어 간의 상호

---

46) 기능주의의 사회언어학에 관하여, 블라운트는 M. A. K. Halliday, *Explorations in the Functions of Language* (London: Edward Arnold, 1973)의 모델을 따르고 있다; 해방주의 사회학에 관하여 그는 Enrique Dussel, *Philosophy of Liberation* (Maryknoll, N. Y.: Orbis Books, 1985)의 모델을 약간 수정하여 채택하고 있다.

47) 이 모델은 다음과 같은 몇 가지 전제들을 수반한다. 첫째, 그것은 언어가 의사소통 행위 안에서 사용되도록 정해져 있고, 그에 따라 구조화되기 때문에, 의미는 언어의 내적인 구성과 그것의 사용 양자 모두와 관련되어 있다. 둘째, 그것은 본문—언어적(text-linguistic) 연구(inquiry)의 다음 세 가지 범주에 의존한다: (1) 언어가 문법적으로 기능한다고 여기는 본문적(textual) 범주—의미를 수립하기 위해 구문론적으로 조직화된 것으로서의 언어의 구성요소들; (2) 사전적인 용어들과 구문들 뒤에 있는 개념적인 함축을 고려하는 관념적인(ideational) 범주—그러한 용어들과 구문들에 의해 기의되는(signified) 개념적인 지시체들(references); (3) 사회언어학적 요소들에 의한 역할을 고려하는 인간 상호간의(interpersonal) 범주—언어 사용자의 사회문화적 환경. 셋째, 언어가 상호적으로 작용하는 것으로 보이기 때문에, 언어의 의미는 이상의 세 가지 변수 모두를 고려할 때에만 이해되어 질 수 있다고 주장한다(Blount, *Cultural Interpretation*, 8-14를 보라).

48) 할러데이의 모델이 본문 생산자의 관점으로부터 만들어진 반면, 블라운트는 그것을 본문의 독자의 측면에서 발전시키는데, 이는 새로운 문맥상의 요소들을 상호관계적인(interpersonal) 단계(phase)로 가져오는 것이다. 그러므로 본문은 그 자체로 "의미 가능성(meaning potential)"—가능한 의미의 범위는 개인적인 해석자들에게 열려져 있고, 각기 다른 사회언어적 구조들(frameworks)로부터 읽는 읽기에 의해 구체화 된다—을 가지고 있는 것으로 이해된다(ibid., 15-16 참조).

작용은 그 본문의 힘과 의미에 대한 다른 이해들을 불가피하게 산출한다.[49] 따라서 만약 사회언어학적 전망이 더욱 포괄적이려면 다른 전망으로 본문을 읽으려고 시도해야 한다. 그러나 결국 블라운트는 기능주의 사회언어학이 매우 중요한 논점인 사회정치적 권력 문제를 다루지 못했다는 점에 대해 경고한다. 다시 말해 어떤 한 공동체의 사회언어학적 전망이 다른 공동체들의 전망들을 지배하고 평가절하시킬 수 있다는 사실을 주목하지 못했다는 것이다.

따라서 블라운트는 해방 운동 유형의 사회학의 논의에서 누락된 사회정치적 차원들을 빌려온다. 그 차원은 삶 속에 어떤 사람이 자리 잡고 있는 공간적 위치가 그가 보는 것을 결정할 뿐만 아니라, 정치적이고 수적인 우세를 점하고 있는 자들에 의해 옹호된 그 관점이 공적 효력을 지닌 것으로 등장하여 다른 모든 관점들의 힘과 정당성을 앗아가 버린다는 것이다. 이것은 과학과 학문에 대해서 뿐만 아니라 사회와 정치에 대해서도 적용된다.[50] 블라운트는 읽기에 관해서도 적용된다고 덧붙인다. 따라서 성서연구의 시각에서 볼 때 전통적 성서연구에 의해 대변된 사회언어학적 전망은 자기 자신의 전망을 공식적인 관점으로 효과적으로 군

49) 본문의 의미 가능성은 광범위하긴 하지만 무제한적이지는 않은데, 그 이유는 본문적(textual) 그리고 관념적인(ideational) 요소들이, "물질적인 것(the material)이 의미할 수 없는 것을 명료하게 진술하는" 상호관계적인 차원에 대한 한계들(parameters)을 정해주기 때문이다. 그러므로 블라운트에게 있어 본문은 공동체가 선택하는 임의적인 방식으로 해석 되어질 수 없다; 오히려, 읽기들은 의미 있거나 책임적이어야 한다. 즉 "언어학적으로 정확하고 문맥적으로 적절한 결론들"이어야 하는데, 그 결론들은 "이러한 본문적-관념적인 테두리 안에 있으며" "동시에 그 테두리 너머 독자의 상호관계적인 문맥(inter-personal context)과 상호작용하는" 것이어야 한다. 의미는 정체된 것(static)이 아니라 확장적인(expansive) 것이다; 상호관계적인 원동력들이 변함에 따라, 의미 있고 책임적인 읽기들도 변화한다(ibid., 18-20).

50) 그러한 모델은 중심위주의 전체성이 외부의 전체성(an exterior to-tality)에 대해 변증법적 방식으로 작용하는 과학적인 과정을 전제한다. 그러므로 중심부에 대한 조정(adjustments)은 외부로부터 주입을 받아들이기보다는 임의적으로 활용되는 전체적인 구조틀 안에서 실행된다(ibid., 18-20).

림하게 하였고, 자신의 관점 테두리 밖에 있는 모든 관점들을 수용할 수 없는 것이라고 간주함으로써 자기 자신들의 관점에 동화할 것을 요청하여 왔다. 따라서 만약 누군가 이러한 이데올로기적 입장을 피하고자 한다면 모든 관점의 타당성을 인정해야만 하며, 중심부와 주변부 모두를 포함하는 전망에서 본문을 분석해야만 한다.[51] 그러나 이러한 작업은 중심부와 더불어 출현할 수 없는데, 그것은 우선 중심부가 그 자신의 이데올로기를 극복할 수 있는 능력을 지니지 못했기 때문이다. 그래서 오히려 변화는 외부로부터 도래해야 하며 따라서 이 작업은 주변부에 달려 있다. 블라운트가 문화적 해석이라는 자신의 의제 속에서 하고자 했던 바가 바로 이 과업이다. 즉, 블라운트는 주변부에 기인한 사회언어학적 관점을 충분히 논의에 도입함으로써 중심부와 접촉하는 것을 자신의 과제로 삼았던 것이다. 그리고 그렇게 함으로써 블라운트는 성서연구의 의제 전체에 대해 도전을 제기하고 전통적인 유럽 중심의 전망에 대한 변화를 강요하고자 했다.[52] 이를 통해 드러나게 되는 비전은 훨씬 더 포괄적인 학과의 비전으로 여기서는 최종적이고 결정적인 의미와 같은 것은

51) 그러한 모델은 과학적인 과정 속에서 종합의(analectical) 순간을 요구하는데, 그것은 단지 대결(confrontation) 방식으로 대응하는, 중심부에 의한 외부의 전체성(an exterior totality)에 대한 변증법적인 인식이 아니라, 주변부의 관점으로부터 실재를 분석하는, 전체성들 사이의 효과적인 상호교환을 말한다. 게다가, 그러한 분석은 그 상반되는 것들이 새로운 전체(whole)를 만들기 위해 작용하고 있다는 것을 인식하는 한, 사회 체제에 대한 중심부 위주의 견해를 견지하는 모든 체제에 위협을 가하게 된다.

52) 블라운트(ibid., 177-184)가 뒤셀(Dussel)의 모델을 두 가지 점에서 비판했다는 것을 주목해야 한다: (1) 단지 두 가지의 접근만이 강조되어 있다 — 전통적 접근과 라틴 아메리칸의 접근; (2) 종합의 순간을 의미의 새롭고 완전한 지시(reference)를 산출하는 순간으로 본다. 블라운트에게 있어서, 본문의 의미의 완전한 스펙트럼은 단지 수많은 공동체적 해석들로 하여금 서로서로 종합적으로 관여하도록 허용함으로써만 가능할 수 있다; 더 나아가, 이러한 의미의 스펙트럼은 결코 최종적이거나 완전할 수 없으며 항상 확장되어 나가는데, 때때로 아주 폭발적인 방식으로 확장되기도 한다. 그리하여 중심과 주변부의 언어에 의지하면서, 블라운트는 중심과 주변부 모두가 개인적, 공동체적 해석의 폭넓은 행렬을 구성하는 것으로 간주한다.

존재하지 않고, 읽기들은 본문상의 요소들과 관념적인 요소들의 범위 안에서 유효해야 하며, 모든 해석자들은 개인 상호간 교통의 차원에 의해 서로 영향을 받게 되고 그 차원을 다루어야 한다.

3) 결론적 논평

이러한 대표적인 목소리들이 이 학과의 현 상태에 대해 어떻게 진단했으며, 그 진단에 따라 그들이 요구한 바가 무엇인지를 교육적 변화와 혁신의 관점에서 요약해 보는 것이 좋겠다.

1. 이 학과에 대해 내려진 진단은 상당히 유사한 것으로 입증되었다. 즉, 성서비평은 상당히 유럽 중심적 혹은 서구적인 것으로 묘사된다. 이러한 유럽 중심주의는 이 학과의 가부장적 성격과 부합하는 것이며, 신학교육 전반에 걸친 광범위한 유럽 중심적인 특성뿐만 아니라 문화에 대한 강력한 유럽 중심적 통제를 반영하는 것이라 말한다. 우리는 유럽 중심주의가 보여주는 다음과 같은 다양한 특성들을 확인할 수 있다. (a) 해석의 과제를 과거로 한정하는 것 (b) 본문의 최초의 의미 즉 "과거 그 시절"에 유효했던 의미의 발견에 집중하는 것 (c) 정보의 전수와 흡수에 관한 강조 (d) 어떤 하나의 특정한 방법이나 문화적 이해의 유일무이한 타당성에 대한 고집 (e) 기독론적, 구원론적 질문들에 대한 편향 (f) 보편적이고 차별화되지 않은 교수관 등. 결국 이 학과에 대한 그러한 시각은 매우 역설적이라고 하겠다. 왜냐하면 서구적 혹은 유럽 중심적 세계관은 그 자체가 본질적으로 매우 문화적인 세계관이면서도 스스로를 문화적 편견이 없는 규범적인 중심부로 제시하기 때문에 결과적으로 특정한 하나의 세계관에 불과한 자신의 세계관이 다른 모든 세계관들 위에 군림하도록 만든다.

2. 이러한 현 상태는 유럽 중심주의와 서구 세계에 대해 외부인들이라 할 수 있는 모든 이들, 즉 주변부에 있는 사람들에 대해 중대한 결과를 가져오는 것으로 보인다. 이러한 결과를 단적으로 표현해서 그러한 개인

들과 그룹들은 외국 땅에 있는 자신들을 발견하게 된다는 것이다. 즉, 이 학과가 구축하는 세계는 주변부 사람들의 해석 전통이 부적절한 것으로 간주되어 고려에서 배제되는 세계, 주변부 사람들의 관심과 상황이 논의에 부합하지 않는 것으로 간주되고 무시되는 세계, 그리고 주변부 사람들로 하여금 규범적 입장의 전통과 명령에 순응하도록 요구받는 세계라고 할 수 있다.

3. 이러한 상황에 대해 처방된 치료책들은 여러 방식으로 개진되었지만 그 원리에 있어서는 모두 동일하다. 즉, "타자"의 삶과 상황을 고려할 필요가 있다는 것이다. 이러한 치료들 중에서 다음과 같은 내용들이 포함되어 있다. (a) 성서 본문들뿐만 아니라 다른 공동체들로부터 나오는 본문들에 대한 다양한 접근들까지 포함하는 정경에 대한 보다 넓은 이해 (b) 본문들과 해석자들, 과거와 현재, "과거 그 시절"의 의미와 "오늘날"의 의미 양자에 이중적인 초점을 두는 본문의 의미에 대한 다른 시각 (c) 숫자와 생명력 모두의 견지에서, 특히 서구로부터 떨어져 나오고 있는 기독교 내에서의 변화를 고려할 때 전 지구에 산재해 있는 공동체들의 삶과 상황들, 특히 서구에 속하든 제3세계에 속하든 주변부에 속해 있는 사람들의 삶과 상황에 대한 고려 (d) 성차별뿐만 아니라 계급, 종족, 그리고 인종의 견지에서 현실을 파편화된 것으로 보는 시각에 대한 헌신 (e) 여러 다양한 범위의 방법론들에 대한 의지와 읽기의 복수성에 대한 인식을 통해서 어떤 하나의 접근이나 해석이 왕좌에 오르게 되는 결과를 방지하는 것 (f) 본문을 종교적 구원의 문제와 불평등의 문제에 동일하게 관심을 갖는 종교적 문서이자 사회적인 문서로 바라보는 시각.

4. 이러한 치료책들이 목표하고 희망하는 바는 앞서 살펴 본 근본적인 진단에 상응하는 것으로 그것은 이 학과가 유럽 중심적이고 서구 일변도의 성격을 탈피할 필요가 있다는 것이다. 이러한 목표와 희망은 다음과 같이 다양하게 묘사된다. (a) 기독교가 전지구적 종교라는 인식과 세계의 다른 집단과 문화에 의해 본문에 제기되는 질문들에 대한 인식 (b) 그들 자신의 삶과 상황의 관점으로부터 본문을 읽어내는 다양한 모든

집단들과 문화들 사이의 대화 (c) 인간존엄, 평화와 정의의 가치들을 강조하면서 다양한 집단들과 문화들을 통합시키는 접촉점으로 성서를 사용하는 것 (d) 모든 계급, 인종, 그리고 종족에 속한 여성들과 남성들을 자유케 함.

이러한 목표와 희망, 진단과 처방 하에 이 학과 내의 교육적 논의의 기조와 방향은 역사, 문학, 그리고 문화비평과 관련하여 앞서 관찰되었던 특징적 요소들을 완전히 뒤에 남겨두고, 대신에 내가 이해하고 있는 바의 문화연구라는 거대한 모형의 영역 안으로 깊숙이 이동해 들어가기 시작했다고 생각한다. 무엇보다 방법들과 읽기들의 다양성뿐만 아니라 독자들과 컨텍스트들의 다양성에 대한 강조에서 이것을 감지할 수 있다. 이 학과의 교육적 담론 및 실천들에 대한 함의들은 비록 아직은 겨우 형성 과정에 있기는 하지만 의심할 바 없이 심원하기에, 결국 우리에게 주어진 21세기에 부합한 이 학과의 완전한 재개념과 재구성에 달하게 됨이 입증될 것이다.

2

문화연구에 담긴 교육학적 담론과 그 실제

맥락을 중시하는 교육을 향하여

성서비평의 양상과 실천에 있어 진행되고 있는 근본적인 변화, 즉 20세기의 마지막 사반세기를 거치면서 해석의 네 가지 경쟁하는 패러다임들(또는 포괄적인 모델들)을 낳았던 변화와 더불어, 이 학과에 관한 몇 가지 중대한 질문들의 논의를 위해 토론의 장에 완전히 개방되어 현재 명백하고 지속적인 관심을 요구하고 있음을 나는 주장해 왔다. 이 질문들 중의 하나는 오늘날의 시대 속에서 이 학과를 전승하는 것에 관한 비평가의 비전과 관계된다.

제4장의 도입을 위하여, 나는 3장에서 이러한 교육의 문제에 대해 비평적으로 숙고하는 과정을 살펴보았다. 나는 역사, 문학, 그리고 문화비평이라는 세 가지 패러다임들에서 작용중인 교육적 담론과 실행을 이미 살펴보았다. 더 나아가 증가 일로에 있는 다양한 해석적 접근들과 무엇보다도 이 학과에서 활동중인 학자들의 확대되는 세계화의 견지에서, 이러한 담론과 실행의 철저한 재개념화와 재정립을 요구해 온 네 번째 패러다임인 문화연구의 범위 내에서 다수의 최근 목소리들을 조사해 왔다. 따라서 나는 4장의 문화연구 패러다임의 맥락 안의 교육적 담론과 실행의 문제를 더욱 지속적이고 체계적인 방식으로 추적해 보고자 한다.

다른 패러다임들의 경우에서처럼 이 작업에도 상당한 어려움이 따른다. 그러나 앞서 살펴본 세 가지 모델들과 대조해 보면, 이 거대모델은 교육에 관한 어떤 문제도 제기하지 않는다. 변화를 추구하는 최근의 목소리들이 보여 주고 있듯이, 이 모델은 종종 논의의 출발점으로서 교육적 담론과 실행의 문제에 일관된 관심을 표명해 왔다. 그렇게 함에 있어 이 모델은 신학연구,[53] 문화연구[54], 그리고 교육연구[55]의 최근 발전을 수

53) 예를 들어, C. Foster, ed., *Ethnicity in the Education of the Church* (Nashville: Scarritt Press, 1987); W. A. Lesher and F. J. Schreiter, eds., *Fundamental Issues in Globalization, special issue of Theological Education* 26, Supplement 1 (Spring 1990); B. G. Wheeler and E. Farley, *Shifting Boundaries: Contextual Approaches to the Structure of Theological Education* (Louisville: Westminster/John Know Press, 1991); A. Frazer Evans, R. A. Evans, and D. A. Roozen, eds., *The Globalization of Theological Education* (Maryknoll, N. Y.: Orbis Books, 1993); D. S. Schuller, ed., *Globalization: Tracing the Journey, Charting the Course*, special issue of *Theological Education* 30, Supplement 1 (Autumn 1993)을 보라.

54) 예를 들어, S. Aronowitz and H. A. Giroux, *Postmodern Education: Politics, Culture, and Social Criticism* (Minneapolis: University of Minnesota Press, 1991); G. Graff, *Beyond the Culture Wars: How Teaching the Conflicts Can Revitalize American Education* (New York and London: W. W. Norton,

용해 왔다. 따라서 이 작업에 직면했던 어려움들은 앞서의 세 모델들을 연구할 때 직면했던 것과는 전적으로 다른 종류의 것들인 두 가지가 떠오른다.

첫째, 공고화의 문제가 존재한다. 이것은 여전히 형성과 성숙의 과정 중에 있는 모델이다. 문학비평과 문화비평의 경우 25년, 역사비평의 경우 약 150년이라는 장구한 역사를 가지고 있음으로 그간의 지나온 발자취를 더듬어 반성해 볼 수 있는 충분한 기회가 있는 반면, 이 모델의 경우 숙고와 반추를 통해 얻을 수 있는 유익을 기대할 수는 없다. 두말 할 나위 없이 형성 중에 있는 어떤 현상을 다루는 것은 섣부를 뿐만 아니라 잠정적인 성격까지도 지닌다. 둘째, 다양성의 문제가 존재한다. 문화연구는 여러 영역의 혼합에서 나온 결과물이다. 한편으로는 방법론적, 이론적 다양성의 후계자이고 다른 한편으로는 사회문화적, 인구통계학적 다양성의 산물이기도 하다. 그렇기 때문에 문화연구의 기원은 한편으로 이 학과의 비평가에게 노정된 끊임없이 확장되는 방법과 이론의 선택지들과 선택권에 직접적으로 관계된다. 다른 한편으로 문화연구의 기원은

1992); D. J. Gless and B. Herrnstein Smith, *The Politics of Liberal Education* (Durham and London: Duke University Press, 1992); C. McCarthy and W. *Crichlow, Race, Identity, and Representation in Education* (New York: Routledge, 1993); bell bookes, *Teaching to Transgress: Education as the PRactice of Freedom* (New York: Routledge, 1994)을 보라.

55) 예를 들어, D. Schoem et al., eds., *Multicultural Teaching in the University* (New York: Praeger Publishers, 1993); B. R. Bowser, T. Jones, and G. Auletta Young, eds., *Toward the Multicultural University* (New Yokr: Praeger Publishers, 1995); D. A. Harris, ed., *Multiculturalism from the Margins: Non-Dominant Voices on Difference and Diversity* (New York: Bergin & Garvey, 1995); B. Kanpol and P. McLaren, eds., *Critical Multiculturalism: Uncommon Voices in a Common Struggle* (New York: Bergin & Garvey, 1995); R. Ng, P. Staton, and J. Scane, eds., *Anti-Racism, Feminism, and Critical Approaches to Education* (New York: Bergin & Garvey, 1995); B. W. Thompson and S. Tyagi, eds., *Beyond a Dream Preferred: Multicultural Education and the Politics of Excellence* (Minneapolis: University of Minnesota Press, 1995)을 보라.

그 시작부터 완전히 남성, 성직자, 그리고 서구 중심적이었던 이 학과 내의 지속적으로 증가되는 외부인들(서구 여성들, 비서구 비평가들과 신학자들, 서구에 거주하는 비서구 소수자들)의 존재와도 직접적으로 관계된다. 따라서 이것의 범위는 전지구적 모델이라 할 수 있다: 비평과 제안이 서구의 심장부에서 나올 뿐만 아니라 서구 제국주의와 식민주의가 기독교라는 종교(더욱 정확히는 기독교라 불리는 여러 종교들)를 이데올로기적 장치의 필수적인 구성요소로서 끌어들였던 세계의 구석구석에서 쏟아져 나오고 있다. 전지구적 차원의 어떤 현상을 다루는 일이 비록 완전히 제어하기 힘든 일은 아니라 할지라도 두려운 일일 수는 있다.

동시에 이러한 어려움이 결코 방해가 되는 것은 아니다. 사실 그들은 비평가의 역할에 관한 창조적이고 혁신적인 연구를 위해 놀라운 기회로 기여할 수 있다. 비평가들은 현재 새로운 포괄적 해석 모델을 배치시키는 일과 전 지구에 흩어져 있는 "타인들"의 많은 목소리들을 실천에 옮길 책임을 강요받고 있다. 더군다나 나는 완전한 이방인으로서도 아니고 참여 관찰자로서도 아닌, 오히려 식견을 가지고 직접적인 이해 당사자에 해당하는 내부인으로서 이러한 질문을 대하고 있음을 다시 한 번 언급하고자 한다. 즉, 나는 다른 세 가지 패러다임들을 통과한 직업적 순례자로서, 방법론적이고 이론적인 정글을 경유하여 문화연구에 도달한 자로서, 서구의 심장부에 처한 비서구 계열의 소수 민족 그룹에 속한 자로서, 그리고 식민주의자들 사이에 처한 피식민자의 자식으로서 이 문제를 다루고 있는 것이다.

다음에서 나는 두 단계에 거쳐 논의를 지속할 것이다. 첫째, 나는 이 학과의 가르침과 교육의 새로운 방향에 있어 최근의 요구들에 의해 개진된 다양한 진단과 치료에 대해, 하나의 패러다임으로서의 문화연구에 대해 내 자신이 이해하고 있는 것을 논평할 것이다. 나의 목적은 이 학과를 향한 진단과 그에 상응하는 변화를 위한 처방을 다른 목소리들과 비교하는 것이다. 이러한 훈련에서 작용하는 정신은—특히 그러한 요청들의 기조와 방향에 내가 근본적으로 동의하고 있으므로—상대를 초토화시키는 전략이 아니라 오히려 비평적 대화의 정신임을 상기시키고자 한다. 그 후 이러한 논의의 조명하에 간문화비평에 대한 내 자신의 전반적인 연구 작업과 보조를 같이 하는 교육적 제안을 개진해 보도록 하겠다.

1) 문화연구 : 진단과 처방

다른 모델들을 논했던 것과 동일한 방식으로, 나는 문화연구라는 네 번째 패러다임(2장을 보라)에서 그려진 교육 모델의 개진된 다수의 예비적 관찰들을 상기시킴으로써 시작해 보기로 하겠다. 첫째, 방법론적 전략들과 이론적 방침들의 다양성을 고려할 때 이 모델은 비평가가 되고자 원하는 독자들의 편에서 기대할 수 있는 공통된 방법론과 이론적 장치들을 향한 요구의 범위를 넘어서고 있다. 둘째, 비평가를 포함한 모든 독자들은 자신이 처한 상황에 따라 독특한 관점을 가지고 본문을 대하게 된다는 강조를 고려할 때, 이 모델은 비평가를 더 이상 다른 모든 독자들보다 해석학적으로 특권적인 위치에 있다거나 본질적으로 우월하다고 간주하지 않는다. 셋째, 모든 읽기와 해석이 독자의 상황에 영향을 받고 특정한 관점을 반영하는 것이라는 원칙에서 한 걸음 더 나아가, 이 모델은 실제로 모든 비평가 지망생들과 모든 독자들에게 자기 자신의 얼굴을 없애는 방법을 배우는 것이 아니라(그것은 전혀 불가능한 것이다), 오히려 반대로 그들 자신과 그들 자신이 어떻게 읽고 있는지 그 방법을 배우도록 요청한다. 궁극적으로 이것은 학식 있는 전수와 피동적 수용이라는 오랜 전통을 포기하도록 요청하고, 대신에 전수와 수용의 끊임없는 변화 과정들에 연루되는 자기 의식적이고 매우 비평적이며 전지구적인 대화를 지지하는 모델이라고 나는 주장한다. 그러한 모델이 추구하는 이상은 일상의 끊임없는 변덕스러움을 의기양양하게 극복해 내는 더 이상 이성의 목소리가 아닌 다원적이고 다중언어적인 다양한 목소리들이다.

이 학과 내에서 교육적인 담론과 실행의 기본적인 변화를 요구하기 시작한 장본인은 앞선 연구에서 분석을 위해 강조되었던 것들과 같은 바로 그러한 목소리들이다. 그러한 목소리들에 나는 근본적으로 동의하며, 이 학과에 대한 진단과 처방 모두에 있어 그들과 비슷한 관점을 공유한다. 그러면서도 나는 그들이 제안한 것들의 구체적인 세부사항에 대해서는 몇 가지 다른 견해를 가지고 있는데, 문제의 현재 상태에 대한 그들의 인식과 관련해서가 아니라 오히려 변화를 위해 제안한 그들의 처방과 관련해서이다. 따라서 나는 이제부터 이러한 입장들에 대한 초기의 요약에서 강조된 네 가지 착안점들을 따라 비평적 대화의 방식을 통해 유사점들과 차이점들을 추적하고자 한다.[56]

1. 나는 모든 이러한 목소리들이 이 학과에 대해 현저하게 유사한 진단을 제공했다고 주장했다. 그 진단의 내용인즉 기존의 성서비평이 과학적인 객관성과 거리를 유지하고 있는 것처럼 가장하고 있지만 실제의 성서비평은 완전히 서구적이라는 것이다. 실제로 초창기부터 현재까지 이 학과는 남성, 성직자, 그리고 서구적인 방향성을 지녀 왔다. 따라서 성서비평은 해석 작업의 영역을 고대로 한정해 왔으며, 본문과 세계에 대한 경험주의적 시각에 따라 본문의 최초의 의미를 밝히는 데 집중해 왔다. 또한 종교적인 성격의 문제에 대한 명확한 편향성을 가지고 본문에 대한 특정한 접근과 이해만이 정당하다고 고집해 왔고, 정보를 수동적으로 학습하는 것을 매우 강조하기 때문에 교수(教授)하는 일은 보편적이고 차별화되지 않은 방식으로 수행될 수 있다고 보아 왔다.

2. 나는 이러한 상태가 서구인이 아닌 모든 외부인들에 대해서 유해한 결과들을 초래하는 것으로 간주되었다는 점을 지적했다. 그러한 개인들과 집단들은 자기들이 완전히 외국 땅에 있는 것을 발견하게 된다. 서구의 내부와 외부에 존재하는 민족적, 인종적 소수자들은 이 학과가

56) 이 학과에 대한 나의 평가에 대하여는 앞서 살펴 본 이 책의 1장과 2장 외에, 앞으로 살펴 볼 8장: "Racial and Ethic Minorities in Biblical Studies."을 보라.

낯선 세계일 뿐만 아니라 낯설게 하는 세계임을 발견한다. 그러한 개인들은 그들 자신들의 해석 전통이 비과학적인 것으로 간주되어 고려에서 제외되고, 그들 자신들의 질문과 관심이 부적합한 것으로 간주되어 무시되며, 그들 자신의 존재 자체가 편견에 사로잡혀 있는 것으로 간주되어 과학적이고 보편적이고 공평무사하게 되기 원한다면 지배적이고 규범적인 입장의 전통들, 관심들, 지도력에 순응하도록 기대된다는 사실을 발견한다.

3. 변화를 위해 제안된 치료책에 관하여 나는 원칙과 구체적 제안들을 구분하고자 한다. 먼저 나는 "타인들"의 삶과 상황을 고려할 필요가 있다고 보는 기본 원칙에 완전히 동의한다. 나는 이 원칙을 조금 다른 방식의 표현을 사용하여 주장해 왔는데, 즉 나는 현실에 발 딛고 살아가기 때문에 자신들의 상황에 영향을 받고 특정한 관점에 따라 판단하게 되는 현실의 독자들을 고려할 필요가 있다고 주장해 왔다. 나는 또한 제안된 실제적인 다수의 치료책들에도 동의하는데, 그 치료책들은 다음과 같은 것들이다: 본문과 해석자 모두에 초점을 둠으로써 본문의 의미의 문제에 대해 새로운 접근을 시도해야 한다. 비로소 처음으로 목소리를 발하기 시작하는 세계 도처의 독자들을 강조해야 한다; 특히 계급, 종족, 그리고 인종의 견지에서 포스트모더니즘과 현실을 균열된 것으로 보는 현실 인식에 전적으로 동의할 필요가 있다; 다양한 범위의 방법론들과 이론들을 사용할 필요가 있다; 본문을 종교적, 사회적인 관점에서 보아야 한다.

그러나 나는 또한 위의 제안들과 내 견해 사이의 몇 가지 차이점들을 지적하고자 한다.

- 나는 정경(canon) 자체를 넓힌다기보다 오히려 정경을 넘어가는 견지에서 이야기하기를 훨씬 더 좋아한다. 따라서 나는 과거나 현재 어떤 기간이건 표현의 모든 전경(panorama) 혹은 스펙트럼을 조사하는 것을 지지한다.
- 나는 아무리 가벼운 정도거나 비의도적이거나, 본문 안에 이미 존

재하는 독립적이고 안정적인 의미의 개념, 저자의 생각 혹은 본문의 세계－본문이 말하게 하고, 과거에 충실하며, 본문의 온전한 의미를 얻어내고자 하면서 "과거 그 당시" 의미 복원을 지지함에 따르는 정형화들－를 암시하거나 제안하는 어떤 정형화도 피하고자 한다.

- 나는 더 폭넓은 방법들과 이론들에 의지하는 정도를 넘어서서 메타이론적인 즉 그러한 방법들과 이론들 사이의 관계 및 서로 다른 방법들과 이론들의 기원과 발전에 대해 강조하고자 한다.

4. 변화를 위해 제안된 치료책들의 저변에 깔려 있는 목표와 희망에 관해서도 나는 원칙과 구체적 제안들을 구분해 보고자 한다. 먼저 나는 이 학과가 덜 서구적이고, 보다 포괄적이며, 더욱 전지구적이 되어야 할 필요가 있다고 보는 기본 원칙에 전적으로 동의한다. 실제로 나는 이 학과로 외부인들이 유입되면서 이 학과 내에 바람직한 방향으로의 근본적인 변화가 일어나게 되었고, 그러한 발전이 미래에도 엄연히 지속될 것이라고 끊임없이 주장해 왔다. 나아가 나는 표명된 목표와 희망들 중 몇 가지에는 동의하는 바이다. 현재 활력과 숫자의 면에 있어 서구로부터 떨어져 나와 2/3세계를 향하는 전환을 경험하고 있는 기독교를 전지구적 종교로 인식하게 만드는 것; 이러한 다양한 위치와 관점에서 본문에 접근하는 서로 다른 집단들과 문화들 간의 대화를 가능케 하는 것; 그리고 해방의 비전.

한편 나는 다음과 같은 유보사항들을 밝히고자 한다.

- 나는 아무리 비의도적인 것이라 할지라도 성서를 비(非)이데올로기적인 것으로 봄으로써 인간의 존엄성, 정의, 그리고 평화를 위한 원칙들의 보고(寶庫)로서 접근하건 혹은 모든 남성과 여성들의 해방을 위한 대헌장으로서 접근하건 간에, 파편화된 현실 에 대한 이상적인 교정책으로서 성서를 바라보는 어떤 견해도 공유하지 않을 것

이다.

- 나는 성서의 이미지들과 이야기들을 그 자체의 본래의 맥락 속에서 재상황화하는 일에 서로 다른 집단들과 사람들을 관여시키는 어떠한 조망도 지지하지 않을 것이다.

이러한 예비 관찰과 비교를 염두에 두면서 이제 나는 읽기 전략[57]으로서의 간문화비평에 대해 이전에 설명했던 맥락 속에서, 새로운 세기에 직면한 이 학과의 가르침을 위해 건설적인 제안을 해보고자 한다.

2) 문화연구와 교육 : 제안

이 제안은 그 핵심에 있어 간문화비평의 중심적인 구성 요소들에서 파생된 두 가지 기본적인 틀거리 혹은 추진력을 가지고 있다. 첫째, 그것은 다양성—본문의 다양성, 읽기의 다양성, 그리고 독자들의 다양성—을 염두에 두는 제안이다. 그것은 최근 성서 비평이 지나온 경로를—접근과 실행자들의 주도권에서 접근의 다양성과 실행자들의 다양성에로—해방운동으로 본 나의 묘사들의 궤적을 긴밀하게 뒤따른다. 이 제안은 모든 방면에서 이러한 다양성을 학과에 통합시키는 일을 착수한다. 둘째, 그것은—고대 세계, 근동이나 지중해 유역의 세계; 모더니즘의 세계, 서구 헤게모니와 팽창주의의 세계; 오늘날의 세계, 포스트모더니즘과 포스트자유주의의 세계, 2/3세계의 편에서 보면 포스트식민주의이고

57) F. F. Segovia, "Toward Intercultural Criticism: A Reading Strategy from the Diaspora", in *Reading from This Place*, vol. 2 : *Social Location and Biblical Interpretation in Global Perspective*, ed. F. F. Segovia and M. A. Tolbert (Minneapolis: Fortress Press, 1995), 303-330을 보라; 또한 "Toward a Hermeneutics of the Diaspora: A Hermeneutics of Otherness and Engagement", in *Reading from This Place*, vol. 1: *Social Location and Biblical Interpretation in the United States*, ed. F. F. Segovia and M. A. Tolbert (Minneapolis: Fortress Press, 1995), 57-73을 보라.

서구의 편에서 보면 신식민주의의라고 할 수 있는 세계—어느 것을 막론하고 모든 세계 내의 제국, 제국주의, 식민주의라는 현실이 어디에나 존재하고, 피할 수 없고, 압도적인 현실로 존재한다는 것을 전제하는 제안이다. 따라서 그것은 최근 성서비평의 경로를 서구적 정초로부터 분리되어 진정으로 전지구적 차원의 실천으로 향하는 탈식민주의의 운동으로 본 나의 묘사들의 궤적을 긴밀하게 뒤따른다. 이 제안은 제국주의적/식민주의적 차원을 모든 방면에서—본문의 수준에서, 본문 읽기의 수준에서, 그리고 본문의 독자들의 수준에서—이 학과에 통합시키기를 추구한다.

이러한 두 가지 추진력 혹은 기본 틀의 구조적인 선택과 채용은 결코 우연이 아니라, 오히려 20C의 전환점에서 사회 문화적이고 사회 정치적인 성격에 대한 구체적이고, 독특하고, 그리고 구성적인 발전을 신중하게 반영하고 있는 것으로 간주해야 한다. 즉 해방과 탈식민지화 양자는 확실히 19C—이 세기와 관련하여 우리는 과연 아이티 혁명(1790s-1804)이라는[58] 원초적이고 현저한 실례를 결코 잊어서는 안 된다—와 20C 초에 전무했던 것은 아니지만, 그 세기의 후반부에 특유한 전 지구적 전쟁의 부르짖음으로 나타났다. 다양성의 요소가 아래의 논의에서 충분히 추적되겠지만, 나는 제국주의/식민주의의 요소는 앞으로 일어날 사태의 징표로서 예견적으로 소개될 것임을 덧붙여 밝혀두는 바이다.[59]

나는 몇 가지 관찰들을 조금 더 설명하고자 한다. 첫째, 이 제안은 여전히 본질에 있어 매우 양극화되어 있기 때문에 아직도 여전히 진행중에

58) 이 이야기는 당대의 역사학자들에 의해서 뿐 아니라, 그 이후의 역사학자들에 의해서도 자주 묵살되었다. M. R. Trouillot (*Silencing the Past: Power and the Production of History* [Boston: Beacon Press, 1995])을 참고하라. 그는 아이티(Haiti)를 포스트식민주의(postcolonial) 국가 건설의 모든 시련과 고난들을 경험한 제 3세계의 첫 현대국가로 보았고, 유럽에서의 유대인 대학살에 대한 부인과 미국에서의 앨라모 요새(Alamo)에 대한 논쟁의 연장선상에서 그러한 묵살을 이해하고 있다.

59) 이 책이 5장을 참고하라.

있는 실행양식인 교육적 의제(혹은 프로그램)를 개진한다. 한편으로 이 제안은 현재 나의 직업 수행의 실제적 실행과 지도 원칙들을 반영한다. 반면 이 제안은 우리의 손이 닿지 않는 영역에 있을 뿐만 아니라 우리의 시야에서 초점이 맞지 않은 채로 남아 있는 목적들과 이상들을 반영한다는 점을 나는 기꺼이 인정할 것이다. 둘째, 이 제안은 문화연구의 연습에 해당한다. 즉, 이 제안은 포스트모더니즘과 포스트자유주의 상황을 그 출발점으로 삼고, 종교와 신학연구의 학문적 맥락 안에서 포스트식민주의적 교육을 그 목적지로 삼는 자기의식적 구성이라고 하겠다. 셋째, 이 제안은 기독교 신학자와 비평가의 전망에서 로마 가톨릭 전통[60]에 속한 한 평신도의 입장에서 시도되고 있음을 밝혀둔다.

본문의 다양성

다양성의 범위

고대 본문들 자체와 관련해서 나는 세 가지 다른 수준에서 적극적으로 다양성을 추적해 보아야 한다고 주장한다. 즉 (1) 본문들의 다양성 (2) 본문들 내의 다양성 그리고 (3) 문화들 내의 다양성이 그것이다. 이 세 가지 요소들은 과거에 이 학과의 실행자들에 의해 역사비평 자체와 더불어 추적되어 왔다. 역사비평에 의하면 앞으로 개략적으로 요약될 다

60) 무엇보다도 우선, 기독교인 신학자이자 비평가로서, 나는 성경이 단지 신약의 경전 외에도 구약의 경전들도 포함하는, 독립적이고 살아있는 복합적 종교 전통을 함께 아우르고 있음을 인식하고 있다. 두 말 할 필요 없이, 그러한 상황은 나의 주장을 제한시켜야 할 필요성과 특별한 민감성을 함께 요구 한다. 왜냐하면 나의 제안은 기독교의 맥락에서 나온 것이기 때문이다. 둘째로, "카톨릭" 신학자이자 비평가로서, 나는 모든 방면에서의 민감성을 요구받는다. 왜냐하면, 나의 제안은 카톨릭의 맥락에서 나온 것이기 때문이다. 세 번째로, 카톨릭 전통의 "평신도" 신학자이자 비평가로서, 나는 내가 결코 제도상의(institutional) 그리고 위계적인(hierarchical) 교회를 위한 공식적인 대표자가 아님을 잘 인식하고 있다. 나의 이 상황은 독립성(independence)과 깊은 관련이 있다. 왜냐하면, 나의 제안은 교육 받은 평신도 계급으로부터 나온 것이기 때문이다.

양한 자극들(본문의 초정경적 분석; 본문들 내에서 발견되는 긴장들에 집중; 종교사적 다양성에 대한 비교 연구)이 이런 저런 시기에 발견될 수 있다. 이 제안은 지속적이고 체계적인 방식으로서 이러한 다양한 자극들을 강령적인 교육 의제를 위한 첫 단계로 함께 모으기를 추구한다.

본문들의 다양성이라고 할 때 나는 이 학과에 대한 배타적으로 혹은 지극히 정경적인—연구의 초점이 전적으로 혹은 주로 "신약" 혹은 "구약" 즉 "성서" 혹은 "하나님의 말씀"으로 알려지고 인정되고 존중되는 본문들에 놓여있게 되는—접근으로부터 의식적으로 거리를 두는 움직임을 염두에 두고 있다. 정경의 경계를 허물어야 한다는 제안은 "정경" 본문들을 "외경" 본문들과 차별 없이 나란히 두고 조사 대상이 되는 기간에 생산된 모든 문학적 산물들의 견지에서, 고대 유대교 혹은 초기 기독교를[61] 연구할 수 있는 가능성을 열어준다. 그 결과 각 종교적 전통은 어떤 특정 기간이나 연구 각도에서 잔존한 모든 목소리들에 비추어 총체적으로 분석된다. 그렇게 해서 어떤 특정한 목소리나 일군의 목소리들이 선천적으로 특권을 지니게 되는 일이 방지된다. 오히려 강조점은 이

---

61) 명명법(nomenclature)에 대한 이슈는, 기독교의 관점이 아니라 유대교(Judaism)의 관점에서 기독교 전통에 대해 무엇인가를 쓰는 사람들에게는 누구에게나 아주 문제가 된다(위의 각주 8 참조). 기독교와 관련해서, "초기 기독교", "초기 기독교의 본문", 그리고 "기독교 고대의 본문"과 같은 명칭들은, 비록 그러한 명칭이 콘스탄틴 황제 이전 시대를 통틀어 그리고 심지어 그 너머까지를 모두 포함할 정도로 쉽게 확장되어 질 수 있음에도 불구하고, 기독교 운동의 첫 두 세기 동안의 문학적 산물들을 특별히 가리키도록 의도되었다. 유대교와 관련해서는, 히브리 문서들을 기독교 성경의 일부로 포함하고 있으며, 유대교가 기독교를 가리키고 있는 것으로 보는 견해를 고려할 때, 어려운 문제이기는 하지만, 대체주의(supersessionism)를 어떻게 피할 수 있느냐 하는 것이 문제가 된다. 대체주의를 피한다는 것은 한편으로는, 유대교를 기독교와의 관계라는 관점에서 역사적으로 분류하는 것을 넘어서는 것을 의미하며, 다른 한편으로는, 기독교보다 시간적으로 엄청나게 앞서 있을 뿐만 아니라, 계속되고 있는 살아있는 유구한 전통으로서 유대교 자체의 역사를 고려하는 것을 의미한다. 결국, 나는 제 2차 유대-로마인의 전쟁(132-135 C.E.) 때까지의 문학적 산물을 가리키기 위해 "고대 유대교", "고대 유대교의 본문들" 그리고 "유대적 고대의 본문들"이란 용어들을 사용하는 것에 만족해 왔다.

제 고대 시장이나 광장에서 목격할 수 있는 것처럼, 사방에서 들려오는—서로 교차되기도 하고 멀어지기도 하며 서로 무시하기도 하고 관여하기도 하는, 서로 충돌하기도 하고 지지하기도 하는—불협화음, 본문들과 저자들의 시끄러운 소리에 놓이게 된다.

이 초정경적 접근의 목적은 더욱 "객관적인" 관점을 찾기 위해 정경에 나타난 명백한 신학적인 요소를 넘어서는 데 있는 것은 아니다. 왜냐하면 그러한 접근은 결국 정경적 접근과 마찬가지로 신학적이기 때문이다. 오히려 그 목적은 어떤 전통 내의 어떤 시기에 생산된 것 모두를 총체적으로 연구할 필요성이라고 하는 근본적인 교육적 요청에 부응하는 것이다. 다시 말해 다양성, 상호작용, 관계들, 대조들, 투쟁들에 대해 적절한 강조점을 두면서 표현된 목소리들의 전 스펙트럼을 연구할 필요성에 대한 교육적 요청에 부응하는 것이다. 따라서 그 목적은 정경적인 것—권위적이고 규범적이 되어버린 어떤 것—을 강조하는 것이 아니라, 살아남은 목소리는 어떤 한 시기의 논의에 단지 최소한의 역할만을 담당했다는 점을 기억하면서 혼잡한 논의 속에 뛰어드는 것, 다양한 목소리들을 듣는 것, 끊임없는 상호적 주고 받음을 주목하는 것, 불가피한 권력 게임을 관찰하는 것이라고 하겠다.

본문들 내의 다양성이라고 할 때 나는 어떤 본문이 기존에 이미 존재하는 자료들을 탐구하는 역사비평에 의해 전통적으로 조사되어 온 대상인(그 본문 자체의 이전 초안 혹은 다른 자료 모두를 포함해서) 본문 내에 존재하는 이전 본문의 실제적 흔적들을 내포하고 있을 가능성을 의미할 뿐만 아니라 반대의 목소리들, 억압된 목소리들, 또는 상반된 목소리들과 같은 다른 요소들이 또한 본문 내에서 발견될 수 있을 가능성을 의미한다. 따라서 어떤 본문이 상이하고 충돌을 일으키는 문학 층들의 존재를 배제시키는 문학적 단일성의 모습인 통일되고 일관적인 전체를 구성하고 있다고 평가받을 때조차 다음과 같은 가능성들이 고려되어야 한다: (1) 상호 조화되지 않는 목소리들—"전체"라는 이름하에 단순히 함께 붙잡아 둘 수 없는 목소리들—의 병치를 고려할 때, 그러한 본문이 강요되고 가공적이며 덧없는 통일성을 성취하고 있을 가능성, (2) 아무리 희미할지라도 그러한 본문의 상이한 혹은 조화롭지 못한 목소리들—지금 대체로 간과되고 본문 안에서 힘찬 침묵으로만 존재하는 억압된 목소리들—의 메아리들이나 암시들을 본문 안에 보존하고 있을 가능성, (3) 그러한 본문이 다른 목소리들—비록 드러난 투쟁은 아닐지라도 근본적으로 불일치하는 반대 목소리들—의 직접적인 거부를 착수하고 있을 가능성. 따라서 이렇게 볼 때 하나의 본문은 그 자체 속에 다수의 다른 본문들을 구체화하고 있을 수 있는데, 그 다수의 다른 본문들이 내는 서로 다른 목소리들은 전체 소음의 한 부분을 이루고 있고, 그 소음의 효과에 기여하고 있는 것이다. 그 모든 목소리들이 전면에 드러나도록 해야 할 필요성이 있다고 하는 두 번째 교육적인 요청이 이러한 논의 속에 작용하고 있다.

문화 내의 다양성이라고 할 때 나는 정경과 외경할 것 없이 모든 본문들이 조사 대상이 되는 시기의 사회문화적 틀 속에 위치해 있음을 염두에 두고 있다. 즉, 초기 기독교나 고대 유대교에서 생산된 문학적 산물 전체의 분석은 그것이 종교적인 것이든 아니든, 연구 대상이 되는 시기나 시각에서 볼 때 살아남은 폭넓은 문학적 산물들 전체의 견지에서 수행되어야 하는데, 이때 초기 기독교와 고대 유대교의 문학적 산물은 폭넓은 문학적 산물들의 하위 개념으로 이해되어야 한다. 그리하여 앞에서 기술한 첫 번째 예에서 본문의 다양성이 정경적 구분을 허무는 일에 관계되었던 것처럼, 이 마지막 예는 유대인/이방인을 구분하는 노선을 따라 표명되었든 혹은 기독교인/이교도로 구분하는 노선을 따라 표명되었든, 종교적 구분을 허무는 일에 관계된 점에서 유사성을 보인다.

다시 한 번 밝히건대 여기서 의도하는 바는 더욱 "중립적인" 관점을 찾아서 사회 종교적인 전통의 명백한 신학적 요소를 벗어 버리는 데 있는 것이 아니다. 왜냐하면 그러한 접근은 신앙고백적 접근만큼이나 신학적인 것이기 때문에 곤란한 것이다. 오히려 그 의도는 다른 전승들로부터 나온 것이든 혹은 다른 지향점을 가진 입장에서 나온 것이든, 모든 종교적 본문들의 관점에서 보면 어떤 한 시점에 생산된 것들의 총체나 표명된 것들의 전경(全景)을 조사할 필요가 있는 세 번째 교육적인 요청에 부응하는 것이다. 물론 그 궁극적인 결과는 본문들과 저자들이 만들어내는 더 큰 소음, 고대 시장이나 시민광장에서 들려오는 더 큰 불협화음이 될 것이다. 그곳에서 이 목소리들은 어떤 전통에서 발원된 것 그 자체로 매우 복수적 형태를 띠면서, 전체 소음의 단지 한 요소 혹은 한 차원을 형성하게 될 것이다.

결론적 논평

이러한 접근이 교육적 실행과 관련하여 가져오는 결과는—내 자신의 연구 분야인 초기 기독교를 한 예로 취해 볼 때—다음과 같은 것들이다: 정경이든 아니든 상관없이 현존하는 본문들을 초기 기독교인의 삶과 사고(思考)의 모습을 보여주는 다양한 표현으로 읽게 되는 것; 이전에 존재하는 자료들의 형태로든, 상충하는 입장들의 형태로든, 노출된 침묵의 형태로든, 드러난 논쟁의 형태로든, 그 자체 안에 다른 본문들의 침전물을 함유하고 있는 은유적 겹쳐 쓰기(palimpsests: 고대에는 양피지가 워낙 비싼 필기 재료였기 때문에, 한번 사용했던 양피지를 재활용하여 그 위에 다른 본문을 겹쳐서 기록하는 관행이 있었는데, 이와 같이 다른 본문이 기록되었던 기존 양피지에 다른 본문을 겹쳐 쓰는 경우를 일컫는 말; 역자 주)로 본문들을 읽게 되는 것; 그리고 지중해 유역의 보다 큰 사회문화적 배경에 비추어 본문들을 읽게 되는 것. 이러한 접근의 목적은 지중해 주변에서 발견되는 훨씬 더 큰 목소리들의 소음 내에서, 개방된 그리고 숨겨진 본문들에 의해서, 초기 기독교 경험에서 우러나오는 목소리들의 소음을 가능한 한 폭넓게 제시하는 것이다.

본문들의 다양성과 간문화비평

다름과 관여의 해석학에 기반을 두고 있는 간문화비평에 대한 나의 설명에서 나는 고대의 본문들을 "다름"(인용 부호는 다름의 부정적인 의미를 표시 한다—즉 강요되거나 폄하적인 다름)이라기보다는 오히려 다름(이탤릭체는 다름의 긍정적인 의미를 표시 한다—자기 규정적이고 긍정적인 다름)으로서, 무시되고 압도되어야 하는 것이 아니라 오히려 인정되고, 존중되며, 실존적 관여의 대상이 되어야 할 매우 상이한 사회적, 역사적 맥락에서 비롯된 실체들로 간주해야 한다고 주장했었다. 나아가서 나는 첫 번째 조치가 본문들을 문학적/예술적 산물들, 수사적/전략적 산문들, 그리고 문화적/이데올로기적 산물들과 관계되도록 하면서, 이러한 본문들의 읽기와 해석에 삼중적인 접근을 시도해야 한다고 주장하였다.

즉, 하나의 본문은 특정한 관점과 사회적 위치로부터 다층적 혹은 다면적 현실을 구성해 내고 있는 것으로 간주해야 한다. 다시 말해 하나의 본문은 그 예술적 구조와 짜임새를 통해서는 시적 현실을 구성하고, 그 배경에 있는 전략적인 관심과 목적을 고려할 때는 수사적 현실을 구성하며, 그리고 이러한 시적이고 수사적인 현실에 의해 전달된 세계 내에서의 관점에서는 이데올로기적인 현실을 구성하는 것으로 간주해야 한다. 이러한 접근은 본문들을 해석하고 그 본문들의 현실을 다름으로 발견하기 위하여 형식적, 실제적, 문화적 방법들의 조합을 요구하고 있는 것이다.

본문의 다양성인 첫 번째 교육적인 목표와 그리고 구성체로서의 본문인 이 첫 번째 해석 운동 간의 관계에 대한 몇 가지 논평이 필요하다.

1. 교육적인 의제에 있어 중요한 것은 저자들과 본문들의 시끄러운 소리이다. 해석 프로젝트에 있어 중요한 것은 본문들에 의해 개진되고 구성된 그 현실이다. 따라서 현실은 공통적이거나 보편적인 것이 아니라, 상이한 본문들에 의해 구성된 수많은 현실들이다. 이 현실들은 본질에 있어 모두 특정한 관점을 반영하며 구체적 상황에 의해 영향 받고 있다. 고대의 시장이나 광장에서 들려오는 목소리들의 불협화음에 대한 교육적 강조에 정보를 제공하여 궁극적으로 안내 역할을 맡게 되는 것은 현실에 대하여 이와 같은 유동적, 다의적, 다언어적인 시각을 갖는 것이다.

정경적이든 비정경적이든 각각의 목소리는 시적, 전략적, 이데올로기적인 산물이라고 간주한다.

2. 해석적 연구 과제의 전망에서 볼 때, 어떤 하나의 본문에 의해 구성된 현실은 그 내부에 이미 존재하면서 의견을 달리하는 억압된 혹은 상충하는 본문들로 인해 조화적이기보다 산만한 가능성이 인정된다. 이러한 본문들은 그 자체로 시적, 수사적, 그리고 이데올로기적인 산물로 간주—비록 현재 자신들이 포함되어 있는 주요 본문에 의해 여과됨으로써 오직 "다름"으로서만 접근 가능한 상태에 있다 할지라도—될 수 있다. 교육적인 의제의 전망에서 볼 때 본문들의 이러한 산만함은 어떤 한 시기에 작용 중인 저자들과 본문들의 전체적인 소음에 첨가될 것이다.

3. 교육적인 의제에 있어 그러한 목소리들의 불협화음은 보다 넓은 사회문화적 상황 속에 존재하는 본문들과 저자들의 훨씬 더 광대한 소음 내에 위치할 수 있다. 해석적 연구 과제를 위하여 그러한 포괄적인 사회문화적 상황은, 그 본문들에 의해 창출된 엄청나게 더 많은 현실들 즉 초기 기독교나 고대 유대교의 본문들이 근동이나 지중해 유역의 본문들과 수많은 방식들로 상호작용하게 되는 더욱 포괄적인 현실의 견지에서 숙고될 수 있다.

4. 끝으로 나는 간문화비평의 이 첫 번째 운동의 목적이, 비록 그것이 이론적으로 가능하다 할지라도 희귀 고서에 대한 관심에 있는 것이 아니라 오히려 본문들과의 비평적 관여—자기 자신의 현실과 경험의 견지에서 본문들과 대화하고 투쟁하는 것—에 있다고 주장해 왔다. 비슷한 방식으로 나는 본문의 다양성에 관한 이 첫 번째 교육적 강조의 목적이 그 복합성에 놀라 그 끝없는 경로를 좇아가면서 단순히 논의의 혼잡함 속으로 뛰어들어가는 것이 아니라, 오히려 그 안에서 적극적이고 비평적인 역할을 감당함으로써 자기 자신의 목소리를 매우 다른 시대와 문화의 전반적인 소음에 첨부시키는 것이라고 주장하는 것이다.

제국적-식민적 틀

본문의 다양성의 이 첫 번째 교육적 목표에 대하여 한 걸음 더 나아가 나는 오랜 기간 동안 다양한 방식으로 구축되고 실행되어 온 현실로서의 제국, 제국주의와 식민주의에 대한 현실에 비추어, 근동과 지중해 유역에 속한 보다 넓은 사회문화적 상황을 진지하게 고려하는 고대 유대교와 초기 기독교의 본문분석이 필요하다고 주장한다. 따라서 그들 각자의 사회적 상황으로부터 비롯된 본문들과 저자들의 보다 큰 소음뿐만 아니라, 기독교와 유대교의 종교적 전통에 속한 본문들과 저자들의 소음을 둘러싸고 있는 제국의 그림자가 강조되어야 한다.

읽기의 다양성

다양성의 범위

고대 본문들의 읽기에 관하여 나는 다시 한 번 그 다양성이 세 가지 서로 다른 수준에서 능동적으로 추구되어야 한다고 주장한다: (1) 읽기 전승들의 다양성 (2) 학과 패러다임들의 다양성 그리고 (3) 패러다임들 내의 다양성. 이러한 숙고들이 이 학과 내에 자리 잡기 시작한 것은 성서비평에 대한 전통적인 역사비평의 주도성이 사라지고, 대안적인 비평적 접근들이 이 학과 내에 출현하게 되면서 부터이다. 내가 지금 제안하고 있는 것은 강령적인 교육 의제의 두 번째 단계로서, 이러한 비평적 자극들을 지속적이고 체계적인 방식으로 무대의 중심에 두고 있다.

읽기 전승들의 다양성에 의해 내가 지시하는 바는 오래되고 총괄적인 다양한 해석 방식들의 존재이다. 그 해석 방식들은 학문적/학자적, 신학적/교회적, 종교적/경건적, 문화적/대중적인 것 등 매우 다양하다. 이 첫 번째 분석 수준은 그것이 현실의 독자들의 사회 교육적이고 사회 종교적인 정체성을 다루기 시작하는 한, 뒤에서 논의하게 될 독자들의 다양성의 범주에 확실히 영향을 미친다. 그럼에도 불구하고 이러한 범주들이 상관적이고 다공적(多孔的)이라는 사실은 차치하더라도 나는 이 시점에서 그러한 관심을 읽기의 다양성이라는 범주 하에 포함시키고자 한다. 그 이유는 학과를 학과로 간주할 필요성 때문인데, 즉 학과를 자기의 고유한 조사 연구 영역을 지니고 있고 고등교육기관에 자신의 기초를 두고 있는 하나의 학문적 연구 영역으로 바라보고, 이 고대 본문들에 대한 학문적/학자적 읽기 방식을 여러 읽기 방식들 중의 하나로 바라보자는 것이다.

그렇게 하기 위해서는 학문적 읽기 양식을 다른 읽기 전통들—신학적/교회적, 종교적/경건적, 문화적/대중적 읽기 전통들—로부터 구별하는 것이 필수적이다. 이 구별은 각 전통 내에서 접근 가능한 읽기 방식들의 차이점들을 기술함으로써 쉽게 성취될 수 있다. 첫째, 교회적/제도적인 읽기 양식에 관하여 다음과 같은 접근의 스펙트럼을 다루어야 한다: 교리적/전통주의적 접근[62], 근본주의적/문자주의적 접근[63], 교파적/교회적 접근[64], 그리고 해방적/사회정치적 접근.[65] 둘째, 경건적/영적 읽기 양식

62) 나는 교회와 신학을 염두에 두면서 성경을 해석하는 역사적인 방법들을 고려하고 있다: 교부시대(the patristic)로부터 중세까지, 종교개혁과 반종교개혁(Counter Reformation)까지, 19세기와 모더니즘의 발생까지 (예를 들어, R. M. Grant and D. Tracy, *A Short History of the Interpretation of the Bible*, 2nd ed., rev. Minneapolis: Fortress Press, 1984 보라).

63) 예를 들어, J. Barr, "The Problem of Fundamentalism Today", in *The Scope and Authority of the Bible* (Philadelphia: Westminster Press, 1980), 65-90; N. Ammerman, "North American Protestant Fundamentalism", in *Fundamentalisms Observed*, ed. M. Marty and R. S. Appleby (Chicago: The University of Chicago Press, 1991), 1-65; G. M. Marsden, *Understanding Fundamentalism and Evangelicalism* (Grand Rapids, Mich.: William B. Eerdmans, 1991) 보라.

64) 나는 근대(modernist) 시대로부터—즉, 학적인 읽기와 나란히—현대에 이르기까지 교회와 신학을 고려하면서 성경을 해석하는 다른 방법들을 염두에 두고 있다. 예를 들어, Pontifical Biblical Commission, "The Interpretation of the Bible in the Church", *Origins* 23:29 (January 6, 1994): 498-524; C. E. Braatan and R. W. Jenson, eds., *Reclaiming the Bible for the Church* (Grand Rapids, Mich.: William B. Eerdmans, 1995) 보라.

65) 예를 들어, C. Boff, "Hermeneutics: Constitution of Theological Pertinence", in *Theology and Praxis: Epistemological Foundations* (Maryknoll, N. Y.: Orbis Books, 1987), 132-153; C. Rowland and M. Corner, *Liberating*

에 관하여 일상생활에서 관찰되는 많은 실제적이고 지속적인 실행관습을 조사할 필요가 있다: 몇 가지만 예를 들어 보면,[66] 책의 처음부터 끝까지 본문을 순서에 따라 연속적으로 읽기; 그 날이나 그 순간의 메시지를 듣기 위해 아무 페이지나 펴서 무작위로 읽기; 특별한 순간이나 계기에 교회를 위해 특정 본문을 특별한 목적으로 그때마다 반복해서 읽기 등의 관행을 관찰할 수 있다. 셋째, 대중적/상호 텍스트적 읽기 양식에 관하여 우리는 문학작품, 영화, 예술, 음악 등등과 같은 다양한 영역에서 성서적 소재들, 장면들, 상황들, 그리고 주제들이 폭넓게 전유되고 사용되고 있음을 주시해야 한다.[67]

수년 동안 가르쳐 본 내 경험에 의하면 성서비평을 처음으로 대하게 되는 거의 대다수의 학생들은 특정하게 소중히 여기는 제도적, 영적, 그리고/또는 상호 텍스트적인 읽기 양식으로부터 성서비평을 하게 된다. 그러므로 학생들이 이미 형성되어 있는 자신의 읽기 양식을 전면에 드러내고 대면하도록 하기 위해서 뿐만 아니라 이러한 본문들을 학문적으로 연구한다는 것이 무엇을 암시하는지, 어떤 결과를 가져오는지 깨닫도록 하기 위해서, 그리고 그런 학문적 읽기가 그들 자신이 전통적으로 사랑받아 온 읽기 관행과 어떻게 대조되는지를 깨닫도록 하기 위하여 서로 다른 읽기 전통들—그것들의 기원, 윤곽, 그리고 주장—의 비평적 분석과 더불어 시작하는 것이 필수적이다.

*학과 패러다임들의 다양성*이라는 개념을 통해 지적하고자 하는 바는

Exegesis: The Challenge of Liberation Theology to Biblical Studies (Louisville: Westminster/John Know Press, 1989) 보라.

66) 예를 들어, C. McDannell, "The Bible in the Victorian Home", in Material Christianity : Religion and Popular Culture in America (New Haven, Conn.: Yale University Press, 1995), 67-102을 보라.

67) 이 점에 있어서, 성경의 대중적인 사용에 대한 교차문화적 토론뿐만 아니라, 성경의 문화적 전유(appropriation)의 분석을 위한 장(forum)으로 봉사하도록, Alice Bach를 주 편집자로 한 새 저널 *Biblicon*이 Sheffield Academic Press에 의해서 시작된 것을 주목해야 한다.

학문적/학자적 읽기 양식이 결코 1개 국어를 사용하는 것이 아니라는 사실이다. 따라서 일단 어떤 읽기 양식이 다른 주요한 읽기 전승들과 적절히 차별화된 연후에는 그 읽기 양식의 기원, 윤곽, 그리고 주장을 분석하는 일이 필수적이다. 이것은 현재뿐만 아니라 과거에도 이 학과 내에서 발전된 해석의 다른 패러다임들 또는 포괄적 모델들의 견지에서 쉽게 수행될 수 있었다. 세 가지 구체적 요소들은 이러한 작업이 보기보다 덜 위압적이게 만든다: (1) 학문 영역으로서 이 학과는 그리 오래되지는 않았고 다른 많은 학문 영역들처럼, 19세기 초 프랑스 혁명의 여파를 특징짓는 지성적 열광에서 그 기원을 찾을 수 있다[68]; (2) 매우 오랜 기간인 약 1세기 반에 걸쳐 이 학과는 그러한 특징을 보여주는 역사비평[69]이라는 하나의 패러다임의 엄격한 통제 하에 있었다; 그리고 (3) 모든 주요한 패러다임들은 오늘날 이 학과에서 어느 정도 여전히 사용되고 있는 것으로 드러날 수 있다. 이 연구 과제를 수행하는 이상의 패러다임들—역사비평, 문학비평, 문화비평, 문화 연구—에 대한 분석의 연장선에서, 이제 모든 그와 같은 패러다임의 토대와 기조, 그리고 취지—전제들, 언어, 그리고 지맥(ramifications)들—에 대한 광대하고 세밀한 전망의 필요를 가리키는 두 번째의 교육적 필수조건을 강조하고자 한다. 그것의 목적은 다음과 같은 것들이다: 포괄적인 해석 스펙트럼을 구성하는 것; 자기 자신의 것을 포함하여 다른 읽기 유형들을 스펙트럼 내에 위치시킬 수 있는 것; 그러한 읽기 방식들과의 건전한 비평적 대화를 수립할 수 있는

68) 이 점에 있어서, J. Appleby, L. Hunt, and M. Jacob, "Part I: Intellectual Absolutism", in *Telling the Truth about History* (New York: W. W. Norton & Co., 1994), 특히, 15-125; P. Novick, "Part II: Objectivity Enthroned", in *That Noble Dream: The "Objectivity Question: and the American Historical Profession* (Cambridge: Cambridge University Press, 1988), 특히, 21-108을 보라.

69) R. A. Harrisville and W. Sundberg. eds., *The Bible in Modern Culture: Theology and Historical Method from Spinoza to Käsemann* (Grand Rapids, Mich.: William B. Eerdmans, 1995).

것. 다시 말해 이 학과가 단일한 방식으로 전수될 수 있었던 때, 어떤 하나의 패러다임이 단지 하나의 패러다임에 지나지 않는다는 사실을 종종 인식하지 못한 채 유일한 해석 패러다임으로 조달될 수 있었던 때, 그리고 모든 학생들이 이러한 본문들의 학문적 읽기와 관련하여 본질적으로 동일한 교육을 제공받을 수 있었던 때는 끝나고, 이제 돌이킬 수 없는 과거가 되었다. 물론 이것은 오늘날 학자적인 훈련이 처음부터 메타이론, 즉 패러다임 그 자체들 내의 관계성뿐만 아니라 다양한 패러다임들을 특징짓는 기본 원칙들에 있어서의 정교화와 관계됨을 의미한다.

이러한 작업은 종종 처음으로 성서비평을 대하든지 아니면 이전에 유일한 패러다임(반드시 역사비평)의 범위 내에서 가르침을 받아 왔던지 간에, 학생들에게 매우 당황스러운 것으로 드러난다. 사실상 학생은 이제 매우 일찍부터 일련의 힘든 도전들에 직면하게 되는데 첫째로, 각각 그 자신의 독특한 담론 양식을 지닌 본문에 대한 여러 생소한 비평적 접근들과의 대면, 다른 학문들에 대해 숙련성을 요구하는 담론 양식의 전문어와 개념 장치들과의 대면, 그리고 조만간 개인적 선택과 그러한 선택에 대한 이론적 설명이 불가피함에 대한 점증하는 인식이 그것이다. 모든 이러한 어려움들에도 불구하고 이 궁지에서 빠져 나올 그 외의 다른 방도가 없는 이유는, 어느 한 패러다임 내에서 먼저 훈련을 받기로 선택한 것은 종종 그러한 포괄적 모델에게 특권을 부여하고, 그에 상응한 다른 포괄적 모델들은 전혀 불완전한 것은 아닐지라도 잉여적인 것으로 보게 되는 시각 때문이다. 이러한 여건 하에서 모든 패러다임들을 숙달한다는 것은 불가능하다. 왜냐하면 어떤 개인도—아무리 재능이 있고, 잘 배우고, 헌신되어 있다고 하더라도—학습해야 할 그 모든 자료들을 소화해 낼 수는 없기 때문이다. 따라서 그러한 교육의 목적은 완벽한 숙련이라기보다는 오히려 학식 있는 자각으로 말미암아 특정한 방식으로 이루어지는 수많은 논증 양식들을 이해하고 상관적으로 반응하기에 충분한, 즉 경계선상에서 실존적으로 관여하기에 충분한 정도의 잠정적이나마 세련된 감수성을 갖추도록 하는 것이다.

*패러다임들 내의 다양성*이라는 개념을 통해 언급하고자 하는 바는, 특정한 담론 양식의 존재에도 불구하고 해석의 어떤 패러다임이나 포괄적 모델도 1개 국어를 사용하지 않는다는 사실이다. 결과적으로 일단 이 학과에서 사용하고 있는 다양한 패러다임들이 적절히 확인되고 묘사된 연후에, 각 패러다임을 구성하고 그 담론 양식의 특징을 설명해 주는 다양한 방법들과 이론들, 읽기 전략들과 이론적 정향들을 차례로 조사하는 것이 필수적이다. 이것은 물론 우리가 그것들 자체의 출처, 윤곽, 그리고 주장의 견지에서 각 패러다임을 조사해야 한다는 것을 의미한다.[70]

이 연구 과제를 수행하는 과정에서 나는 그것들 각자의 구성 요소들의 견지에서 서로 다른 패러다임들을 분석할 기회들을 가졌음으로, 이 시점에서는 실제적으로 위에서 언급한 두 번째 것에 대한 확장이라고 할 수 있는 세 번째 교육적인 요청, 즉 각 패러다임 내에서 발견되는 주요 해석 노선들의 기반, 기조, 그리고 취지—전제, 언어, 그리고 분지(分枝)—에 관한 광대하고 박식한 전망이 필요하다는 사실에 국한해서 논의를 진행시켜 보겠다. 그러한 전문적 지식을 갖춰야 한다는 제안이 기

70) 최근 우리는 성서비평에 있어서 새로운 장르의 학자적 저술의 출현을 목격해왔는데, 패러다임들 내에서, 그리고 패러다임들을 가로질러서, 다양한 종류의 방법들과 이론들이 그에 상응하는 다양한 학자들에 의해 논의되는 것을 확인할 수 있다. 예를 들어, S. L. McKenzie and S. R. Haynes, eds., *To Each Its Own Meaning: An Introduction to Biblical Criticisms and Their Application* (Louisville : Westminster/John Know Press, 1993); F. Watson, ed., *The Open Text: New Directions for Biblical Studies?* (London: SCM Press Ltd., 1993); E. V. McKningt and E. Struthers Malbon, eds., *The New Literary Criticism and the New Testament* (Valley Forge, Pa.: Trinity Press International, 1994); J. B. Green, ed., *Hearing the New Testament* (Grand Rapids, Mich.: William B. Eerdmans, 1995); The Bible and Culture Collective, *The Postmodernist Bible*; P. F. Esler, ed., *Modelling Early Christianity: Social-Scientific Studies of the New Testament in Its Context* (New York: Routledge, 1995). Guides to Biblical Scholarship이라고 제목 붙여진, 지금도 진행 중인 Fortress Press의 훌륭한 시리즈는 현재와 미래를 통틀어 모든 그러한 노력들의 원조이자 모델이라는 점은 명백하다.

본적으로 목표하는 바는 두 번째 교육적 요청의 경우와 동일하다: 일련의 구체적인 해석 스펙트럼들을 묘사하는 것; 우리가 그런 맥락에서 쓰기를 선택한다면, 자기 자신의 것을 포함해서 문제가 되는 다른 읽기 유형들을 각각의 스펙트럼 내에 위치시킬 수 있는 것; 그리고 그러한 읽기들과의 건전한 비평적 대화를 수행할 수 있는 것.

역사비평이 이 분야에서 유일한 패러다임으로 기능했을 때조차, 본문비평에서부터 구성비평에 이르기까지 다른 해석의 노선들을 잘 알고 있어야 한다는 것은 여전히 필수적이었다. 그 상황은 이제 두 가지 사항에서 엄청나게 변화되었다. 한편으로는 패러다임들의 증가와 더불어 그에 상응하는 구성요소들의 다양화가 도래하였고, 다른 한편으로는 이러한 역사비평 내의 다양성을 언어적, 관념적 시각에서 볼 때 근접 거리에 머물러 있었던 반면 새로운 패러다임들 내에서는 한층 그 거리감이 증대했다. 즉, 최근 패러다임들 내의 다양한 해석 노선들 사이에 존재하는 전문 용어와 개념 장치의 차이들은 역사비평 자체 내의 차이들보다 숙달하고 연결하기 훨씬 더 어렵다는 것이 입증되고 있다. 이것은 물론 오늘날의 학자적인 훈련이 패러다임들의 수준에서 메타이론의 정교화뿐만 아니라, 각각의 구성 요소의 수준에서 모델들 간의 관계와 다양한 해석 모델들을 특징짓는 원칙들의 정교화와 관련되어야 함을 의미한다. 물론 이러한 작업은 이미 어떤 한 가지 패러다임 내에 존재하는 방법론들과 이론들의 폭넓은 다양성에 직면해 있는 학생에게 더욱 더 당황스러운 것임이 분명하다: 각기 고유한 담론 양식을 지니고 서로 연결되어 있지만 서로 다른 일련의 접근들; 이 분야 내부와 외부에서 일어나는 수많은 구체적 동향들을 익히 알고 있기를 요청하는 담론 양식들; 포괄적 모델의 선택 너머에 가설적 해석 모델의 선택이 놓여 있다는 더 깊은 자각. 이러한 상황에서 벗어날 간단한 해결책은 존재하지 않는다. 동시에 우리가 목표로 삼을 수 있는 최선은 다양한 해석 모델들을 이해하고 상관적으로 반응할 수 있게 해주며, 경계 지점들에서의 실존적 관여를 가능케 해주는 일종의 박식한 자각과 가설적 정교화임을 분명히 해야겠다.

결론적 논평

나는 본문의 다양성에 대한 교육적 강조의 목적이 근동이나 지중해 유역에서 살아남은 훨씬 많은 본문들과 저자들의 더 커다란 소음 내에 있는 고대 유대교나 초기 기독교에 존재하는 고대 시장 또는 광장에서 들려오는 목소리들의 불협화음, 그리고 본문들과 저자들의 소음을 가능한 한 넓게 퍼지게 만드는 것이라고 앞서의 단락에서 주장했다. 여기서 첨부된 읽기의 다양성에 관한 강조는 이 목표의 중대한 확장을 의미한다. 교육적 실행을 통해 그러한 접근이 수반하는 것은 다른 읽기 전승들, 학문적 전승 내의 다른 패러다임들, 그리고 각각의 학적 패러다임 내에 존재하는 다른 방법론들과 이론들에 의해 산출된 많은 읽기들과 해석들—표현의 파노라마—의 견지에서 현존하는 본문들—정경적이건 비정경적이건, 개방되어 있건 감추어져 있건—을 읽게 되는 것이다. 그 결과 고대의 본문들이 서구 전통 내에서 끝없는 읽기와 해석들로 굴절되어짐에 따라, 현대의 장터 또는 시장에서 더욱 크게 더욱 넓게 들려지는 목소리들의 불협화음, 귀가 멍멍하게 만드는 본문들과 저자들의 소음이다.

읽기의 다양성과 간문화비평

고대 본문들이 *다름*—무시되고 압도되었다기보다는 오히려 인정받고, 존중되며, 실존적 관여의 대상이 되어야 할 매우 상이한 사회적 역사적 맥락에서 비롯된 실체들로서—으로 간주되어야 한다는 요청을 고려할 때, 간문화비평은 이제 이러한 본문들의 읽기와 해석에 대한 삼중적 접근을 요구한다. 이러한 접근 내의 세 번째 운동은 모든 읽기를 문학적/예술적, 수사적/전략적, 그리고 문화적/이데올로기적 산물로 보는 것과 관계된다. 우선 간문화비평에 있어 본문의 의미는 본문들과 독자들—사회적, 역사적으로 조건 지워진 본문들 그리고 사회적, 역사적으로 조건 지워진 독자들—간의 상호작용의 결과이다. 그래서 하나의 본문은 항상—특정한 상황(시간과 장소) 속에서 특정한 독자나 일군의 독자들에 의해 특정한 방식으로 읽히고 해석되는—하나의 "본문"으로 간주된다. 결과적으로 또한 각 "본문"이나 읽기는 특정한 관점과 사회적 위치로부터 다양하고/다면적인 현실—그 자신의 시론을 지닌 예술적 현실, 그 자신의 수사학을 지닌 전략적 현실, 그리고 그 자신의 이데올로기를 지닌 문화적 현실—을 구성하는 것으로 간주된다.

따라서 간문화비평은 "본문들"의 분석에서 형식주의적, 실제적, 그리고 문화적 방법들의 유사한 조합을 요구한다. 이러한 분석의 목표는 이중적이다. 첫 번째 목표는, 각자가 그 본문을 읽고 하나의 "본문"을 만들어 낸다는 점을 고려할 때, *다름*으로서의 본문의 현실을 발견하도록 돕는 것이다. 두 번째 목표는 이러한 "본문들"의 실체가 자신의 것과 상이한 사회적, 역사적 맥락에서 비롯된 현실로서, 각자 자신의 고유한 권리를 지닌 다름이라는 사실을 발견하도록 돕는 것이다. 실제적으로 본문들의 읽기를 전경에 둠으로써 간문화비평은 독자들에 의한 본문들의 지배나 압도를 피하기를 추구하며, 자기 자신의 것을 포함해서 어떤 하나의 "본문"을 그리고 어떤 하나의 읽기나 해석을 표현의 온전한 스펙트럼 내에 위치시키기를 추구한다.

다음의 관찰들은 읽기의 다양성에 대한 두 번째 교육 목적과 그리고 구성체로서의 읽기에 대한 두 번째 해석 움직임 간의 관계성에 관한 것이다.

1. 교육적 의제에 관해 중요한 것은 "본문들"—주요하고 무엇보다 소중한 읽기 전승들, 학문적 읽기 유형내의 패러다임들, 그리고 다양한 학자적 패러다임들 내의 방법론들과 이론들의 견지에서 수행된 읽기들과 해석들—의 귀청을 찢는 소음이다. 해석 연구 과제에 관해 중요한 것은 모든 개별적 "본문" 또는 읽기에 의해 개진되고 구성된 현실이다. 사실 저기 외부에 주어진 의미로 고정되어 있고 추출 가능하며, 선행하고 지도적인, 그리고 허용할 만한 권한을 가진 해석은 존재하지 않는다. 그 대신 우리가 발견하게 되는 것은 다수의 "본문들" 다시 말해 동일한 본문에 대한 읽기들인데, 그것들은 모두 본질상 특정 관점을 반영하고 특정한 상황에 영향을 받고 있는 것들이다. 현대의 장터나 시장에서 들려오

는 목소리들의 불협화음에 대한 강조를 궁극적으로 가능하게 하고 안내하는 것은 의미와 본문에 대한 그와 같은 유동적이고 다의적이고 다국어적인 시각이다. 각각의 "본문"은 시적이고 전략적이며 문화적 산물이라고 간주된다.

2. 해석 연구 과제에 있어 그 자체로 최종적인 혹은 결정적인 본문이나 의미가 존재하지 않는다는 사실을 고려할 때, 교육적 의제의 한 부분으로서 어떤 본문에 관한 읽기들과 해석들의 소음을 드러내는 것은 그러한 본문의 최종적이고 결정적인 읽기와 해석에(/을) 도달하거나 (산출하는 것을) 의도하는 것은 아니다. 오히려 성서비평의 안팎에서 학문적/학자적 읽기 전승으로 본문에 접근할 때 사용할 수 있는 읽기 렌즈들의 선택의 결과로 생긴 의견의 스펙트럼을 명확히 하는 것을 의도하고 있다. 요컨대 어떤 본문의 개별적 읽기 안에서 하나의 "본문", 즉 본문에 대한 하나의 해석과 그 의미에 대한 하나의 번역뿐만 아니라, 그 자체로 고유한 권리를 가진 본문 그 자체를 보는 것이 중요하다.

3. 끝으로 간문화비평의 이 두 번째 운동 뒤에 있는 목적은 지적인 호기심 그 자체에 있는 것이 아니라, 한 인간의 현실과 경험에 비추어 대화하고 투쟁하는 "본문들"과의 비평적 관여에 있다. 마찬가지로 읽기의 다양성에 관한 이 두 번째 교육적인 강조의 목적은 많은 곡해와 해석적 전환을 보면서 즐기는 토론의 단순 관객이 되는 것에 있는 것이 아니라, 오히려 토론에서 능동적이고 비평적인 역할을 떠맡음으로써 자기 자신의 "본문"을 만들어 내는 것이다. 즉, 본문의 한 역본을 제공하고 그렇게 함으로써 많은 상이한 시대와 문화 속에서 들려오는 총체적 소음의 또 다른 "본문"을 만들어 내는 것을 목적으로 한다.

제국적, 식민주의적 (imperial-colonial) 틀

읽기의 다양성에 관한 이 두 번째 교육 목적에 대하여 나는 지난 500년의 서구 제국주의 전통과 관련하여, 유럽을 거치건 북미를 거치건 간에 제국, 제국주의와 식민주의의 현실에 비추어 서구에 속한 보다 넓은 사회문화적 상황을 진지하게 고려하는 유대적, 기독교적 고대 본문들에 대한 읽기들과 해석들의 분석이 필요하다고 주장한다. 결과적으로 서구에서 출현한 학자적인 읽기들과 해석들의 귀청을 찢는 소음 주변에 자리한 제국의 그림자가 다시 한 번 강조되어야 한다.

독자들의 다양성

다양성의 범위

고대 본문들의 독자들과 관련하여 나는 두 가지 다른 수준의 다양성이 추적되어야 한다고 주장한다: (1) 본문 내 독자들의 다양성; 그리고 (2) 본문외 독자들의 다양성. 전자에 대한 고려는 이 학과 내의 대안적인 비평적 접근들이 출현하게 된 것과 밀접한 관련이 있는 반면, 후자에 대한 고려가 시작된 것은 최근 이 학과로 외부인들이 계속 유입되고 있는 것과 관련이 있다. 사실 문학비평의 출현과 더불어 그리고 무엇보다 문학비평 내의 독자—반응비평과 더불어, 고대 본문들의 분석에 사용된 독자—구성체에 대한 공식적인 관심이 발견되기 시작했다. 비슷한 방식의 외부인들의 유입과 더불어, 현실에 살고 있는 독자들에 대한 공식적인 관심과 그리고 어떻게 이러한 독자들의 사회적 위치가 고대 본문들에 대한 그들의 분석에 영향을 미치고 감화를 주는가에 대한 관심이 발견되기 시작했다.

이런 방향성을 띤 초기 움직임들은 페미니스트와 해방적 성서 해석 양자에서 탐지될 수 있다. 한편 페미니즘의 담론은 서구(서구 여성들) 내에서 제기되어 성(gender)의 요소를 비평적 관심 대상으로 가져오며, 그런 연후에 동시적으로 서구에 살고 있는 종족적/인종적 소수자에 속하는 여성들뿐만 아니라 비서구 여성들의 분출을 통하여 해체되고 팽창되고 있다.[71] 다른 한편 해방의 담론은 라틴 아메리카에서 제기되어 사

71) 이것에 대해서는, "Feminist and Womanist Criticism", in *The Postmodernist*

회 계급(가난하고 억압된 자들)의 요소에 대한 비평적 관심을 불러 일으켰고, 그 후에 동시적으로 아프리카와 아시아 신학자들, 세 대륙에 속한 모든 여성 신학자들, 그리고 서구의 디아스포라 신학자들의 개입을 통하여 해체되고 팽창되고 있다.[72] 이 두 경우에 있어 실제 독자들은 현실에 발을 딛고 사는 독자들로서 그들 자신의 목소리를 발하기 시작했고, 그 과정에서 점점 차별화되기 시작했다. 1990년대 초에 이르러 최근 변화를 요구하는 요청들이 지시해 주는 것처럼, 이 논의는 결정적이고 복잡화된 단계에 도달했다. 이 제안은 원리가 되는 교육적 의제의 세 번째이자 마지막 단계로서, 지속적이고 체계적인 방법으로 이러한 비평적 관심을 절정의 위치에 자리시켜 준다.

*본문 내 독자들의 다양성*이라는 말을 통해 내가 의미하는 바는 "본문 안에 있는" 독자들, 즉 유대적 및 기독교적 고대 본문들을 포함하여 본문들을 읽고 해석하기 위해 현실에 살고 있는 독자들에 의해 발전되고 사용된 독자-구성체의 다양성이다. 나는 내재된 독자, 의도된 독자, 순진한 독자, 성숙한 독자 등의 범주를 마음에 두고 이 말을 하고 있다. 분석의 첫 번째 수준은 본문에 관해 채택된 다양한 읽기 전략들에 의해 전제되고 활성화된 서로 다른 독자-구성체들을 다루는 한, 읽기의 다양성이라는 이전 범주에 속하는 것이 더욱 적절하다고 말할 수 있다. 즉, 읽기 전략들과 이론적 정향성에 대한 관심과 정교화가 증대함에 따라, 독자-구성체들을 발전시켜 해석 작업에 사용하는 것에 대한 관심과 지적 세련도도 증대된다. 그러나 이러한 범주들의 매우 상관적이고 느슨한 성격과는 완전히 별개로 나는 이 첫 번째 수준의 분석을 독자들의 다양성이라는 범주에서 이 시점에 포함시키고 있는데, 그 까닭은 내가 첫 번째 교육적 요청이라고 여기는 내용으로서, 본문과 관련해 우리 자신을 포함

Bible (New Haven, Conn., and London: Yale University Press, 1995), 225-271을 참고하라.

72) 이것에 대해서는, "Ideological Criticism", in *The Postmodernist Bible*, 272-308을 참고하라.

한 현실의 독자들에 의해 채택된 서로 다른 읽기 "가면들" 또는 "얼굴들"을 인식할 필요성 때문이다.

다른 곳에서 나는 보편적인—독자/현실의—독자라는 좌표 축(axis)의 견지에서, 본문 내 독자들과 본문 외 독자들을 구별하여 특성화 시킨 적이 있다.[73] 이러한 좌표 축 내의 본문 내 독자들은 보편적인 독자-구성체 축에 속하면서도 다소의 차이점들을 보여주는 한편 다음과 같은 공통성을 지니고 있다. 즉, 보편적인 독자-구성체들은 하나같이 컨텍스트에 영향을 받지 않고 사회적 위치를 결여하고 있으며 따라서 역사적, 문화적으로도 조건 지워지지 않았고, 현실의 지각(知覺)자들과 서술자들이며, 객관적이고 가치중립적인 성격을 지니고 있다.

보편적 독자-구성체들 간에 존재하는 차이점들은 세 가지 서로 다른 분석적인 전망들의 견지에서 더 깊이 세분화 될 수 있다: 읽기 과정, 독자의 지식, 그리고 읽기 경험. 첫째, 읽기 과정은 처음 읽는 독자/여러 번 반복해서 읽는 독자 축을 만들어 내는데, 그 구별은 독자에게 부여된 본문과의 친밀도에 의존한다. 처음 읽는 독자-구성체는 본문을 대하는 시점에서 볼 때 본문과 어떤 친밀도도 가지지 않은 반면, 여러 번 반복해서 읽는 독자-구성체는 그 본문을 광범위하게 다루어 온 경험을 가지고 있다. 둘째, 독자의 지식이라는 전망과 더불어 역사적-독자/본문의-독자 축이 만들어지는데, 그 구분은 독자가 의존하게 되는 정보의 종류에 달려 있다. 역사적 독자-구성체는 본문 외적인 모든 종류의 정보를 이용하면서 마치 본문이 쓰여진 시대와 문화 속에서 살고 있는 것처럼 본문을 읽는 반면, 본문의 독자-구성체는 본문 그 자체에 의해 제공된 정보

73) F. F. Segovia, "Reading Readers of the Fourth gospel and Their Readings: An Exercise in Intercultural Criticism", in "*What is John?*": *Readers and Readings of the Fourth Gospel*, ed. F. F. Segovia (Atlanta: Scholars Press, 1996), 240-242를 참고하라. 나는 이 축(axis)에 대해 사용된 학명이, 비록 성격상 이명식(binomial)으로 보일지라도, 그 축의 상반되는 두 극점을 특징지어주며, 따라서 그 두 극점 사이에 존재하는 의견의 총체적 스펙트럼 전제한다고 주장하는 바이다.

에만 의존함으로써 마치 내재된 독자처럼 본문을 읽는다. 끝으로 읽기 경험은 순진한 독자/박식한 독자 축을 만들어 내며 이러한 구별은 본문의 중심 주제에 관해 독자에게 허용된 정보에 달려 있다. 순진한 독자 구성체는 순진하게 본문에 접근하는 한편, 박식한 독자-구성체는 복잡한 정교함을 지니고 본문에 접근한다.

본문 외 독자들의 다양성이라고 할 때 내가 의미하는 독자는 "본문 외부에" 있는 독자들이다. 따라서 본문 외 독자들의 다양성이란 어떤 이유에서건, 고대 유대교와 초기 기독교의 고대 본문들을 포함하여 본문들을 읽고 해석하는 일에 착수한 현실의 독자들의 다양성을 의미한다. 현실에 살고 있는 독자 자신들에 대한 관심의 집중은 이 학과의 한 부분을 형성해 오지 못했지만, 내가 두 번째 교육적 요청으로 간주했던 고대 본문들의 모든 읽기와 해석들 뒤의 본문을 읽는 데에 사용되어 온 모든 읽기의 "얼굴들" 혹은 "가면들"의 배경에 현실의 독자가 존재한다는 사실을 인식할 필요성 때문에 중요한 이 문제를 숙고하고자 한다.

보편적인—독자/현실의—독자라는 좌표 축 내의 본문 외 독자들은 다소의 차이들을 보이는 한편, 다음과 같은 공통의 특성들을 지니고 있다: 그들은 철저히 상황화되고(사회적으로) 위치 지워짐으로써, 역사적으로 자리 매겨지고 문화적으로 조건 지워져 있다; 그들은 "현실"의 구성자들이다; 그들은 주관적이고 가치지향적이다. 그들이 보여주는 변수들은 다음과 같은 두 가지 서로 다른 분석적인 관점에 따라 더 깊이 분류될 수 있다: 독자의 정체성과 독자의 반응. 첫째, 독자의 정체성 물음과 더불어 부상하는 것은 개인적 독자/사회적 독자 축인데, 이 둘 사이의 구별은 독자가 개인적 주체로서 접근되느냐 아니면 특정한 사회적 집단이나 공동체의 한 멤버인 사회적 주체로서 접근되느냐에 달려 있다. 개인적 독자-구성체가 그 개인의 심리적 위치와 심리적 관심사들을 강조한다면, 사회적 독자-구성체는 그 집단 또는 공동체의 사회적 위치와 사회적 관심사들을 강조한다.

확실히 이 두 독자-구성체들은 많은 차이점들을 인정한다. 개인-독자 구성체의 경우 이러한 변수들은 비록 사용 가능한 심리학적인 또는 심리분석적인 모델들의 수로 인해 실제적으로는 제한되어 있지만 이론적으로는 셀 수 없을 정도로 많다. 사회-독자 구성체의 경우 이러한 변이들은 상당히 많으며, 그 변이들은 어떤 사회적 정체성의 차원(들)이 강조되느냐(예를 들어 사회문화적, 사회생물학적[성과 인종을 포함하여], 사회정치적, 사회 종교적, 사회경제적, 사회교육적, 사회언어적, 등등)에 달려 있다. 둘째, 독자의 반응에 대한 문제는 순응적/저항적 반응의 축을 산출하며, 이 둘 사이의 구별은 이데올로기적인 구성체로서의 본문의 주장들에 대해 독자가 취하는 기본입장에 달려 있다. 순응적 독자-구성체는 그러한 주장들에 대해 의문이나 유보 없이 기꺼이 따르는 반면, 저항적 독자-구성체는 그 주장들과 아무런 관련을 가지지 않거나 오히려 적극적으로 그것들을 반대하기까지 한다.

결론적 논평

나는 이전 파트에서 읽기의 다양성에 관한 교육적 강조의 목적이 본문들과 저자들의 귀를 먹먹하게 하는 소음이라고 언급했던 것, 즉 고대의 본문들을 서구의 전통 내에서 끝없는 읽기와 해석들을 통해 굴절시킨 결과 비롯된, 현대 시장에서 들려오는 보다 광범위하고 보다 또렷한 목소리들의 불협화음을 가능한 한 충분히 드러내는 것이라고 주장하였다. 읽기의 다양성에 관한 교육적 강조는 사실 본문의 다양성에 대한 교육적 강조의 연장으로서 본문의 다양성에 대한 교육적 강조가 나아갈 길을 안내하고 가르치는 역할을 하는 것이었다. 독자들의 다양성에 관한 이 마지막 결론적인 강조는 이러한 목적의 한 단계 더 발전된 실제적 확장을 의미한다고 할 수 있다.

이러한 접근이 교육적 실행을 통해 가져오게 되는 결과는 고대 본문들(정경이건 비정경이건, 알려져 있건 숨겨져 있건)의 많은 읽기와 해석 배경에 자리 잡고 있는 이러한 본문들(다른 읽기 전승들, 학문적 읽기 전승 내의 서로 다른 패러다임들, 그리고 학자적인 패러다임 자체 내의 서로 다른 방법들과 이론들을 통하여)의 많은 읽기와 해석을 만들어 내는 배경에 자리 잡고 있는 현실에 살고 있는 독자들의 읽기이다. 그러한 읽기는 개인적 주체들이자 사회적 주체들인 현실에 살고 있는 독자 자신들(본문외 독자들)에 대한 관심의 제고를 요청할 뿐만 아니라, 현실에 살고 있는 독자들에 의해 암시적으로 혹은 명백하게 사용된 다양한 종류의 읽기 "가면들" 또는 "얼굴들"(본문내 독자들)에 대한 관심의 제고를 요구한다.

이 학과의 현재 발전 양상들을 고려할 때 그러한 읽기는 한 걸음 더 나아가 역사상 최초로 이 학과에서 활동 중인 혈과 육을 지닌 현실의 새로운 독자들—서구와 비서구의 여성 성서 비평가들, 남자든 여자든 혹은 본국에 있든 서구 세계에서 디아스포라로 살고 있든 비서구 계열에 속한 성서 비평가들—에게 더욱 세밀한 관심을 기울이는 일과 관계되어 있다. 결과는 본문들과 저자들의 믿을 수 없을 만큼 시끄러운 소음, 즉 모든 종류의 독자들이 모든 곳에서(지금은 서구 바깥쪽에서 더욱 증가되는 추세이다), 각자의 고유한 상황과 전통 안에서 수행되는 수없는 읽기들과 해석들로 고대 유대교와 기독교의 문헌들을 굴절시킴에 따라, 현대 시장 혹은 장터에서 들려오는 더욱 광대하고 전 지구적이며 더욱 또렷하게 표명된 다중 언어적이고 다중심적인 목소리들의 불협화음이다.

독자들의 다양성과 간문화비평

다시 한 번 매우 다른 사회적, 역사적 상황으로부터 비롯된 실체들로서 유린되거나 압도되는 것이 아니라 오히려 인정받고, 존중받고, 실존적 관여의 대상이 되는 다름으로 고대 본문들을 고려할 것에 대한 요구에 일치하여, 간문화비평은 이러한 본문들의 읽기와 해석에 대한 삼중적인 접근을 요구한다. 이러한 접근 내의 세 번째이자 마지막 동향은 모든 독자들을 문학적/예술적 산물들, 수사적/전략적 산물들, 그리고 문화적/이데올로기적 산물들로 보는 견해와 관련되어 있다.

무엇보다 먼저 간문화비평의 모든 "본문들", 즉 고대 본문들의 모든 읽기와 해석들은 사회적, 역사적으로 조건 지워진 본문들과 사회적, 역사적으로 조건 지워진 독자들 간의 상호작용의 결과임이 기억되어야 한다. 따라서 결국 모든 "본문"은 그 안에 비록 더 많지는 않을지라도, 적어도 그 본문에 해당하는 만큼 독자와 관련된 요소를 담고 있다. 이와 같은 이론적인 전망에서 볼 때 고대 본문들의 많은 읽기와 해석들뿐만 아니라, 이러한 "본문들" 배경에 있는 독자들도 연구할 필요가 있다는 것이 입증된다. 그러므로 우리가 개인적, 사회적 주체들로서 현실의 독자들이 어떻게 그리고 왜 이 본문들을 그렇게 읽고 해석하게 되었는지를 이해하고 설명하고자 할 때 반드시 현실의 독자들을 분석해야만 한다. 그 과정에서 현실에 살고 있는 독자들은 "본문들" 자체로 간주되는데, 그 "본문들"은 "자기"-구성의 과정에서 암시적이든 명시적이든 끊임없이 실존적 관여의 대상이 된다. 결과적으로 현실의 독자들은 고대 본문들 및 그러한 본문들의 읽기와 해석들과 동일한 방식으로 접근되어야 한다. 다시 말해 현실의 독자들은 특정한 사회적 위치와 관점으로부터 다층적 혹은 다면적 현실—"자아"의 시학을 가진 예술적 현실; "자아"의 수사학을 가진 전략적 현실; "자아"의 이데올로기를 가진 문화적 현실—을 구성하는 것으로 이해되어야 한다.

따라서 다시 한 번 간문화비평은 앞서와 비슷하게 형식주의적, 실제적, 문화적인 방법들의 조합을 독자들의 분석을 위한 필수 요소로 간주한다. 그러한 분석의 목적은 이중적이다: 첫 번째 목적은 그와 같은 본문들을 읽고 그러한 "본문들"을 만들어내는 실제 독자들의 타자성(otherness)에 대한 강조를 고려할 때, 본문들과 "본문들"의 다름으로서의 현실을 수립하거나 재—발견하는 일에 한층 도움이 되는 것이다. 즉, 현실에 살고 있는 독자들의 다름과 그들의 매우 다른 사회적, 역사적인 상황에서부터 비롯된 기원을 강조함으로써, 본문들과 그들의 고대 본문 읽기의 타자성이 더욱 강화된다. 두 번째 목적은 그들 자신의 본문 읽기(본문 내 독자-구성체들)의 견지에서 독자들의 분석을 넘어선 그들—"자신들"(본문외 독자-구성체들로서)에 대한 그들 자신의 읽기에 기초한 분석에로 나아가게 함으로써, 그들 "자신들"에 대한 그들 자신의 구성과 그에 상응하는 고대 본문들의 읽기와 해석들 사이에 존재하는 복합적인 관계에 관심이 주어지도록 하는 것이다. 이렇게 현실의 독자들을 최전면에 내세움으로써 간문화비평은 자기 자신을 포함한 독자들에 의해 본문들이 무시되거나 압도당하는 일이 없도록 막아주며, 독자들이 그들 자신을 읽어내는 방법과 독자들이 고대 본문들을 읽어내는 방법 사이의 관계를 탐구하는 일을 추구한다.

독자들의 다양성에 대한 세 번째 교육적 목적과 독자들을 구성체들로 보는 이 세 번째 해석적 움직임 사이의 관계에 대한 몇 가지 언급이 필요하다.

1. 교육적 의제에 대하여 중요한 것으로 판명되는 것은 독자들—본문 안에 있는 독자들과 본문 밖에 존재하는 독자들—이 만들어 내는 믿을 수 없을 정도의 소음이다. 해석적 연구 과제와 관련하여 중요한 것으로 간주되는 것은 각각의 독자들에 의해 개진되고 구성된 그 현실인데, 이는 본문 내 독자-구성체의 견지에서나 본문 외 "자기 자신" 형성의 견지에서나 모두 적용된다. 즉, 이 세계의 모든 사회적, 역사적 환경들로부터 추상화된 과학적이고 가치중립적 해석에 종사하는 보편적 혹은 객관적 독자가 저기 외부에 존재한다는 것은 환상에 불과하다. 오히려 반대로 우리가 발견하게 되는 것은 사회적으로 조건 지워져 있고 역사적으로 위치 지워져 있는 현실에 살고 있는 다수의 독자들이다. 그들은 여러 가지 방식들로 그들 "자신들"을 구성하고, 본질상 특정 관점을 반영하며, 컨텍스트에 영향을 받은 그러한 구성들에 의거해 본문에 접근하면서 다양한 본문 내 독자들을 발전시키게 된다. 현대의 시장이나 장터에서 들려오는 목소리들의 불협화음에 대한 교육적 강조를 궁극적으로 지도하고 안내하는 것은 독자에 대한 유동적, 다의적, 다중 언어적 견해이다. 따라서 각각의 독자는 시적, 전략적, 그리고 문화적 산물로 간주된다.

2. 모든 독자-구성체들은 컨텍스트에 영향을 받고 특정 관점을 반영한다는 사실을 고려할 때, 해석적 연구 과제와 관련된 궁극적이고 결정

적인 독자-구성체는 존재하지 않는다. 그렇기 때문에 교육적 의제의 한 부분으로서 독자들의 소음에 대한 강조는 최종적인 구성체를 만들어 내거나 겨냥할 목적을 가진 것이 아니다. 오히려 독자들의 소음에 대한 강조가 전달하고자 하는 바는 모든 독자들이 "텍스트의" 구성들이고, 그러한 구성으로부터 독자들이 고대 본문들에 접근하여 그 본문들의 읽기와 해석을 생산하게 된다는 것이다. 요점은 모든 본문의 읽기나 해석의 배경에는 그 본문의 한 역본, 어떤 "본문" 뿐만 아니라 혈과 육을 지니고 현실에 살고 있는 독자가 존재한다는 것이다.

3. 간문화비평의 세 번째 운동의 배경에 있는 목적은 지적인 호기심 그 자체가 아니라 비평적으로 다른 독자들과 실존적으로 관여하는 데 있다. 다시 말해 자기 자신의 현실과 경험 즉 독자로서 자기-"자신" 에 대한 자기 자신의 구성의 견지에서 대화와 투쟁에 참여하는 데 그 목적이 있다고 할 수 있다. 유사한 방식으로 독자들의 다양성에 관한 이 세 번째 교육적 강조의 목적은 토론에 참여하는 많고 다양한 현실에 살고 있는 독자들에 대해 놀라움을 표하면서, 현실의 독자로서 고대 본문의 읽기와 해석을 생산하고 그러한 "본문" 과 자기-"자신" 에 대한 구성간의 관계를 인식하며, 그리하여 그것이 개인적 독자이건 사회적 독자이건 간에 또 한 명의 독자를 전체 토론의 장에 끌어들이는 것이다.

제국적, 식민주의적(imperial-colonial) 틀

독자들의 다양성에 대한 이 세 번째 교육적 목표에 대하여 나는 고대 유대교와 초기 기독교의 본문들의 독자들을 분석하는 것에 대해 한 번 더 주장하고자 한다. 이 분석은 지난 반세기의 식민주의 시대를 지나왔지만 아직 신식민주의에 머물러 있는 상황 속에서, 서구 외부로부터 서구 제국주의 전통에 대항하고 반응하는 제국주의와 식민주의에 대해, 서구에서나 서구 외부에서나 전지구적인 범위에서 보다 넓은 사회문화적 상황을 진지하게 고려해야만 한다. 따라서 지구촌 곳곳에 살고 있는 혈과 육을 지닌 현실의 독자들이 만들어내는 압도할 만한 소음 주변에 드리워져 있는 제국의 그림자는 여전히 다시 강조되어야 한다.

3) 결론적 소고

나는 위 제언의 다양한 함의들과 그 연관된 의미들에 관한 숙고로서 이 논의를 마감하고자 한다.

1. 제안 그 자체는 실제적인 것이라기보다는 이론적인 것이었음을 분명히 하고자 한다. 즉, 그것은 다양한 교과과정들을 가르치기 위한 구체적인 전략들을 다루기보다는 오히려 추상적으로 교육적 담론과 실행 일반을 다루고 있다. 그래서 이 제안은 그러한 일반적인 비전들과 지침들을 구체적인 교육과정의 비전들과 과정 설계로 옮겨 놓는 일과 관련해서 교수 내용의 수준과 상관없이—곧, 대학원 수준이냐, 전문직업 교육 수준이냐, 대학생/기타 수준이냐 상관없이—교육기관에 소속된 교수 편에서의 엄청난 창조적 작업을 요구한다.

따라서 각각의 모든 과목들은—사회역사적인 상황과 중심 주제에 대한 기본적 개론부터 특정 영역(예: 바울서신, 공관복음, 일반서신 등등)에 대한 일반적 개론, 개별 책에 대한 집중적 연구, 특정 주제나 전통에 대한 특별 세미나에 이르기까지—기본적인 교육적 원칙들과 필수사항들을 다른 방식으로 적용할 것을 요구한다. 유사한 방식으로 커리큘럼 그 자체는 자기가 직접 책임을 지고 있는 과목들뿐만 아니라, 커리큘럼 전체를 안내하고 이끌 개인적 차원의 전반적 비전을 발전시켜야 함을 요구한다. 즉, 커리큘럼 전반에 걸친 통일성과 일관성, 순차성과 목적성을 발전시키도록 요구한다. 결국 그 목적은 구조적인 격자(grid) 양식, 즉 가르치는 자가 궁극적으로 교육과정을 통제하며 적절한 순서에 따라 따라가야 하는 일련의 단계들을 발전시키는 것에 있지 않다. 오히려 그 목적은 작업 틀을 제공하는 것이다. 그 작업 틀이란 다양한 원칙들과 필수적 요구사항들이 다양하고 혁신적인 방식으로 적용될 수 있도록 하는 일련의 일반적인 윤곽들 혹은 변수들을 가리킨다. 이러한 다양하고 혁신적인 적용의 과정에서 가르치는 자는 시종일관 자유롭게 상상력을 발휘할 수 있는 공간을 만들어 내도록 노력해야 한다.

2. 나는 앞서 제안한 교육적 의제들이 주로 학술적 혹은 학자적 읽기 전통의 학술기관에서 비롯됨을 언급함으로써 어떠한 종류, 수단, 지향성을 가지고 있건 고등교육기관에 기초를 두고 있는 성서비평 분야를 다루어 왔다는 점을 상기시키고자 하였다. 이 점에 대하여 학술적인 독자나 비평가는 고대 유대교나 기독교의 본문들에 대한 접근 방식이 여러 읽기 양식들 중의 한 가지이며 상대적으로 최근 읽기 양식임을 항상 기억해야 한다. 이러한 인식은 몇 가지 관련된 문제들을 즉각 전면에 부각시켜 준다.

ⓐ 성서비평이 대안적 읽기 양식들을 주관적이고 불충분한 것으로 공개적이고도 일관되게 경멸해 온 반면, 이번에는 전통적으로 그리고 최근에 이르기까지 성서비평이 결정적으로 합리주의적이고 엘리트주의적이었기에 교회의 삶과 세상의 관심에서 멀어져 있었다고 비난받아 왔다. 많은 점들에서 이렇게 상응하는 평가들이 제기된 것은 성서비평을 포함한 모든 읽기 양식들이 스스로가 사회적, 역사적으로 조건 지워져 있음으로서 본질상 특정한 관점을 반영하는 읽기 양식들로 보고 이해하는 일에 실패한 결과이다. 모든 읽기 양식들이 이러한 자기 인식을 갖는 일은 오늘날의 세대에 건전할 뿐만 아니라 필수적 요구사항이다.

ⓑ 학술적인 독자들은 고도의 특권을 부여받은 개인들이라는 사실을 살펴보아야 한다. 특별히 서구의 경우 그들의 경제적, 사회적 위치가 가볍게 다루어져서는 안 되지만, 그러한 독자들의 특권은 사회경제적 관점에서라기보다 분명 사회교육적 관점에서 이해되어야 한다. 그들은 이러한 본문들을 대하게 되는 대부분의 일반 독자들보다 훨씬 높은 경지에 해당하는 전문적 교육과 숙련의 과정을 거쳤기 때문이다. 이러한 특권에는 책임성이 따른다. 따라서 한 예를 들자면 비평가들은 이 학과 내의 해석의 전승들뿐만 아니라 고대 본문들을 조사할 때 그들이 사용했던 것과 동일한 열정, 진지함, 그리고 철저함을 갖고 다른 읽기 전승들을 분석

할 책무를 지니고 있다. 실제로 학문적인 읽기는 그러한 과제를 수행하는 다른 전통들보다 원리상 더 잘 갖추어져 있는 읽기이다. 왜냐하면 학문적 읽기는 학술기관에서 획득한 바로 그 지적인 정교함과 전문성을 가지고 있기 때문이다. 그러나 이러한 분석의 배경이 되는 정신은 역사적으로 그리고 현재에 다른 읽기 양식들이 어떻게 서로 관련되고 영향을 미치는가에 대한 비전을 가진 비평적 대화의 정신이어야 한다. 즉, 이 점과 관련하여 비평의 역할은 가르치는 것뿐만 아니라 또한 배우는 것이 되어야 한다.

ⓒ 성서비평가들은 자신들의 훈련, 가르침, 그리고 저술이 지닌 명백한 엘리트주의적인 성격을 고려할 때, 자신들이 만나는 청중은 종종 학술기관에 속한 동료 멤버들로 구성된 매우 제한된 청중임을 잊어서는 안 된다. 즉, 성서비평가들의 영향력과 힘은 완전히 제한적이다. 매우 필요한 겸손의 정신과는 별개로 그러한 고려는 그들의 읽기 양식이 본질상 불가피하게 엘리트적인 요소를 지니고 있기는 하지만, 그들의 읽기 양식이 엘리트적일 필요도 없고 엘리트적이어서도 안 된다는 점을 확실히 해야 한다. 다른 읽기 전통들에 대해 차갑게 등을 내보여서는 안 되는 것이다. 즉 비평가는 이 학과에서 오늘날까지 대체로 회피되어 온 몇 가지 질문들과 씨름할 필요가 있다: 다른 읽기 전승들과 관련하여 이 본문들에 대한 학문적 독자의 적절한 역할은 무엇인가? 학술기관, 교회, 사회 전체와 관련하여 학술적 독자의 적절한 역할은 무엇인가? 상상된 과거에서 여가생활을 하는 대신에 비평가들은 현재와 씨름해야 한다. 이 말은 현재를 위해 그들 자신이 재구성한 과거의 함의들뿐만 아니라, 그들이 그들-"자신들"과 과거를 구성하는 시점이 바로 현재라는 사실을 직시해야 한다.

ⓓ 끝으로 그들 자신의 매우 한정된 청중과 영향력의 견지에서, 학술적인 독자들은 자신들이 과거에 서로를 어떻게 대우하는 경향이 있었는지를 직시해야 한다. 학문적 명성과 영광에 대한 광적인 추구, 어떤 본문에 대해서 또는 고대 그 자체에 대해서 궁극적이고 결정적인 해석을 제

시하려는 채워질 수 없는 충동, 자신과 자신의 연구에 대한 바람직하지 못한 의기충전, 타인들과 그들의 업적에 대한 파괴와 모욕, 때때로 학생들을 남용하고 괴롭히기에 이를 정도로 학생들을 조절하고자 하는 욕망, 학생들이 자기에게 철저히 경의를 표할 것에 대한 욕망, 보다 높은 연구를 추구할 수단과 능력을 소유하지 못한 자들에 대한 미묘한 혹은 공공연한 경멸 등. 분명 이 시대는 "비평적" 요소와 "대화"의 요소 양자를 강조하는 또 다른 비평적 대화의 양식을 요청하고 있다.

3. 한 순간이라도 여기서 제안된 교육의제를 채택하는 것이 대체로 고통 없는 훈련이 될 것이라고 생각하는 것은 완전히 어리석은 생각이다. 완전히 그 반대로 커리큘럼에다가 앞서의 제안을 통합시키려는 노력은 불가피하게 커리큘럼 내, 외적으로 심각한 어려움에 직면하게 될 것이다. 나는 그 어려움 중 단지 몇 가지만 언급해 보겠다.

ⓐ 메타-정경적 다양성의 문제는 많은 개인들과 기관들에게 있어 상상하기 어려운 문제이다. 사회적, 교회적, 이데올로기적, 신학적 차원 중 어떤 의미의 차원에서 이해되건 간에 정경, "성서" 혹은 "하나님의 말씀" 안에는 너무나 많은 것이 걸려 있기 때문에, 정경을 고대 유대교와 초기 기독교의 광범한 범위 안에 구분되지 않고 특별하지 않은 하나의 요소로 보려는 노력은 신학적 혐오까지는 아니라 할지라도 엄청난 저항에 부딪치게 될 것이다. 정경을 고대 유대교와 초기 기독교의 범위를 초월해 더욱 광범한 사회문화적 범위 안에 속한 하나의 요소로 보려고 할 경우 예상되는 저항은 말할 필요조차 없다. 이 점과 관련하여 나는 이러한 교육적 움직임의 목적이 사회적으로 뿐만 아니라 교회적으로, 신학적으로 뿐만 아니라 이데올로기적으로 아주 건전하다는 점을 상기시키고자 한다. 현재와 과거에 표현된 모든 내용을 제시하고 가능한 그것들과 충분히 실존적으로 관여하는 것, 모든 목소리들이 자기 소리를 내게 하고 다른 목소리들과 비평적 대화에 참여하게 하는 것은 매우 바람직하기 때문이다. 다시 말해 만약 우리가 오늘날 통용되는 잣대들을 의심의 눈초리로 보는 경향이 있다면, 고대의 잣대들과 관련해서는 그렇게 하지

말아야 할 이유가 무엇이란 말인가?

ⓑ 또 다른 문제는 우리가 다루어야 할 중심 주제의 엄청난 분량이다. 본문들의 양뿐만 아니라 이러한 본문들을 읽었던 수많은 독자들과 그들이 읽어낸 결과물이 엄청나게 많다. 나는 비록 실행이 필연적으로 제한될 수밖에 없다 할지라도 여기서 중요한 것은 원리라는 점을 지적하고자 한다. 목소리들의 소음을 확립하고 이러한 소음이 항상 존재한다는 것을 인식하는 것 그 자체로 상당한 의미가 있다고 할 수 있다.

ⓒ 같은 맥락에서 오늘날 이 학과에 존재하는 방법론적인 장치들과 이론적인 방법들의 방대한 범위 즉 메타이론의 문제가 존재한다. 나는 비록 이러한 담론들과 실행들을 완전 숙달하는 일이 우리의 능력의 한계를 벗어난다 할지라도, 여기서 무엇보다 중요한 것은 원리라는 점을 다시 한 번 강조하고자 한다. 다양한 목소리들을 이해하고 그 목소리들과 실존적으로 관여할 수 있기 위해서는, 그러한 목소리들의 소음을 확립하고 가능한 한 그 목소리들과 가설적으로라도 친숙해지도록 노력하는 것이 중요하다.

ⓓ 모든 본문들, 읽기들, 그리고 독자들을 문학적, 수사적, 그리고 이데올로기적 산물들과 구성들로 보는 것, 즉 고도로 컨텍스트에 영향을 받고 특정 관점을 반영하는 구성들로 보는 것은 많은 사람들에게 있어 삼키기에 쓴 약과 같다. 특히 본문과 읽기와 독자를 상황에 영향을 받고 특정 관점을 반영하는 하나의 구성이라고 보는 마지막 요소가 그렇다. 여러 종류의 헌신된 독자들뿐만 아니라 객관적 독자라는 이상(ideal)에 걸려 있는 것이 너무 많기 때문에, 독자들과 관련하여 사회적 위치와 관점의 문제를 완전히 개방하는 것은 신성하고 사랑받는 신화들을 깨뜨려 버리는 것과 같다. 이 점과 관련하여 나는 이렇게 대응하고 싶다: 이 제안은 그들 자신이 본문들과 관련하여 망설이지 않고 해 왔던 것을 본문들의 독자들에 대하여 실행하는 것 그 이상도 이하도 아니다.

결국 모든 학문의 역사가 쉽게 보여주는 것처럼, 어떤 새로운 제안은 종종 현존하는 세력으로부터 반대를 불러일으킨다는 것을 기억하는 것이 좋겠다. 비록 그 비난의 음조가 유감스러운 것이긴 하지만, 나는 이러한 반대가 더 깊은 숙고, 교정, 그리고 발전을 위한 기회로 기여하는 한 실제로 환영 되어야 한다고 주장한다.

4. 학술적인 독자들은 그들이 사회적인 주체이며 그리고 여러 사회적인 그룹에 속하고 있다는 것을 잠시라도 잊어서는 안 된다. 학술단체의 멤버로서 그들이 동조하는 지적인 전통과 흐름 외에 그들은 다른 신학 영역들, 종교적 공동체들, 그리고 사회 일반과 불가피한 관계를 맺고 있음을 의식해야만 한다.

첫째, 비평가들은 그들 자신을 다른 신학 영역들을 위해 단순히 가공되지 않은 원 자료를 공급하는 자들로 보아서는 안 되고, 그들 나름대로의 신학자들 혹은 종교적인 사상가들이라고 보아야 한다. 그들의 종교적 또는 신학적인 비전(또는 그것의 결여)은 그들이 자료에 접근하고 과거(그 본문의 유물과 물리적 유물)를 재구성하며 그리고 그것을 현대사회에 설명하는 방식에 영향을 미치기 때문이다.

둘째, 비평가들은 그들 자신을 단순히 학문사회의 멤버들로 볼 뿐만 아니라, 신실한 혹은 다소 낯선 종교 공동체의 멤버들로도 보아야 한다. 이러한 가입—희미하건 강하건, 우호적이건 적대적이던—은 고대의 탐구와 재현을 위한 자기들의 길을 발견할 뿐만 아니라, 동조적인 헌신이나 근본적인 비평을 통하여 공동체 자체들에 대한 비평적 반응을 요구한다. 비록 독자마다, 논점마다, 상황마다 연루의 정도가 명백하게 다르겠지만, 학문적 공동체의 회원이라는 사실이 사회종교적 또는 신학적인 영역에서 현대의 논점들과 논쟁들로부터 회피하기 위한 변명으로 작용해서는 안 된다.

셋째, 아무리 그렇게 하고 싶더라도 비평가들은 자신들을 오랜 과거 시대와 멀리 떨어져 있는 문화들에 속한 시민으로 보아서는 안 된다. 그들은 자기 자신들이 속해 있는 바로 그 시대와 문화의 시민이며, 자기 자신들을 그러한 자들로 보아야 한다. 그들이 그들 "자신"을 읽고 구성하는 방식뿐만 아니라 그들이 고대 본문들을 읽고 해석하는 방식은, 그들의 사회적 위치와 전망을 반영할 뿐만 아니라 이러한 상황과 의제에 대한 함의를 가지고 있다. 비평은 항상 암시적이든 명시적이든 특정 입장을 취하는 것과 관계되어 있다: 과거는 은신처를 제공하지도 않고 현재로부터의 도피처도 제공하지 않기 때문이다. 따라서 비평가들은 자신들의 비평적 실행과 담론이 가진 전제와 함의들을 끊임없이 자각하고 있어야 한다. 실제로 비평가들은 여전히 제국의 그림자가 드리워져 있는 세계, 즉 2/3 세계가 거의 제국으로부터 자유로운 식민주의 후기의 세계 안에, 그러나 서구 제국의 문화에 계속 종속되어 있다는 점에서 신식민주의의 세계 안에 존재하는 자신의 위치와 입장을 자각하고 있어야 한다.

완전히 불필요한 것처럼 보이지만 그래도 반드시 해야 할 최후의 마지막 말이 아직도 하나 남아 있다. 다양성과 제국에 관해 그렇게 많은 논의를 전개했던 그 제안이 스스로를 미래를 위해 단 하나의 유일한 해법으로 제시하고 있다는 것은 가장 모순적이라 하겠다. 이와 관련하여 단지 내가 반복하고 싶은 말은 이것은 하나의 개인적인 제안이고, 궁극적으로 간문화비평이라는 내 자신의 프로젝트에 뿌리를 둔 것이고, 세기의 전환점에 있는 이 세계에 대한 포스트모던, 포스트자유주의, 포스트식민주의와 신식민주적 관점에 기반을 두고 있는 것이다.

3부

성서연구와 탈식민주의 연구

1
성서비평과 탈식민주의 연구
탈식민주의 전망에 대하여

1, 2, 4장에서 행한 성서비평의 문화연구 패러다임에 대한 묘사에서, 나는 이 학과에서 가장 최신의 그리고 아직 출현 중에 있는 해석의 포괄적 모델에 근본적인 것이라고 간주되는 요소들의 형세를 부각시키려 노력했다. 이것들 중에서 두 가지는 특별히 현재의 연구에 적합한 것으로 보인다. 첫 번째는 모든 해석, 본문으로부터 의미를 재창조하는 모든 작업, 그리고 역사의 재창조 작업 모두를 읽기 전략 및 모델들에 의존하는 것으로 보는 견해, 나아가 그러한 모든 전략과 모델들, 그리고 결과된 재창조들과 재구성들을 현실의 독자 편에서 나온 구성체들로 간주하는 견해와 관련된다.

두 번째는 현실의 독자들을 그들 각자의 사회적 위치 내에서 다양하게 포진되어 있고 관여하고 있는 것으로 보는 견해, 더 나아가 그러한 모든 상황화와 관점들을 현실의 독자 편에서 나온 구성체들로 보는 견해와 관계 있다. 해석의 성격과 비평가들의 역할에 관한 이러한 시각들은 패러다임의 역동성과 역학 관계 전반에 대한 즉각적인 결과를 가져온다.

첫째, 해석 작업은 그들의 서로 다른 매우 복잡한 상황과 전망에 비추어 볼 때, 서로 다른 현실의 독자들에 의해, 서로 다른 방식으로, 서로 다른 시점에서, 서로 다른 결과를 가져오면서(서로 다른 읽기들과 해석들), 서로 다른 읽기 전략들과 이론적인 모델들(그것들이 새로 만들어진 것이든 차용된 것이든 간에)이 적용되고 있다는 견지에서 이해된다.

둘째, 현실의 독자들과 그들의 읽기(고대 본문들과 고대 세계에 대한 그들의 재현뿐만 아니라 그들 자신에 대한 그들의 재현)에 대한 비평적 분석은 고대의 본문 자체(고대세계의 잔존물)에 대한 비평적 분석만큼이나 중요하고 필수적인 것이 된다.

셋째, 의미의 모든 재창조와 역사의 모든 재구성은 결국 특정한 위치에 속해 있고 철저히 이해관계에 얽혀 있는 독자들 편에서 이루어진 과거의 재현—재창조와 재구성—으로 간주된다.

끝으로, 상황화와 관점, 사회적 위치와 의제, 그리고 모든 구성과 본문들, 모든 읽기들과 해석들, 모든 독자들과 해석자들의 정치적 성격에 관한 패러다임의 최우선적 강조를 고려할 때, 이 패러다임의 담론 양식은 심원하게 이데올로기적인 것으로 묘사될 수 있다.

이 장에서 나는 문화연구 패러다임 내에서 내 자신의 입장이 무엇인지에 대한 정의와 분석을 조금 더 진행시켜 보고자 한다. 결과적으로 현재 내가 생각하고 실천하고 있는 바에 따라 가장 적절하고 가장 계몽적이며, 가장 견실한 접근이라 간주하는 것에 대한 기본적인 토대와 윤곽을 세우고자 한다. 내가 마음에 두고 있는 것은 현재 여러 학문 분야와 학과들[1] 중에 두루 유행하는 포스트식민주의 연구의 모델이다. 나는 이

1) 유럽이나 미국의 다양한 제국적/식민주의적 경험들을 망라하면서 그 기원, 역사, 담론에 대한 설명을 포괄하는, 교차 제국적이고 교차 식민주의적인(cross-imperial and cross-colonial) 포스트식민주의 연구는 아직 존재하지 않는다. 그러나 매우 훌륭한 이론서 둘이 있다. 이들 중 첫 번째는 P. Williams and L. Chrisman, eds. *Colonial Discourse and Post-Colonial Theory: A Reader* (new York: Columbia University press, 1994)로서 목차의 제목들이 밝히 드러내 주는 것처럼 이론에 강조점을 두고 있다: "식민화된 문화와 반식민주의 저항을 이론화하기", "서구의 이론화", "성(gender)의 이론화", "탈-식민성의 이론화: 지식인들과 기관들", "탈-식민성의 이론화: 담론과 정체성", "이론으로부터 해석." 두 번째는 B. Ashcroft, G. Griffiths, and Tiffin, eds., *The Post-Colonial Studies Reader* (London: Routledge & Kegan Paul, 1995)로서 마찬가지로 각 장의 제목들이 잘 보여주듯이, 주제별로 조직화된 것이다: "문제와 논쟁", "보편성과 다양성", "상상과 저항", "포스트모더니즘과 포스트-식민주의", "민족주의", "혼

모델이 해석학적인 가치가 있고 개인적으로 만족을 가져다주는 모델이라고 생각한다. 한편으로 나는 이 모델이 이 학과에 대한 내 자신의 비전과 훈련을 위한 구성요소라고 상정하고 있는 다양한 차원들에 대해 소중한 빛을 덤으로 비춰줄 수 있다고 본다. 다른 한편으로 나는 이 모델이 현대 성서비평가일 뿐만 아니라 문화비평가[2]이자 구성적인 신학자인 나에게 매우 직접적인 방식으로 말을 걸어오고 있음을 발견한다.

1) 탈식민주의 전망을 위한 선택권

내가 탈식민주의 연구의 언어와 개념에 의지해 온 것은 이번이 처음은 아니다. 실제로 나는 성서비평가로서 그리고 구성적인 신학자로서 과

종성(hybridity)", "민족성과 토착성", "여성학과 포스트-식민주의", "언어", "몸과 공연", "역사", "장소", "교육", "생산과 소비." 포스트식민주의 상황에서 문헌적 생산에 대한 두 가지 탁월한 연구가 있다. 이 둘은 모두 이전 대영제국의 영향아래서 영어를 사용한 지역에 강조를 두고 있다: B. Ashcroft, G. Griffiths, and H. Tiffin, eds. *The Empire Writes Back: Theory and Practice in Post-Colonial Literature* (London: Routledge & Kegan Paul, 1989); and E. Boehmer, *Colonial and Postcolonial Literature: Migrant Metaphors* (Oxford: Oxford University Press, 1995).

2) 내가 비록 진보적인 개신교 신학교의 대학원에서 신약성서와 초기 기독교를 가르치는 전문직에 있다고 할지라도, 나는 나 자신을 더 이상 단지 성서비평학자로만 생각하지는 않는다. 때때로 내 자신을 조직(constructive) 신학자로 이해하기도 한다. 왜냐하면 지금은 비평학자와 신학자 사이의 전통적인 구별이 붕괴되었고, 그리고 비서구세계의 후손이면서 동시에 서구세계에 처한 소수민족에 해당하는 내 자신 스스로가 사회역사적 사회문화적 디아스포라 상황에서 "이 세계"와 "다른 세계"에 대한 담론에 연루되어 있다고 보기 때문이다. 실로, 내가 사회종교적인 측면과는 별개로 나의 사회적 맥락의 다양한 차원들에 관심을 가지고 있는 한에 있어서, 나 자신을 문화비평가로서도 정의할 수도 있다. 이런 관점 아래서, 나는 학문적인 경계를 가로지르고자 하는 소수 학자들의 주장에 적극 동의한다(A. R. JanMohamed and D. Lloyd, "Introduction: Towards a Theory of Minority Discourse: What Is to Be Done?", in *The Nature and Context of Minority Discourse*, ed. A. R. JanMohamed andd D. Lloyd [Oxford: Oxford University Press, 1990] 1-16쪽을 보라).

거에 그렇게 해 왔다. 나는 체계적이고 충분히 발전된 탈식민주의 시각[3]의 채택에 관한 현재의 제안을 위한 출발점으로서 이전에 내가 주장했던 바들을 상기시키고자 한다.

첫째, 내가 수행했던 성서비평 작업의 관점에서, 나는 19세기 초에 학문적인 학과로 시작되어 20세기 말 "해방"과 "탈식민지화"의 과정으로 형성되기까지의 성서비평의 발전을 묘사(1, 2장을 보라)했었다. 발전 그 자체는 해석의 네 가지 패러다임들 또는 포괄적 모델들의 순차적 출연과 관련된다: (1) 19세기 초부터 20세기의 3/4까지에 걸친 역사비평의 최초의 출현과 오랜 지배; (2) 1970년대 중반에 시작되어 현재까지 계속되는 문학비평 그리고 문화비평(= 사회비평)의 급상승과 꾸준한 공고화; (3) 1980년대 말과 1990년대 초에 시작된 문화연구의 급부상. 나아가 나는 이 발전이 이 학과 내의 상호 경쟁하는 담론 양식들의 현재 단계를 초래하였다고 주장하였다. 끝으로 나는 이 학과 내에서 이루어진 이러한 역사적 발전과 대단원의 최종 결과를 두 가지 토대에 기초해서 "해방"과 "탈식민지화"의 관점에서 분류했다.

첫 번째 토대는 이론적인 방향 정립과 읽기 전략의 근본적인 변화와 관련되어 있다. 나는 이 과정에서 오랫동안 지배적이었던 과학적인 독자—보편적, 객관적, 그리고 공정한 독자, 충분히 비상황화되어 있고 비(非)이데올로기적인—라는 구성체가 현실의 독자—지엽적이고, 특정한 관점을 반영하며, 그리고 이해관계에 얽혀 있는 독자, 항상 상황화되고 이데올로기적인—라는 구성체에게 천천히 그러나 확실히 자리를 내주

3) 포스트식민주의 연구의 모델 내에서, 용어 자체가 매우 다양하고, 그래서 또 문제가 되기도 한다. 제국주의와 식민주의가 형식적으로는 (비록 완전히는 아니라고 하더라도) 종언을 고하였지만, 실제에 있어서는 여전히 신제국주의와 신식민주의 형태로 상당한 효력을 발휘하고 있는 지금의 상황에서 "포스트 식민주의"는 제국주의와 식민주의의 담론과 실행에 대하여 이데올로기적 성찰을 수행하고 있다고 말하는 것으로 충분할 것이다. 그러므로 포스트식민주의의 시각은 제국주의와 식민주의의 결과로서 만들어진 전망(vision)의 한 분야로서 비록 변형된 형태이긴 하지만 여전히 그것들의 계속되는 지배력을 아주 잘 지적하고 있다.

었다는 점을 지적하였다. 두 번째 토대는 이 학과의 계층구조에서의 근본적인 변화와 관련되어 있다. 이 과정에서 나는 전통적인 성서비평가들이 보여준 남성, 성직자, 그리고 유럽인/유럽계-미국인 중심의 얼굴모습들과 관심들이 점진적이지만 꾸준히, 이전에는 이 학과 내에서 알려져 있지 않았던 다양한 얼굴들과 관심들에 자리를 양보했다는 점을 명시했다. 처음에는 서구 여성들의 대량 유입을 통해서; 다음으로는 점증하는 비서구 남녀 비평가들 및 서구 내에 살고 있는 비서구 소수자들의 존재를 통해서 그러한 일들이 일어났다.

이러한 변화가 최종적으로 가져온 결과는 방법과 이론의 엄청난 다양성뿐만 아니라 이 학과 내의 얼굴들과 관심들의 엄청난 다양성이었다. 학문적 관점들과 해석적인 목소리들이 동시에 폭발하게 된 현상은 해방과 탈식민지화의 참된 과정으로 보여 질 수 있고 또한 그렇게 보여져야만 한다고 나는 결론을 내렸다. 해방과 탈식민지화의 과정은 오랫동안 성서비평을 지배해 온 유럽인과 유럽계 미국인의 목소리들로부터 이 학과의 더욱 다양화되고 다원적인 개념과 훈련을 향하여 이동해가는 운동과 관련되어 있다. 나는 성서비평이 그 과정에서, 그리고 다수의 다른 분야들—정치적인 영역에서 학문적인 영역까지, 그리고 학문 영역 그 자체 내에서, 모든 학문 영역을 두루 가로질러서—에서 실행 중인 훨씬 더 포괄적인 해방과 탈식민지화 과정의 또 다른 예가 되었음을 목도하였다.

둘째, 내가 수행한 구성적인 신학연구의 시각에서 나는 2/3세계 및 서구 내 비서구 소수자들 사이에서 최근 상황신학들이 부상하게 된 현상을 "해방"과 "탈식민지화"[4]의 연습으로 묘사해 왔다. 따라서 미국 내 히스패닉-아메리칸 신학이라는 큰 틀 내에서 하나의 독특한 목소리로서의 디아스포라 신학—망명, 전위(displacement), 재배치 가운데 태동되

4) F. F. Segovia, "Two Places and No Place on Which to Stand: Mixture and Othernress in Hispanic American Theology", in *Hispanic Americans in Theology and the Church*, ed. F. F. Segovia (Special issue of Listening: *Journal of Religion and Culture* 27 [1992]: 26-27).

고 형성된 신학—을 정형화하기 위한 시도에서 나는 그것을 해방과 포스트식민주의 신학[5]이라고 특징지었었다.

나는 현대 기독교 신학이 서구문명에 토대를 둔 중심부에서부터 발산된 신학이라고 주장했다. 따라서 우리는 이 신학의 몇 가지 근본적인 특성들을 쉽게 요약해 볼 수 있다. 그것은 그 자신의 사회적 위치와 관점에 관해 전적으로 침묵하는 체계를 중시하고 보편성을 주장하는 신학이었다. 그것은 과거, 현재, 미래를 통틀어 서구 바깥에서 산출된 어떤 신학보다도 본질상 우월하다고 암묵적으로 생각해 온 계몽과 특권의 신학이었다. 그것은 주변부에 대한 효과적인 통제와 발전적인 문명화를 염두에 두는 헤게모니적인 선교의 신학이었다. 이와 대조적으로 나는 디아스포라 신학—다른 상황신학들과 마찬가지로—은 주변부로부터 특히 서구 안에 존재하는 주변부로부터 생성된 신학이었다고 주장했다. 결과적으로 우리는 이 신학의 몇 가지 근본적인 특성들을 또한 쉽게 묘사할 수 있다. 그것은 지엽적이며 구성적인 신학임을 스스로 의식하고 있음으로써 그 자신의 사회적 위치와 관점에 관해 매우 공개적인 신학이었다. 그것은 그 자신을 포함하여 모든 구성요소들과 목소리들의 존엄과 가치를 강조하는 다양성과 복수성의 신학이었다. 그것은 주변부와 중심부 모두로부터 들려오는 서로 다른 신학적인 목소리들과의 비판적인 대화를 중시하는 실존적 관여와 대화의 신학이었다.

미국 히스패닉-아메리칸 신학과 내 자신이 주장한 디아스포라 신학과 같은 상황신학들의 급속하고 광범위한 부상은 부정할 수 없는 "해방"과 "탈식민지화"의 과정이라고 볼 수 있고 또 그렇게 보아야 한다고 나는 결론 내렸었다. 그것은 신학적 작업에 대한 유럽과 유럽계-미국인들

5) F. F. Segovia, "Aliens in the Promised Land: The Manifest Destiny of U. S. Hispanic American Theology" and "In the World but Not of It: Exile as a Locus for a Theology of the Diaspora", in *Hispanic/Latino theology: Challenge and Promise*, ed. A. M. Isasi-Diaz and F. F. Segovia (Minneapolis: Fortress Press, 1996), 21-31쪽과 195-200쪽을 각각 참조하라.

의 목소리와 관점들의 오랜 지배로부터 벗어나 주변부에 있는 목소리들과 관점들의 다양성을 완전히 회복함으로써 새로운 가치평가를 내리게 되는 방향의 운동이었다. 따라서 성서비평의 경우에서처럼, 이러한 과정 속의 신학연구는 세상 속에서 그리고 학문 영역 안에서 진행 중인 훨씬 더 광범위한 해방과 탈식민지화 과정의 또 다른 실례가 되어 왔음을 나는 목도하였다.

탈식민주의 연구의 언어적, 개념적 장치에 대한 나의 호소는 비록 확실히 뜻 깊고 아주 유익하다 할지라도 매우 제한적이고 비체계적이었다. 따라서 이 모델의 더욱 근본적인 정초작업과 배치가 필요하며, 이 장에서 내가 하고자 하는 작업이 바로 그 작업이다. 특별히 나는 성서비평을 중심으로 그 작업에 착수하고자 하는데, 내가 이 작업을 수행하는 이유는 이 모델의 명시적이고 지속적인 사용이 가져다 줄 풍부한 해석학적, 개인적 유익을 알기 때문이다.

한편 내가 일찍이 지적한 바와 같이 이 모델은 이 학과에 대한 내 자신의 이해와 실행에 대해 중추적인 것으로 보이는 다양한 차원들을 가로질러, 동시적인 적용을 탁월하게 허용해 주는 모델이다. 그 첫 번째 차원은 고대 유대교와 초기 기독교 본문들을 분석하는 본문들의 차원이다. 두 번째 차원에 해당하는 것은 그러한 본문들의 현대적 읽기와 해석들을 분석하는 "본문들"의 차원이다. 세 번째 차원은 독자들의 차원으로, 이는 서구의 내부와 외부 모두에서 이러한 본문들을 읽고 "본문들"을 생산해 내는 현재의 동시대적 현실의 독자들을 분석하는 것이다. 즉, 탈식민주의 연구는 이 학과에서 교차문화연구를 위한 우수한 모델로 기능할 수 있다는 것이다. 이제부터 나는 어떻게 그것이 가능한 지를 앞서 말한 세 가지 중요한 차원들과 관련하여 설명해 보고자 한다.

다른 한편 내가 또한 일찍이 언급했던 것처럼 이것은 개인적으로 나에게 매우 호소력을 지닌 모델이다. 그 이유는 내 자신의 사회적 위치 및 관심 의제와 관련되어 있음을 나는 기꺼이 인정할 것이다. 나는 식민화된 세계, 즉 주변부 출신으로 식민지 개척자들의 세계인 중심부에 거주하고 있다. 그리고 나는 식민지화된 자들과 식민지 개척자들을 위하여 그리고 해방과 탈식민지화를 위하여 투쟁하는데 내 자신을 헌신해 왔다. 말하자면 나에게 있어 탈식민주의 연구는 마음에서 우러난 것일 뿐만 아니라, 그 마음을 새롭게 하고 활기를 띠게 해준다. 이제 식민주의의 계보를 다루어 보기로 하자.

내 자신이 식민주의적 판도를 파악하게 된 역사는 아주 복잡하다. 우선 나는 전 세계에서 최고도로 식민지화되고 분쟁 지역 중의 하나인 카리브해에서 태어나 자랐다. 이 지역의 식민지화 정도 및 분쟁 상황은 토착민들의 총체적인 부재, 영어 사용자, 프랑스어 사용자, 그리고 스페인어 사용자들의 존재가 그것을 입증해 주고 있다. 여기서 제국주의와 식민지주의의 기획은 너무나 성공적이고 효과적이어서, 비교적 단시간 내에 최초의 지역주민들이 사라지고 최초의 지역 언어들이 대체되었다. 실제로 카리브해 군도에서 유럽인의 "발견" 이래 5세기에 걸쳐 작용 중인 제국과 식민지의 역학을 설명하기 위해서는 거의 모든 섬들 하나하나를 가보아야 한다. 그런 연후에 카리브해 유역의 또 다른 독특한 표징인 이주와 망명을 통해 나는 미국 내 히스패닉-아메리칸의 현실과 경험의 한 부분이라 할 수 있고, 서구에 현재 거주하고 있는 서구 외부 출신의 다른 집단들이 직면하고 있는 것과 동일한 내부적 식민주의 상황이라 할 수 있는 디아스포라의 아들이 되었다.[6]

따라서 나의 경우 쿠바 섬의 토착민으로서 그리고 미국에 망명해 온 이주민으로서 경험했던 과정은 제국주의와 식민주의에 대한 네 가지 독특한 경험을 가져다주었다: (1) 스페인 제국이 "아메리카 대륙"에 상륙한 바로 그 시초부터 그 제국의 소멸에 이르기까지, 즉 크리스토퍼 콜럼부스의 최초 항해로부터 스페인-미국전쟁(1492-1898)에 이르기까지, 스페인 제국에 의한 점령의 여파; (2) 그 운명이 아주 명백했던 시기의

6) Segovia, "Two Places and No Place on Which to Stand", 27-33; idem, "Aliens in the Promised Land", 21-31쪽.

최고 극점에 달했던 시점에 미국제국에 의한 점령이 가져다 준 지속적인 여파(1898-1902)와 그에 이어진 공화정 시기 (1902-1959), 즉 미국의 날카로운 감독, 미국 군대에 의한 서너 차례의 군사적 개입, 그리고 일련의 잔인하고 부패한 독재에 의해 특징지어지는 신식민주의적 의존의 시기(독립선언 때부터 쿠바 혁명의 승리 때까지); (3) 소련 제국(1959-1989)의 신식민주의적 비호 하에 냉전의 절정기에 이루어진 사회주의-레닌주의 정부 체제의 이식에서 발생한 새로운 결과 그리고 제국의 중심이 완전히 붕괴된 이후까지도 지속된 그러한 정부 체제(1989-현재); (4) 미국 내 히스패닉-아메리칸 인구 전체에 주로 영향을 미치는 내부적인 식민주의의 상황.

이러한 길고 특징적인 계보에 비추어 볼 때 내 자신을 뼈 속 깊은 곳에서 그리고 영혼 깊은 곳에서 제국주의와 식민주의를 담지하고 있는 인물로, 인간 주체로, 그리고 현실의 살과 피를 지닌 독자로 따라서 성서비평가로, 구성적인 신학자로, 그리고 문화연구 비평가로 간주하고 구성하는 것은 놀라운 일이 아니라 하겠다. 그러므로 나에게 있어 제국—제국주의와 식민주의—의 현실은 편재하고 불가피하고 그리고 압도적인 실재를 이루고 있다. 이로 인해 탈식민주의 시각에 대한 나의 선택은 명백할 수밖에 없다: 내가 보기에 그것이야말로 가장 유익하고 가장 높은 뜻을 지녔고 그리고 가장 해방적인 모델이라고 하겠다. 따라서 이제부터 나는 이 모델이 성서비평에 대해서 지닌 특별한 중요성과 적합성을 헤쳐 보여 주고자 한다.

2) 탈식민주의 연구와 성서비평

포스트식민주의 연구는 제국—제국주의와 식민주의—의 현실을 세계—즉 고대세계, 근동이나 지중해 유역의 세계, 그리고 오늘날의 세계, 서구 헤게모니와 팽창주의의 세계, 포스트모더니즘의 세계, 서구 편에서 보면 신식민주의 세계이고 2/3세계 편에서 보면 포스트식민주의로 보여지는 세계—어디에나 편재하고 불가피하고 그리고 압도적인 실재로 간주하는 모델이다.

탈식민주의 연구와 고대 본문들

성서비평에서 생각해 볼 수 있는 탈식민주의 시각에 대한 첫 번째 차원은 편재하고 불가피하고 그리고 압도적인 사회정치적 현실—오랜 기간 동안 다양하게 구성되고 실행된 제국의 현실, 제국주의와 식민주의의 현실—의 견지에서 근동과 지중해 유역의 보다 넓은 사회문화적 상황을 각각 진지하게 고려하는 고대 유대교와 초기 기독교의 본문분석과 관련된다. 제국의 이러한 현상에 관한 약간의 예비적 관찰이 필요하다.[7)]

첫째, 제국의 현실은 대체로 기본적인 이항적 대립의 견지에서 규정되고 실행되는 구조적인 현실로 간주되어야 한다: 한쪽 끝에는 정치, 경제, 그리고 문화의 중심—종종 도시 개념에 의해 상징되는—이 있고, 다른 한쪽 끝에는 그 중심부에 정치적, 경제적, 그리고 문화적으로 종속되는 많은 주변부가 있다. 이 근본적인 이항적 구분은 다시 다음과 같은 이차적, 종속적인 다른 이항식들을 초래하고 야기한다: 문명화된/미개한, 발달된/원시적인, 문화화된/야만적인, 진보적인/후퇴적인, 개발된/미개발된-저개발된.

둘째, 여러 가지 많은 그리고 심원한 유사성에도 불구하고 이러한 구조적인 현실은 시대와 문화—말하자면 예를 들어 앗시리아와 바벨론의 세계로부터 그리스와 로마, 서구유럽과 미국의 세계에 이르기까지—를 가로지르는 모든 제국의 상황에서 균일한 것으로 간주되어서는 안 된다.

---

7) 제국주의와 식민주의 전반에 대한 간결하고 훌륭한 개론을 원하면 E. Said, "Yeats and Decolonization", in Nationalism, *Colonialism, and Literature*, ed. S. Deane (Minneapolis: University of Minnesota Press, 1990), 69-95쪽; idem. *Culture and Imperialism* (New York: Alfred A. Knopf, 1994), 3-61쪽; S. Deane, "Imperialism and Nationalism", in *Critical Terms for Literary Study*, ed. F. L. Lentricchia and T. McLaughlin, ed. (Chicago: University of Chicago Press, 1994), 354-68쪽을 참고하라.

오히려 많은 공통적인 심원한 유사성들이 있음에도 불구하고 구성과 배치에 있어서 차별화되는 것으로 간주되어야 한다.

셋째, 이 현실은 그들 각자의 문학적 저작물을 포함하여 중심부와 주변부에서 생산되는 지배적이고 종속적인 예술적 창작물 전체에 직, 간접으로 불가피한 영향력을 행사하게 되고 색깔을 입혀줄 정도로 넓은 효력 범위와 힘을 지니고 있다고 나는 주장한다.

고대 유대교와 그 문헌의 관점에서 볼 때 단지 하나의 제국이 아니라 근동과 지중해 세계에 관련된 제국의 계승에 대해 말하는 것이 필수적인데, 그것은 중심부의 위치에 따라 앗시리아, 바벨론, 페르시아, 그리스와 로마로 이어지는 계승과 관계된다. 초기 기독교와 그 문헌의 관점에서 제국의 현실은 명백하게 환-지중해 세계의 맹주인 로마제국의 거대한 존재와 힘과 관련된다. 로마가 지중해를 우리들의 바다(mare nostrum)라고 분류한 것은 매우 거만한 것이긴 하지만 고도의 정확한 분류임을 부정하기 어렵다.

따라서 우선 고대 본문들의 생산 과정에 드리워진 제국의 그림자가 부각되어야 한다. 그 결과 다음과 같은 몇 가지 핵심적인 질문들이 전면에 드러난다: 주변부에 있는 자들이 "세계"—제국의 현실에 의해 지배되는 세계—를 어떻게 바라보고 있으며, 그 세계 속에서 어떻게 삶을 형성해 가는가? 중심부는 그 "세계"와 그 세계 안에서의 삶에 대해 그 자신의 시각에 비추어 주변인들을 어떻게 평가하고 대우하는가? 각각에 속한 진영은 다른 편에 속한 세계를 어떻게 이미지화하고 재현하는가? 양편은 역사를 어떻게 이해하고 구성하는가? "타자"는 어떻게 간주되고 표현되는가? 억압과 정의에 대한 어떤 개념들이 발견될 수 있는가? 포스트식민주의 연구의 전망에서 볼 때 이러한 질문들—문화, 이데올로기, 그리고 권력의 질문들—은 결정적으로 중요한 것으로 드러난다.

탈식민주의 연구와 현대의 읽기들

성서비평 내에서 생각해 볼 수 있는 탈식민주의 시각에 대한 두 번째 차원은 고대 유대교와 초기 기독교 본문들의 생산을 둘러싼 편재하고 불가피하고 압도적인 사회정치적 현실—지난 500년간의 서구 제국주의 전통과 관련한 제국, 제국주의와 식민주의의 현실—의 견지에서, 유럽을 경유하건 북미를 경유하건 서구에서 그것들의 폭넓은 사회문화적 상황을 진지하게 고려하는 고대 유대교와 기독교 본문들에 대한 읽기와 해석들을 분석하는 것과 관련된다.

첫째, 서구의 제국주의 전통은 세 가지 다른 단계와 기간의 견지에서 접근될 수 있다:[8] (1) 유럽제국주의의 초기 상업주의적 단계와 관련된 초기 제국주의 시기—15세기부터 19세기 대부분의 기간 즉 포르투칼과 스페인의 군주 국가들로부터 영국, 프랑스, 그리고 네덜란드 등등의 초기 현대 국가들에 이르는 시기; (2) 주요 자본주의 국가들에서 산업 및 재정자산의 통합을 가져온 독점 자본주의와 관련된 강도 높은 제국주의 시기—19세기 말부터 20C 중엽까지의 기간으로 영국이 좋은 예를 보여준다; 그리고 (3) 공식적인 식민주의의 종말 및 이 세계에서 계속되고 있는 제국주의 문화의 영향력과 관련된 후기 제국주의 시기—그 주요한 예로서 미국을 들 수 있고, 20세기 중엽부터 현재까지의 시기가 이에 해당한다.

둘째, 우리는 서구 제국이 세워져 가는 전통의 이면에 매우 현저한 사회종교적 차원이 존재하고 있음을 확인할 수 있다. 따라서 서구의 선교운동은 매우 상징적인 날짜인 1492년과 1792년[9]에 의해 대변되는 두 가지 주요한 흐름과 기간으로 분리될 수 있다. 첫 번째 날짜는 물론 "새로

---

8) 나는 포스트식민주의 연구 전반에 대해 M. Sprinker ("Introduction", in Late Imperial Culture, ed. R. de la Campa, E. A. Kaplan and M. Sprinker [London: Verso, 1996], 1-10쪽)에 의해 제시된 경고에 동의하는데, M. Sprinkler는 5세기나 되는 이 기간 동안 서구에서 영향을 끼쳐온 상이한 유형의 제국주의에 대한 역사적인 시대구분을 제공하고 따를 필요를 주장한다.

9) 나는 여기에서 월스(A. Walls)의 논지를 따르고 있다. "Christianity in the Non-Western World: A Study in the Seirla Nature of CHristian Expansion", *Studies in World Christianity* 1 (1995): 1-25쪽 참조.

운 세계"에 유럽인이 처음 상륙한 것을 상징한다. 이 첫 번째 선교의 단계(1492-1792)는 주로 가톨릭이 주도적이었고 미대륙의 대규모 복음화와 관련되며 그리고 18세기 말에 이르러서는 거의 소진하게 되는 시기였다. 두 번째 기간은 비록 잘 알려져 있지는 않지만, 서로 관련되어 있으면서도 서로 다른 두 사건을 회상시켜 준다: 첫 번째 사건은 아시아(인도)에 관련된 것으로 윌리암 캐리(W. Carey)가 쓴 *이방인들의 복음전파를 위한 수단들을 사용할 기독교인들의 의무에 관한 조사*의 출판과 그에 동반한 그의 선교회의 형성이고, 두 번째 사건은 아프리카(Sierra Leone)와 관련된 것으로 근대 시점에 열대지역 아프리카에 최초의 교회가 설립된 것이다(아주 흥미롭게도 이 교회의 설립은 북미 출신의 아프리카 혈통에 속한 사람들에 의해서 이루어졌다). 이 두 번째 단계(1792-현재)는 처음에는 주로 개신교적이었고 아프리카, 아시아, 그리고 미대륙의 나머지 지역들을 대규모로 복음화 하는 데 관심을 갖으면서 오늘날까지 아주 활력 있는 상태로 남아 있다. 따라서 지난 5세기 동안 서로 다른 단계를 거쳐 오면서 유럽 제국주의와 식민주의는 가톨릭이건 개신교이건 그들이 가는 곳마다 그들 각자의 종교적 믿음과 관행들을 함께 가져갔다.

셋째, 서구 선교운동에 대한 이 이중적 구분을 앞서 살펴본 서구 제국주의의 삼중적 구영역과 비교해 보는 일은 교육적으로 유익하다. 한편으로 15세기부터 18세기까지의 최초의 선교 운동의 물결은 상업주의적 초기 제국주의 단계와 시기적으로 일치하고, 다른 한편으로 19세기와 20세기의 두 번째 선교 운동의 물결은 19세기에 일어났던 첫 번째 제국주의 단계로부터 두 번째 제국주의 단계로의 이행과 19세기 말엽과 20세기 초엽에 만개하게 된 독점 자본주의적 강도 높은 제국주의와 시기적으로 일치한다.

따라서 제국의 구조적인 이항적 현실은 강력한 사회종교적 구성요소와 관련된 것으로 간주되어야 한다. 정치, 경제, 그리고 문화적 중심은 종교적인 중심으로 기능한다. 다시 말해 일련의 종교적인 믿음과 관행이 중심부의 관행과 믿음을 정초시키고 인가하며 동반한다. 결과적으로 중심부와 가장자리라는 주된 이항식은 한 걸음 더 나아가 종교적 영역에서의 이항식(신자들/불신자들－이방인들)을 만들어내고, 그리하여 또 다른 이차적이고 부수적인 이항식들, 예를 들어 경건한/불경건한(참 하나님을 경배하는 자들/거짓 하나님을 경배하는 자들), 종교적인/우상 숭배적이고 미신적인과 같은 이항식들을 야기시킨다. 그 결과 정치적, 경제적, 그리고 문화적으로 중심부에 종속되어 있는 주변부는 종교적인 종속에 처할 수밖에 없게 된다. 즉, 그들의 종교적 믿음은 교정되고 고양되어야 하며, 그들의 신은 공격받고 파괴되어야 하며, 그들의 관행은 조소받고 대체되어야 하는 상황에 처하게 되는 것이다.

끝으로 이러한 현실은 그들 각자의 문학적 산물들을 포함하여, 중심부와 주변인들, 지배자와 종속민 양자의 예술적 생산물 전체에 직접적으로 간접적으로 덧칠을 하고 영향을 준다는 사실을 나는 다시 한 번 주장하고자 한다.

따라서 성서비평의 관점에서 고대 유대교와 초기 기독교의 본문에 대한 학문적 연구는 19세기를 통과하면서 이 학문이 형성되고 강화된 사실을 고려할 때, 서구 선교 운동의 두 번째 물결 및 강력한 서구제국주의와 식민주의의 단계인 제2단계로의 이행 시기와 시기적으로 일치하고 있다. 그 첫째는 영토와 소유를 위해 재점화된 광란의 쟁탈 속에서 유럽이 아프리카와 아시아로 향하던 시기이고, 둘째는 카리브 연안의 섬들, 멕시코의 중심부, 그리고 태평양 지역에 있는 영토들에 관심을 고조시키면서 미국이 서구와 그 너머를 향하여 눈을 돌리던 시기이다.

결과적으로 고대 본문들의 현대적 읽기가 이루어지는 가운데 드리워진 제국의 그림자가 다시 한 번 강조될 수밖에 없다. 그 과정에서 이미 제기된 것들과 다르지 않은 그러나 다른 각도에서 제기되는 몇 가지 결정적인 질문들이 또 다시 표면에 떠오르게 된다: 서구의 대도시 중심부에서 나온 이러한 읽기와 해석이 어떻게 고대 본문들 속에서 제국과 주변부들; 억압과 정의; 세상과 그 세상 속에서의 삶 및 다른－세계와 그 세계의 거주자들; 역사와 "타자"; 선교와 개종; 추종자와 외부인들; 구원, 선택, 그리고 구원과 같은 문제들을 다루고 묘사하는가? 다시 한 번, 포스트 식민주의 연구의 관점에서 볼 때 이러한 문제들—문화, 이데올로기, 그리고 권력의 문제들—은 너무나 중요한 문제임이 확실해진다.

탈식민주의 연구와 독자들

성서비평 내에서 내가 제안한 탈식민주의 시각이 갖는 세 번째 차원에 대해, 나는 서구 내에서건 서구 외에서건 전지구적 차원에서 보다 광범위한 사회문화적 맥락을 진지하게 고려하는 고대 유대교와 초기 기독교의 본문들에 대한 독자들의 분석이 필요하다고 다시 한 번 주장한다. 그러한 독자 분석은 고대 유대교와 기독교의 본문들뿐만 아니라 서구에서 행해진 그러한 본문들의 읽기들과 해석들을 잠식시켰던 편재하고, 불가피하고, 압도적인 사회정치적 현실의 빛에 비추어 수행되어야 한다. 그 사회정치적 현실은 다름 아닌 제국, 제국주의, 그리고 식민주의의 현실로서 이 현실은 지난 5세기에 걸친 서구 제국주의의 전통뿐만 아니라 그러한 전통에 대한 서구 외부로부터의 반응에서도 확인되는 바이다. 서구 제국주의에 대한 서구 외부로부터의 비평적 반응은 식민지 시대를 지났으나 아직 신식민지 상태에 있는 지난 반세기의 맥락 안에서 제기되고 있다.

첫째, 내가 그것을 편재하고, 불가피하고, 압도적인 성격을 가진 것으로 묘사했지만 제국주의와 식민주의라는 구조적으로 이항적인 현실은 절대적이고 아무런 저항도 받지 않는 수동성의 분위기 속에서 강제 부과되거나 수용된 것은 결코 아니었다. 항상 중심부/주변부의 근본적인 이항식의 뒤 끝에 그리고 또한 그것을 궁극적으로 해체하는 것 속에, 비록 실제에 있어서는 아닐지라도 원칙적으로는 저항/두려움이라는 전도된 이항식이 자리하고 있다. 내가 '전도된' 이라고 말한 이유는 이 이항적 대립구조에서 중심부가 반응해야 하는 입장에 서도록 강제되는 반면 주변부가 실제적 주도권을 취하게 되기 때문이다.

결과적으로 이러한 저항이 주변부 사람들의 정신과 마음에 공포감을 주입하도록 설계된 중심부로부터의 추가적인 통제조치를 초래하게 될 때조차(그것은 불가피한 일이다), 정치, 경제, 문화, 그리고 종교적으로 종속된 주변인들로부터의 중심부에 대한 저항이 이르든 늦든, 크든 작든, 명시적이든 암묵적이든 간에 항상 존재한다. 문명화되고, 증진되고, 계발되고, 진보적이고, 발전되고, 그리고 신앙을 가진 중심부가 주변인 집단들에 대항하여 문명화되지 않고, 원시적이고, 야만적이고, 역행적이며, 미개발되고, 신앙적이지 않은 조치들에 점점 더 의존하게 됨에 따라 분명히 이러한 조치들은 그 이항적 현실의 추가적 해체에 기여하게 될 뿐이다. 어떤 시점에서는 주변부에서 일어난 그러한 저항이 절정에 달하게 되는데, 이 절정은 한편 다양한 강도의 차이를 보여 준다: 공개적 도전과 저항; 광범위한 반란과 무질서; 실제적인 전복과 방향의 재정립.

둘째, 점점 더 많은 외부인들이 이 대열에 합류하게 됨에 따라, 바로 그러한 저항이 지난 1/4세기 동안 이 학과에서 발생하였다고 나는 주장한다. 그와 같은 외부인들은 두 집단으로 분류될 수 있는데, 한 그룹은 서구의 여성들이고 다른 한 그룹은 서구에 살고 있는 민족적, 인종적 소수자들 및 서구 밖에 살고 있는 남성과 여성들이다. 이 두 경우 모두에서 우리는 유사한 저항 패턴을 관찰할 수 있다: 1970년대의 초기 소용돌이—공개적 도전과 저항이라고 불릴 수 있는 상황; 1980년대를 통한 성숙과 강화—분명하게 광범위한 반란과 아노미 상황; 1990년대의 예리한 정교화—실제적인 전복과 방향의 재정립에 비유될 수 있는 상태.

셋째, 학문 영역의 이러한 변화는 서구 제국주의와 식민주의의 세 번째 주요 단계가 시작된지 오래지 않아 발생했다는 점이 간과되어서는 안 되는데, 그 세 번째 주요단계는 도처에서 일어난 독립 전쟁과 식민지들의 상실과 더불어 발생한 식민주의의 형식적 종언(탈식민주의 시대) 및 도처에서 여전히 효력을 발휘하고 있는 식민주의 문화(신식민주의 시대)에 의해 특징지어 진다. 보다 구체적으로 말하자면 그러한 발전은 1960년대 말과 1970년대 초기에 서구(유럽과 북미 모두)에 의해 경험된

위기 이후에 곧 찾아온 것임을 우리는 기억해야 한다. 아주 분명하게 말한다면, 이 세계 차원에서의 대변동이 궁극적으로 이 학과에도 영향을 미치고 있다.

끝으로, 그러한 현실이 직접적 혹은 간접적으로 그들 각각의 문학적 산물들을 포함하여 중심부와 주변부, 주도 그룹과 종속 그룹의 예술적 생산물 전체에 영향을 미치고 덧칠을 한다는 사실을 나는 다시 한 번 주장한다.

그렇다면 성서비평가들의 관점에서 이제 이 두 그룹을 구별하는 일이 필수적인 것이 된다. 한쪽에는 특히 강한 제국주의로의 이행 시기로부터 후기 제국주의 내의 신식민주의 단계 시기까지 이르는 서구의 오랜 제국주의 전통과 관련된 독자들이 있는데, 이들이 여전히 비평가들의 대다수를 이루고 있다. 다른 한쪽에는 2/3세계로 알려진 서구 제국주의의 식민지들과 관련된 비평가들이 있는데, 이들은 후기 제국주의 내의 탈식민주의 시대 단계를 거치는 동안 이제야 처음으로 자신들의 목소리를 내기 시작한 집단으로서 증가 추세에 있는 소수 비평가 그룹이다.

따라서 우리는 성서비평에서 현대와 당대 독자들의 삶속에 드리워진 제국의 그림자를 아직 다시 한 번 강조해야 한다. 그렇게 함에 있어 몇 가지 중요한 질문들이 전면에 드러나게 된다. 그 질문들은 이전에 살펴본 것들과 유사하지만 조금 다른 각도에서 정형화될 수 있는 것들이다. 서구의 대도시 중심부 출신인 전통적 (남성) 비평가들이 제국과 주변부; 서구와 그 나머지; 기독교 세계와 기독교 밖에 있는 이들; 선교와 개종; 억압과 정의; 역사와 타자; 구원, 선택, 그리고 거룩; 내세뿐만 아니라 현세와 현세에서의 삶 사이의 관계에 관하여 어떤 위치에 서 있으며 어떻게 자기-"자신들"을 구성하는가? 이런 문제와 관련하여 서구 여성들의 입장은 무엇인가? 서구 자체 내에서 이전에 외부인들에 해당되었던 자들로서 그 여성들의 역할은 무엇인가? 서구에 살고 있는 민족적 인종적 소수자 그룹뿐만 아니라, 서구 밖에 살고 있는 남성과 여성들은 이러한 문제들에 대하여 어떻게 응답하는가? 문화, 이데올로기, 권력에 대한 질문들은 탈식민주의 연구의 관점에서 볼 때 가장 중요한 질문들로 떠오른다.

3) 결론적 논평

문화연구의 관점에서 볼 때 현재 내 자신을 그 안에 위치시키고 있는 패러다임, 즉 탈식민주의 연구의 모델은 다른 것들과 나란히 공존하는 주요 접근 방식의 하나로 간주되어야 한다. 더군다나 이러한 접근방식은 아주 넓고 아주 풍부한 것 즉 다차원적, 다중심적, 다언어적인 것으로 간주해야 한다. 비평적 문헌의 폭발적인 분량이 잘 반영해 주듯이, 그 이론적 장치가 거대하고 그 읽기 전략들의 범위는 실로 경이적이다. 뿐만 아니라 그 영향력이 미치는 범위는 여러 문화와 역사적 시기들을 가로질러 관찰되는 제국주의와 식민주의의 담론과 관행에 관계되는 철저히 전지구적인 것임이 입증된다.

도입부에서 나는 문화연구 내의 한 모델, 즉 포괄적 모델 내의 중간 모델로서 탈식민주의 연구는 매우 적절하고 매우 계몽적이며 그리고 매우 결실이 풍부한 것임이 입증된다고 진술했다.

첫째, 이 모델은 그 자신이 특정한 이론적 주장들과 읽기 전략들에 의존하는 구성체임을 스스로 철저히 자각하고 있을 뿐만 아니라, 그것의 실천자가 되려는 사람들에게 그들 스스로가 자기 자신들 및 자기 자신들의 사회적 위치와 의제들에 대한 특정한 재현에 의존하고 있는 구성체임을 현실의 독자들임을 자각하도록 요청한다. 따라서 해석과 해석자들 모두에 관해서 이 모델은 과거의 재현과 현재의 재현에 있어 분명한 함축적 의미들을 지닌 구체적 시각을 전제하고 요구한다.

둘째, 이 모델은 다양하게 상관되고 상호의존적인 차원들을 한 번에 동시적으로 다룰 수 있다: 본문들의 분석—고대세계; "본문들"의 분석—현대세계; 본문들의 독자들과 "본문들"의 생산자들에 대한 분석.

끝으로, 이 모델은 심원하게 이데올로기적이다. 그 이유는 이 모델이

제국주의와 식민주의의 정치경험을, 그 연구가 어떤 수준에서 진행되든지 간에 비평작업에 있어 핵심적인 것이라 간주하기 때문이다.

그러나 결국 문화연구 내의 한 모델로서 탈식민주의 연구는 그 자체를 *동등한 여럿 중의 하나(unus inter pares)*로 바라보고 표현할 수밖에 없다. 그렇지 않으면 그것은 그 자체로 제국적인 담론이 되어 버릴 가능성이 다분하다. 그것은 다수의 다른 모델들 및 시각들과 충분히 관계를 맺고 대화 중에 있는 하나의 시각이지, 유일하게 적법한 시각은 아니다. 동등한 여럿 중의 하나이지만 가장 예리하고 가장 힘 있는 모델임에 분명하다. 왜냐하면 그것은 우리 모두 즉 식민지화된 자들의 후손과 식민지화한 자들의 후손 모두에게 우리가 알아왔고 또 그렇게 알고 있는 성서비평 영역이 현대의 다른 모든 담론들처럼 서구 제국주의와 식민주의라는 보다 광범위한 지정학적 맥락에 비추어 인식되고 분석되어야 함을 일깨워주기 때문이다. 그렇게 함에 있어 우리의 목적은 단지 분석하고 묘사하는 것이 아니라, 오히려 변혁을 이루는 것 즉 "해방"과 "탈식민지화"를 위한 몸부림에 있다.

2

탈식민주의 전망의 정련(精鍊)을 위한 단상들

나는 패널 멤버들에 대한 칭찬과 감사의 말로 말문을 열고자 한다. 한편으로 나는 힘들고 시간이 많이 드는 작업이라 할 수 있는 이 권(卷)의 비평적 검토를 기꺼이 맡아주신 친절함에 감사를 표하며, 다른 한편으로는 그 작업을 이처럼 철저하고, 우아하게, 그리고 선의를 가지고[10] 해 주

10) 이 장은 1998년 플로리다 올랜도에서 있었던 AAR-SBL Annual Meeting의 '아프리카, 아시아, 카리브해, 그리고 남미지역에서의 성서' 분과에서 행해진 특별

신데 대해 치하의 뜻을 표하는 바이다. 우리가 가장 많이 배울 수 있는 통로는 다른 사람의 비평으로부터인데, 특히 그 비평이 주의깊고 적절하게 그리고 선의를 가지고 표현될 때 그렇다. 이 일을 여러분이 탁월한 방식으로 해 주었고, 그렇게 함에 있어 여러분이 이 권(卷)의 기고자이자 이 시리즈의 편집자인 나로 하여금 생각하도록 몰아붙였고, 그 점에 대해 나는 늘 심심한 감사를 드린다. 사실 내가 현재 형태대로 이 진술들에 제목들을 붙인 것도 그러한 반성에 기초한 것이다. 그렇게 해서 나는 5장의 제목에서 일부를 따왔고, 이 해석 기획의 이론화와 구성에 있어서 지속적인 정련(精練)이 필요함을 표시하게 되었다.

1) 학명(學名)에 관한 질문

나는 이 권(卷)의 제목(탈식민주의 성서)과 지금 다루고 있는 연구 분야(탈식민주의 연구)에서 공통으로 발견되는 "탈식민주의"라는 용어 자체에 관한 내 자신의 비평적 논평으로 시작해야겠다.[11] 그것은 내가 통상적으로 사용해 온 호칭이지만 점점 더 문제의 소지가 되고 있음을 발견한다. 나는 이데올로기비평과 내가 문화연구라고 지칭해 온 것의[12] 맥락에서 지정학적인 영역—전지구적인 정치 차원에서 중심과 주변, 제국과 식민지의 관계—을 나타내기 위해 그 용어를 사용해 왔다. 나는 이 관계성이 사회적 현실과 문화적 현실 즉 문화적 생산과 사회적 형성 모

패널 토의에서 *The Postcolonial Bible* (R. S. Sugirtharajah, ed., The Bible and Postcolonialism Series 1 [Sheffield: Sheffield Academic Press, 1998])이라는 책의 논평에 대한 나의 답변이었다. 패널들의 논평은 *Journal for the Study of the New Testament* 74 (1999): 113-121쪽에 수록되어 있다.

11) 실제로, 이 권(卷)에 적용되고 있는 용어 사용이 아주 적절했다고 생각하지는 않는다. 나는 오히려 그러한 명명을 이 관점에서 수행된 성서의 주석에 돌리는 것이 더 낫다고 생각한다. 기실, 이것은 이 권(卷)의 제목으로 원래 의도되었던 것이 아님을 지적해야겠다. 오히려 *The Bible and Post-Colonial Criticism*이 이 시리즈에 대한 성격과 목적에 훨씬 더 적절한 제목이 될 수 있었을 것이다.

12) 이 책의 2장을 참고하라.

두를 포괄하는 것으로 본다. 동시에 나는 이 호칭이 지정학적인 영역이 내포하고 수반하는 모든 것에 대한 호칭으로 더 이상 적절치 않음을 발견한다. 다시 말해 나는 기표(記表)로서의 이 호칭이 그 범위 안에 속하는 것으로 보이는 모든 기의(記意), 즉 모든 비평적 활동을 담아내기에 너무 제한적이라고 생각한다.

우선 그것들 개개의 담론[13)]을 가지고 "제국주의"와 "식민주의"를 구별할 수 있고 또 구별해야 한다. 나아가 그러한 담론들과 그것들에 상응하는 담론들인 "반-제국주의"와 "반-식민주의"를 구별할 수 있고 또 구별해야만 한다. 끝으로 그곳에서 따라 나오는 하위 담론들을 통해 그러한 담론들 내에서의 다른 단계들이나 기간들을 구별할 수 있고 또 해야만 한다: 그 하위 담론들이라 함은 "전(前)-제국주의"와 "전-식민주의", "제국주의"와 "식민주의" 그 자체, "후(後)-제국주의"와 "후-식민주의", "신(新)-제국주의"와 "신-식민주의"들을 가리킨다. 이 점에 있어 나는 비록 내가(제국적-식민적 연구라는 표현에서 사용된 것처럼) "제국적-식민적"이라는 표현이 갈수록 매력적이라고 생각하지만, 내 스스로 완전히 편안하게 느낄 수 있는 대체 용어를 사실상 가지고 있지 않다. 내가 생각하기에 이와 같이 매우 추상적인 단어들에 하이픈을 사용해서 병치시키는 용어로 사용하는 것은 다양한 비평적 활동과 그리고 현재 논의 중인 하위 담론들을 더욱 정확히 전달할 수 있고, 이것은 결국 별로 도움이 되지도 않고 어쩌면 더욱 혼동시키는 제유법(提喩法)적 표현인 "포스트식민주의"라는 용어를 사용하는 것보다 훨씬 더 효과적이라고 생각한다.

그렇지라도 이러한 범주들을 사용함에 있어 변방의 현실과 경험을 중

13) 이 점에 있어서 학명(nomenclature)의 문제는 대단히 복잡하다. 나는 중심부와 관계된 모든 것을 가리키는 말로 "제국주의(imperialism)"를, 그리고 주변부와 관계되는 모든 것을 표시하기 위해 "식민주의(colonialism)" 라는 용어를 사용하고자 한다. 비슷한 입장을 참고하려면 A. Loomba, *Colonialism/Postcolonialism*, The New Critical Idiom (New York: Routledge, 1998), 1-19쪽을 참조하라.

심부와 관련하여, 그리고 그 결과 외부적 개입, 지배와 억압이라는 견지에서 바라보기를 지속한다는 점을 즉시 지적하고자 한다. 이는 그곳에 사용되고 있는 다양한 접두사(pre-, post-, neo-)와 한정사(고유한) 자체가 명백히 보여주는 바이다. 그 결과 중심부의 역할은 계속해서 주변부의 역할 위에 서게 되는 특전을 부여받는다. 이것은 아마도 우리가 논의 중인 그 관계성의 매우 불평등하고, 오래 지속되어 왔고, 전체화하는 성격을 고려할 때 불가피한 것이긴 하지만, 나는 다른 방법으로 한번 생각해 보기를 진정으로 원한다. 그러나 현재 나는 "탈식민주의"라는 용어가 적절한지 어떤지, 적절하지 않다면 그 자리에 어떤 용어를 대치해 넣을 수 있는지와 관련된 학술용어의 문제로 논의를 제한시키고, 주변부로부터의 더욱 토착적인 정의의 문제는 다음 기회로 미루어야만 한다. 그럼에도 불구하고 이 문제에 대한 내 입장이 여전히 잠정적인 점을 고려하여, 나는 아래의 논의에서 "탈식민주의"라는 용어를 계속해서 사용할 것이다.

2) 반응에 대한 판독

용어 사용에 있어 이러한 유보를 염두에 두면서, 나는 *탈식민주의 성서*와 그 책에 대한 비평적 논찬들에 관해 논해 보고자 한다. 이 책은 영광스럽게도 내가 그 시리즈의 편집위원으로 봉사할 수 있었던 '성서와 포스트식민주의'라는 새로운 시리즈물의 첫 번째 권(卷)이다. 그런 이유로 그것은 성서연구와 탈식민주의 연구[14] 분야를 함께 묶는 초창기 시도를 대변한다고 하겠다. 따라서 이 단계에서의 비평은 매우 환영할 만한 일일 뿐만 아니라 매우 유익하기도 하다. 왜냐하면 이러한 비평은 이 두 담론들 사이의 대화를 더욱 실질적이고 더욱 지적으로 세련되며,

14) 내가 아는 한, *Semeia* 73호가 그와 같은 첫 번째 시도를 대변해 준다(L. Donaldson, ed., *Postcolonialism and Scriptural Reading* [Atlanta: Scholars Press, 1998]).

그리고 더욱 풍성하게 만드는 일에 기여할 수 있는 순기능을 가지고 있기 때문이다. 이러한 전망에서 나는 그 반응들이 이 기획 전체와 관련하여 세 가지 주요 논점들을 제기한다고 본다: (1) 교육의 문제－탈식민주의 시각이 그 기획에 대해 부차적인 것이기보다는 오히려 중심적인 것으로 드러날 수 있는 방식으로 성서를 가르치는 일; (2) 연대(solidarity)의 문제－다른 저항과 해방의 담론들과의 공통성 및 연결성을 놓치지 않으면서 성서연구에서 탈식민주의 분석을 행하는 일; (3) 적용가능성의 문제－역사적인 맥락들과 제국적/문화적 형성 사이에 존재하는 차이점들에 민감하게 주의하면서 성서연구에 탈식민주의 시각을 실전 배치하는 일.

이것들 중에서 데이빗 조블링(David Jobling) 교수에 의해 제기된 마지막 항목이 이 기획에 대해 가장 급진적 도전들을 제공한다. 그것은 가장 근본적인 문제에 해당하기 때문에 가장 많은 주의를 요구하며, 그래서 나는 나의 반성적 숙고에서 이 마지막 적용성의 문제에 초점을 맞추고자 한다. 나는 그것의 기본 전제를 재진술함으로 시작해서, 이 전제의 상황화로 이어나가고 그런 연후에 우리가 직면한 도전에 대한 초보적 응답들을 논의하도록 하겠다. 결론에서 나는 연대와 교육이라는 다른 두 가지 논점들을 간단히 다룰 것이다.

적용 가능성에 대한 도전

기본 전제

이 도전에 대한 전제는 과거의 세계, 즉 성서 고대의 세계와 현재의 세계 즉 현대적 해석의 세계 간에 존재하는 것으로 말해지는 "균열"이나 "격차"와 관련하여, 역사적 간격을 강조하는 고전적 주장을 맑시스트 전통에서 변형시켜 진술한 것이라 할 수 있다. 조블링 교수는 맑스주의 이론에서 생산양식의 개념이 갖는 결정적인 중요성을 언급한다. 그 내용인 즉 생산양식은 한 사회에서의 모든 실천과 이론에 틀을 짜줄 뿐만 아니라, 생산양식의 변화는 모든 이론과 실천을 "단어들 하나하나의 뜻에 이르기까지" 변화시킨다는 것이다. 이 문구에서 단어라고 할 때 그것은 성서의 말씀까지도 포괄한다는 것이 명백하며, 즉시 해석의 논란을 불러일으킨다. 사실 성서가 조공-노예제도라는 하나의 생산양식 하에서 생산된 반면 우리는 후기 자본주의라는 또 다른 하나의 생산양식 하에서 살고 있다. 결과적으로 적용성의 문제가 예리하게 전면으로 부각된다. 일반적인 용어로 표현해서 성서는 우리가 살고 있는 시대에 어떤 방식으로 말을 걸 수 있는가? 구체적인 용어로 표현해 보자면, 성서는 제국주의와 식민주의 문제에 관해 우리에게 무엇을 말할 수 있는가? 조블링 교수의 표현을 빌리자면, 포스트식민주의 분석에서 성서는 어떤 종류의 분석 대상인가? 그의 주장에 따르면 적절한 반응은 무역사적 유비의 형태를 띠는 단순 연결고리를 뛰어 넘어야 하지만, 대신 역사적 비교와 번역이라는 복잡한 과정과 연결되어야 한다. 유감스럽게도 이러한 종류의 연구가 성서와 탈식민주의 시리즈의 첫 번째 권(卷)에서는 발견되지 않는다고 조블링 교수는 결론을 내린다.

컨텍스트 속에서 바라본 전제

역사적 간격에 근거한 이 주장과 관련하여 우리는 다음 두 가지 사실을 관찰할 수 있다. 첫째, 우리가 기억해야 할 점은 그 주장의 이론적 틀이 전통적인 맑스주의 이론의 틀과 같다는 점이다. 즉 그 주장은 역사를 웅대한 스타일 속에서 객관적이고, 포괄적이며 신학적인 것으로 바라본다. 그리고 그 주장은 물질적 토대와 상부구조 사이를 구별하는 이론적 틀을 가지고 있다. 둘째, 우리는 맑스주의 비평가들과 탈식민주의 비평가들 간의 격렬한 논쟁을 기억해야만 한다. 맑스주의 관점에서 볼 때 탈식민주의 비평가들은 제국주의의 상부구조는 다루지만 제국주의의 물적 토대 문제는 간과하고 있다. 그렇게 함에 있어 그들은 탈식민주의 비평가들이 자본주의의 문화적 생산 수준에 줄곧 머물러 있게 되고, 그 과정에서 의미 있는 방식으로 사회적 구성체에 영향을 미치는 데는 실패하고 있다고 주장한다. 탈식민주의 관점에서 볼 때 맑스주의 비평가들은 사회경제적 계급(생산양식에 대한 관계)의 차이 이외에도 또 다른 사회적 차이들이 있다는 점을 인식하는데 실패한다. 따라서 그들은 맑스주의 비평가들이 "타자들"에 대한 서구의 매우 부정적 입장을 완전히 무시한다고 주장한다. 탈식민주의 비평가들이 볼 때 맑스주의 비평가들은 세계적 차원에서 무산자 계급의 혁명이 이상적으로 일어날 수 있기 위해서는 서구 외부에 있는 원시 세계가 발전을 경험할 필요가 있다고 수긍한 마르크스 노선을 따르고 있는 것이다. 결국 탈식민주의 비평가들이 맑스주의 비평가들에 대하여 서구 한복판에 존재하는 인종주의 이데올로기의 먹이가 되어버렸다고 비난할 수 있고 또 실제로 그렇게 비난하고 있는 것처럼, 맑스주의 비평가들은 탈식민주의 비평가들이 후기 자본주의 이데올로기에 굴복하고 있다고 비난할 수 있고, 실제로 그렇게 비난을 가하고 있다.

나는 조블링 교수가 제기한 적용 가능성에 대한 도전을 맑스주의 비평가들과 탈식민주의 비평가들 간에 계속되고 있는 논쟁의 매체변수들에 포함되는 것으로 본다. 따라서 탈식민주의 분석을 성서연구에 적용하기 시작한 이 초기 단계를 지켜보면서, 조블링 교수는 탈식민주의 비평가들이 성서에서 문화적 생산뿐만 아니라 성서의 물질적 토대나 사회적 형성을 고려해야만 하며, 만약 이러한 대화가 뭔가 생산적인 것이 되려면, 그것은 역사 속에서 연속적으로 나타난 대규모 생산양식에 따라 수행되어야 한다고 주장한다. 지금까지로 봐서는 그들이 이 일에 실패했다고 조블링 교수는 주장한다.

응답을 모색하는 메모들

말할 필요도 없이 탈식민주의 성서에 의해 표현된 성서연구의 탈식민주의 기획에 대한 이러한 도전은, 현재의 응답이 허용하는 것보다 훨씬 더 많은 시간과 공간을 할애해서 다루어야 마땅하다. 사실상 그것은 이번에 내가 이론적 시각에서 그것을 숙고하는 데 바칠 수 있는 시간보다 훨씬 더 많이 숙고되어야 마땅하다. 그러나 내가 할 수 있는 것은 이 탈식민주의 기획의 이론적 정련을 염두에 두면서 그러한 응답을 모색하는 "메모들"을 제공하는 일이다. 나는 이 정련 작업이 필수적이면서도 현재 진행 중에 있는 작업이라고 생각한다.

첫 번째 메모는 이론적인 틀과는 상관없이 간격 그 자체에 근거를 둔 주장의 효력에 관계된 것이다. 나는 거기에 대해 긍정하면서도 부정하는 입장이다. 포스트모더니스트 역사서술의[15] 관점에서 볼 때 더욱 그렇게 할 수밖에 없다. 한편으로 나는 분량이 어떠하든 종류가 무엇이든 간에 역사적 혹은 문화적 간격들에 의해 분리되어 있는 두 "본문들"이 서로 대화의 장에 참여하여 그 대화 과정에서 어떤 번뜩이는 통찰들이 발생할 수 있는지를 지켜보는 일이 가능하다고 주장한다. 이러한 시각은 모든 비교 모델들을 하나의 구성(construct)으로 바라보는 포스트모던의 개념과 관계 깊다.[16] 다른 한편으로 나는 역사적, 문화적 간격의 논점에 세밀한 주의를 기울임으로써 본문의 분량과 종류에 상관없이, 우리가 "본문들"을 비교하는 데로 나아가는 일이 가능하다고 주장한다. 이러한 시각은 현재 마르크스주의의 역사서술과 생산양식에 대한 개념에 호소하는 경우처럼, 여러 가지 이론적 틀에 의존할 수 있다. 그러나 나는 당연히 포스트모더니스트 관점에서 모든 그러한 모델들이 구성체라고 본다. 따라서 간격에 의존한 고전적인 주장과 관련하여 나는 실행의 시점에서 그 목적에 따라 내 자신이 둘 중 어느 방향으로든 갈 수 있다고 본다. 그러나 고백하자면 대체로 나는 본문의 다름을 유지하고자 하는 하

15) 메타내러티브로서의 역사 및 점묘주의(pointilist)로서의 역사의 측면에서, 역사기술 전반에 대한 포스트모더니즘의 영향에 대한 탁월한 분석을 보려면, K. Jenkins, "Introduction: On Being Open about Our Closures", in *The Postmodern History Reader,* ed. K. Jenkins (New York: Routledge, 1997), 1-30쪽을 참조하라.

16) 이점에 대해서는 A. K. M. Adam, *What is Postmodernist Biblical Criticism?,* Guides to Biblical Scholarship: New Testament Series (Minneapolis: Fortress press, 1995), 61-71쪽을 참고하라.

나의 방편으로 간격에 대한 감각을 보존하는 것을 선호한다.[17)]

두 번째 메모는 탈식민주의 시각의 효력 범위와 관련이 있고 따라서 사회경제적인 문제들에 관한 맑스주의 모델의 특정한 주장과 관련이 있다. 나는 이러한 시각이 사회적 현실과 문화적 현실 양자를 포괄함으로써 문화적 생산에서 출현하는 재현들과 사회적 구성체를 만들어내는 세력들의 분석을 요구한다고 주장한다.

우리는 여기서 두 가지 추가적인 관찰을 할 수 있다. 첫째, 이러한 분석에서 가장 바람직한 것은 동시에 같은 정도로 두 종류의 조사를 실행하는 것이지만, 전문성, 시간, 혹은 단순한 선호도와 같은 문제들이 비평가들을 어떤 한쪽 방향으로 몰아갈 수 있다는 것이다. 이러한 전망에서 볼 때 한 종류의 조사는 나머지 다른 종류의 조사와 똑같은 정도로 중요하다는 사실이 자명하다. 둘째, 이러한 분석은 사회적 수준에서건 또는 문화적 수준에서건 다양한 차원에 대한 관심을 수반하는데 그 중에서 사회경제적인 차원이 분명 가장 중요하다. 그렇다고 해서 사회경제적인 차원이 독보적인 중요성을 지니거나 필연적으로 중요하다는 것을 의미하지는 않는다. 다시 말해 전문성, 시간 혹은 단순한 선호도의 문제가 비평가를 특정한 차원에 집중하도록 이끌어가게 된다. 이러한 전망에서 볼 때 어떤 한 차원에 대한 집중적인 연구는 다른 차원에 집중한 연구와 똑같이 중요하다. 나는 포스트모더니즘의 전망에서 볼 때 사회적 구성과 문화적 생산을 결코 이분법의 양극단으로 간주해서는 안 된다고 덧붙이고 싶다. 왜냐하면 결국 사회적 구성은 문화적 생산을 재현함으로써 구술되고 분석될 수 있기 때문이다.

세 번째 메모는 다른 시대와 (또는) 다른 장소에서 발견되는 제국적,

---

17) 이 점에 대해서는 F. F. Segovia, "Toward a Hermeneutics of the Diaspora: A Hermeneutics of Otherness and Engagement", in *Reading from This Place*, vol. 1: *Social Location and Biblical Interpretation in the United States*, ed. F. F. Segovia and M. A. Tolbert (Minneapolis: Fortress Press, 1995), 57-73쪽을 참고하라.

식민적 구성에 관한 비교연구의 가능성에 관계된 것으로 앞서의 첫 번째 메모와 연결된다. 논리적인 입장의 다양한 스펙트럼이 머릿속에 쉽게 떠오른다.

한쪽 극단에서 우리는 각각의 제국적, 식민적 구성이 완전히 독특하기 때문에 역사와 문화를 가로지르는 어떠한 비교도 가능하지 않고 유효하지도 않다고 주장할 수 있다. 이러한 관점에서 20세기 대영제국을 현대적 대응물이라 할 수 있는 일본, 프랑스, 혹은 미국과 비교할 수 없는 것은 그것을 15, 16세기의 스페인, 포르투갈 혹은 1세기의 로마제국과 비교할 수 없는 것과 마찬가지이다. 다른 한쪽 극단에서 모든 제국적, 식민지적 구성들은 역사나 문화에 상관없이 기본적으로 동일하다고 주장할 수 있다. 이러한 관점에서 그것이 20세기의 대영제국과 일본, 프랑스 혹은 미국 제국과 관계되든 혹은 15, 16세기의 스페인, 포르투갈과 관계되든 혹은 1세기의 로마제국과 관계되든 자신 있게 비교 작업을 수행할 수 있다. 이러한 양 극단 사이에서 제국적, 문화적 구성들 간에 존재하는 유사점, 차이점들에 유의하는 비교를 지지하는 여러 입장들을 발견할 수 있다. 이때에 물론 유사점들과 차이점들에 대한 강조의 정도는 다양할 수 있다.

포스트모더니즘의 관점에서 그리고 나의 첫 번째 메모에서 언급한 것들과 같은 맥락에서 나는 시간과 문화를 가로지르는 대대적 비교에 반대하는 것이 아니라, 비교 연구가 가능하다는 측의 스펙트럼 내에서 다양한 구성들 간에 존재하는 유사점들과 차이점들에 관심을 기울이기를 선호하는 쪽에 내 자신을 위치시키고자 한다.

마지막 네 번째 메모는 고대 연구의 성격과 기원에 관련되며 우회로를 통해 다시 간격에 기초한 주장으로 되돌아온다. 나는 성서의 고대에서 발견되는 것과 같은 고대의 제국주의적, 식민주의적 구성들을 연구하는 일이 역사적으로나 문화적으로 최근의 제국주의적, 식민주의적 구성들의 연구와 크게 다르지 않다고 주장하고 싶다. 왜냐하면 고대의 연구는 아주 최근까지 거의 배타적으로 서구의 전유물이 되어 왔기 때문이다. 그 결과 고대 연구는 다양한 제국주의적, 식민주의적 구성들의 심장부에서 전수되고 이루어져 왔다. 결과적으로 성서연구와 서구 연구는 상호 간에 쉽게 분리되거나 차별화될 수 없다.

이 점과 관련해서 맑스주의의 사회경제적 모델을 한 예로 들어보자. 맑스주의 이론이 생산양식 개념을 비평적인 도구로 사용했다는 것은 19세기의 구성에 속한다. 그것은 적절한 해석을 위하여 "자료들"에 의해 전달되거나 요구된 것이 아님에도 불구하고, 아직도 맑스주의 역사 서술에서 대규모로 고대 연구 일반에 적용되고 있다. 그리고 성서연구와 관련해서는 조블링 교수에 의해 적절한 역사 비교와 번역을 위해 필수불가결한 것으로 간주되고 있다. 나는 맑스주의 사회경제 모델의 사용이 비록 더 많이는 아닐지라도, 고대에 관해 밝혀주는 것과 동일한 정도로 서구에 관해 많은 것을 드러내 준다고 주장한다. 실제로 포스트모더니즘의 관점에서 나는 역사의 의미와 재구성에 대한 모든 재창조뿐만 아니라 모든 방법들과 모델들은 구성이라고 주장한다. 여기에는 성서의 고대에 대한 모든 접근들과 모든 견해들, 그리고 그 다양한 제국주의적, 식민주의적 구성들이 모두 포함된다. 따라서 결국은 문제의 역사적인 "심연"이 아주 깊은 반면 그것의 재현은 그렇지 않다. 왜냐하면 그러한 "간격"을 설명하는 모델들은 최근 또는 당대의 관점에서 나온 것으로 그것은 피할 수 없는 현실이기 때문이다.

요약

탈식민주의 연구와 성서연구는 역사적, 문화적 경계들에 대한 많고 작은 관련 속에서 함께 대화할 수 있다. 이때 어느 하나가 나머지 다른 하나보다 선천적으로 더 나은 것이라고 단정할 수는 없지만 문화적 경계들에 대한 관련성이 더 많이 연구되는 것은 사실이다. 무엇보다 탈식민주의적 시각은 그 활력과 정교함을 통해 제국주의적, 식민주의적인 구성을 드러낼 수 있어야 한다. 더군다나 이러한 대화 속에서 탈식민주의적 시각은 시간과 문화를 가로질러 제국주의적, 식민주의적 구성들을 비교하는 일을 주저해서는 안 된다. 이때 개방적 비교와 제한적 비교 중 어느 것이 선천적으로 더 나은 것이라고 보지는 않지만 제한적 비교가 더 선호되는 것은 사실이다. 결국 그러한 대화는 고대의 제국적, 식민지적인 구성에 대한 연구가 서구의 제국적, 식민지적인 구성의 중심부에서 일어나고 발전됨으로써, 비록 더 많지는 않을지라도 성서에 관한 것만큼 서구에 관해 많은 것을 말해주는 서구의 구성들을 대변하면서, 실제적으로 서로 그렇게 멀리 떨어져 있지 않은 두 담론들을 한 자리에 모아준다. 따라서 매우 실제적인 의미에서 탈식민주의 연구와 성서연구는 완전히 상호 관련되어 있고 상호의존적인 분야와 담론을 구성한다.

연대와 교육에 대한 도전

연대

앞에서 제안한 성서연구의 탈식민주의적 시각은 분명히 저항과 해방의 담론이다. 그것은 본문의 수준에서 뿐 아니라, 본문의 해석과 읽기들 그리고 본문의 독자들의 수준에서 중심과 주변, 제국의 입장과 식민지의 입장 사이의 지정학적 관계를 읽기 렌즈로 취한다. 더군다나 그것이 중심부보다 주변부를, 제국의 입장보다 식민지의 입장을 부각시키는 방향으로 진행할 때, 탈식민지화와 해방을 염두에 두면서 그렇게 한다. 그 결과 사회경제적(맑스주의) 또는 페미니스트 비평과 같이, 성서연구에서 저항과 해방을 다루는 다른 담론들과 탈식민주의 시각과의 관계에 대한 질문이 다양한 방식으로 제기되는 것은 불가피한 일이다. 이 질문이 늘 희망하는 것은 대항적인 읽기를 함께 실행할 수 있는 연대의 가능성이다. 내가 볼 때 그러한 희망 뒤에는 새로운 시각을 기대하는 대항적 대열의 강화보다는 오히려 분산시키는데 기여할 수 있다는 두려움이 깔려 있다. 그래서 대항적 읽기를 위한 서로 다른 다양한 진영들로부터의 요청은 다른 담론들과의 유사점과 연결점들에 주의를 기울여야 한다. 이것이 내가 실제로 가장 가치 있고 가장 매력적인 노력이라고 여기며, 세계

정책의 이상이라 명명하는 것이다.

그러나 이것은 또한 가장 문제가 되는 것이기도 하다. 나는 저항과 해방의 기획이 지배와 억압의 다양한 성격을 고려할 때 일률적이고 조화로운 것이 아니라 다면적이고 상반적인 것으로 보여야 하고 따라서 전지구적인 이상(세계정책)과 다수의 지역적인 이상 간의 대화로 보여야 한다고 주장한다. 이러한 시각에서 볼 때 저항과 해방의 다양한 담론들 사이에 존재하는 차이점들은 유사점들 만큼이나 강조되어야 하며, 그래서 어떤 목소리나 입장도 다른 목소리나 입장들에 의해 침묵되거나 잠식되어서는 안 된다. 이러한 점과 관련하여 탈식민주의적 분석의 초점은 분명한데, 그 초점은 고대에서건 근대에서건 포스트모던시대에서건 간에 중심과 주변, 제국과 식민지 간의 지정학적인 관계이다. 예를 들어 이러한 전망에서 볼 때 맑스주의 기획도 페미니즘 기획도 그 자체로 충분하지는 않다. 왜냐하면 그것들 양자는 서구에서 기원된 것이기 때문이다.

한편 그것이 아무리 고상한 것이라 하더라도 사회주의 이상은 비판적으로 검토되어야 한다. 결국 "실제적인" 사회주의의 경험과 현실은 그 방향성에 있어서 맑스주의일 뿐만 아니라 레닌주의-스탈린주의이기도 했다. 상당히 많은 서구 지식인들이 오랫동안 지속적으로 그것을 낭만화해 왔음에도 불구하고 그 기록은 분명하다. 그 기록은 다음의 사실을 보여 준다: (1) 비록 더 이상은 아니었다 할지라도 러시아를 그 중심으로 하고 동유럽과 그 주변 지역을 식민지적 영향권에 넣은 소련제국은 다른 어느 것 못지않게 제국적-식민지적 구성을 간섭주의적, 통제적, 전체주의적인 것으로 단결시켰다; (2) 인권과 사회적 권리를 무차별적이고 체계적으로 침해하는 정책. 탈식민주의적 전망에서 볼 때 실제 사회주의의 역사적인 궤도는 서구의 어떤 다른 지정학적 구성의 궤적이 보여주는 것만큼이나 제국적이다.

다른 한편 아무리 칭송을 받았다하더라도, 페미니즘의 이상도 비판적으로 재검토되어야 한다. 사실 여성 운동의 경험과 현실은 그 방향성에 있어서 페미니스트적일 뿐만 아니라 인종주의적이었다. 비서구 페미니스트들이 끊임없이 지적해 온 것처럼, 그 기록 또한 명백하다: (1) 비서구 세계의 여성들과 서구 내의 비서구 여성들의 경험과 현실에 대한 체계적인 간과, 과소평가, 또는 무시; (2) 비서구 세계의 남성들 또는 서구 내의 비서구 남성들을 향한 인종주의적 기본 태도. 탈식민주의적 전망에서 볼 때, "실제적인" 페미니즘의 역사적인 궤도는 서구의 다른 어떤 사회운동의 궤적만큼이나 편견에 사로잡힌 것이었다.

결국 나는 비록 주변부를 포함하는 다양한 집단들을 위한 상당히 자명한 기획들이 존재할 수는 있겠지만, 주변부에 속한 모든 이들을 위한 저항과 해방의 자명한 기획은 존재하지 않는다고 주장한다. 따라서 세계정책의 이상은 어떤 하나의 집단에 의해 증진되거나 규정될 수 있는 것이 아니라, 오히려 연루된 모든 집단들에 의해 구축되어야 하는 가장 도전적이고 힘든 작업이라 하겠다. 탈식민주의적 전망에서 볼 때 이러한 이상의 실현은 중심부와 주변부 간의 지정학적 관계에 대한 질문 없이는 불가능하다. 동시에 이 지정학적 이상은 성별이나 계급의 요인을 배제시킬 수 없으며, 사회경제적 비평과 페미니스트 비평은 성별이나 계급의 요소들이 자신들에게 영향을 미치는 만큼 그것들에게 영향을 미친다. 이 점에 있어 이제 비서구인들은 서구의 페미니스트들과 서구 맑스주의자들의 눈을 포함한 서구의 시야에서 벗어나 서로 간에 대화할 수 있는 공간을 절대적으로 필요로 한다.

결론을 대신하여 덧붙이고 싶은 말이 있다면 나는 이 저항과 해방의 개념을 무력화시키는 것이 아니라 해방시키는 것이고, 또 그만큼 다면적이고 상충적인 현상이라고 간주하는 것이다. 그리고 그것이 다양성의 문제를 전면에 부각시키는 한에서 이미 그것은 그 자체로 저항과 해방의 몸부림이 가져온 엄청난 승리라고 할 수 있는 것이다. 실제로 지배와 억압의 맥락에서 볼 때, 규범과 동떨어져 다르게 행동하고 생각하는 것, 즉 다양성의 가능성보다 더 두렵고 혐오되는 대상은 존재하지 않는다.

교육

앞에서 제안한 성서연구에서의 탈식민주의 시각은 분명히 그것의 해석적 비전과 나란히 함께 가는 교육적 비전을 요청한다고 나는 주장한다. 그러한 비전은 나아가 이 비전이 그 기획에 대해 주변적이라기보다는 오히려 중심적이어야 함을 나는 주장한다. 단지 논평을 가하자면 그러한 시각이 중심에 놓이도록 하기 위해서는 그것이 본문과 그 해석, 본문 읽기와 본문의 독자들 모두에게 적용되어야 한다는 것이다.[18)]

3) 결론적 논평

결론을 대신하여 위의 고찰은 성서연구의 탈식민주의 비평기획에 의해 제기된 도전들에 반응함으로써 비롯되었음을 밝힐 필요가 있다. 비록 이러한 숙고가 간결하며 충분히 발전된 것은 아니지만, 이같은 논의를 가능케 해준 패널 회원들과 그들의 비평적 논찬에 깊은 감사를 표한다. 많은 분들이 이 기획의 개념화와 진술적 표현의 정련을 위해 훌륭한 기여를 해주었다. 편집자와 기고자로서 많은 분들에게 빚을 진 셈이다.

---

18) 이러한 비전의 형성(formulation)에 대한 첫 단계로서, 이 책의 4장을 참고하라.

4부

바깥 세계로 부터의 목소리들

1. 개인의 목소리 - 탈식민주의 비평의 사유
   1) 역사비평: 개인적 목소리의 억압
   2) 문화연구: 개인적 목소리의 분출
   3) 탈식민주의 연구: 개인적 목소리의 공고화
   4) 결론적 논평

2. 성서학의 현장에 있는 인종적, 민족적 소수
   1) 세기 전환기를 맞은 성서학 내의 인종적, 민족적 소수
   2) 성서연구에 임하는 인종적, 민족적 소수의 삶과 역할

1

개인의 목소리

탈식민주의 비평의 사유

성서연구 분야 안팎에서 내가 자신을 그 안에 위치시키고 있는 해석의 거대 모델인 문화연구의 전망에서 볼 때, 개인적인 목소리—비평의 배경에 있는 비평가, 역사서술 배경에 있는 역사가, 학문적 연구 배경에 있는 학자의 목소리와 역할—의 문제는 비평적 기획의 핵심적 문제에 해당한다. 따라서 그 주요한 주창자이며 제안자 중의 한 사람인 프레드 잉글리스(Fred Inglis)는 문화연구를 인간의 가치에 초점을 두는 창조적인 또는 상상력이 풍부한 사고로 묘사한다.[1] 이러한 틀 내에서 개인적인 목소리에 대해 할당된 중심적인 역할을 이해하기 위해서는 문화연구의 기원, 목적, 그리고 방법을 회상해 보는 것이 좋겠다. 그리고 이것을 위해 잉글리스의 훌륭한 연구를 참고할 것이다. 이 개관이 이번에는 성서연구에서의 개인적인 목소리에 대한 내 자신의 숙고를 위한 토대로 기여할 것이다.

우선 첫째로 문화연구는 냉전의 절정기에 그리고 상징적 출발점이라 할 수 있는 1968년의 학생운동과 더불어 인문학의 기존 신념과 실행방식들에 대항한 젊은 세대의 반란의 결과로 출현했다.[2] 그것은 *특히 무엇*

1) F. Inglis, *Cultural Studies* (Oxford and Cambridge, MAss.: Blackwell Publishers, 1993), 3-24, 227-248.

2) 1968년 안수를 위한 공부를 하던 시기, 당시 나는 콜럼비아 대학이나 버클리대학, 그리고 파리의 거리에서 일어나던 일들과 전혀 똑같지 않았다 할지라도, 그

*보다*도 심원하게 다원적인 세계, 일상생활의 혼란스러움과 그 전체 스펙트럼에 대한 관심, 고려에서 배제된 모든 인간 행위자들에 대한 헌신, 그리고 메타내러티브나 거대 이론에 직면하여 불확실성을 선호하는 경향에 대한 신세대의 자각에 의해 동력을 받은 반작용이었다. 그렇게 함으로써 문화연구는 모든 인문과학에 대한 임의성과 진지성 사이의 균형을 회복하기를 시도한다. 이때 문화연구는 생동성과 연대를 강조함으로써 이론이 경험의 실제에 대면하도록 이끌며 또한 자신과 타인에 대한 책임을 떠맡게 된다.

그렇게 하기 위하여 문화연구는 관점의 복수성을 존중하며 지적 경험의 다양성을 즐기고 지식의 상황적 제한성과 불확실성을 인정하는 것과 같은 지배적 원칙들의 중요성을 주장한다. 그들은 또한 모든 지식이 이해관계에 얽혀 있음을 주장한다: 한편으로는 "지식" 그 자체가 그 지식을 산출하게 만든 인간의 이해관계의 산물로 간주되기 때문이고, 다른 한편으로는 "인간의 이해관계"가 다른 인간 집단들(계급, 국가, 인종, 성별) 속에서 출현하므로 선천적으로 깨어지고 굴절된 것으로 간주되기 때문이다. 그 결과 참으로 외부자의 입장이나 천상적인 시각의 부재 속에서 문화연구는 그러한 지식의 변수들을 연구대상으로 돌림으로써 내부로부터 그것들을 연구하는 자리로 나아가게 한다.

결국 잉글리스(Inglis)에게 있어 문화연구는 인간 가치에 대한 비평적 연구를 의미한다. 그것은 이러한 가치들의 거대한 다양성과 굴절성을 진지하게 고려하는 연구, 이러한 가치들을 사실(세상이 존재하는 방식)과 헌신(인간 주체가 세상을 바라보는 방식)의 혼합으로 간주하는 연구, 그리고 학문적 주체로서 그렇게 하는 가운데 그 자신의 가치 안에 반영된

와 유사한 방식으로 동시대의 세대적 좌절감과 반동(revolt)의 감정이 학생들 사이에 표현되고 있음을 볼 수 있었다, 결국, 제2바티칸 공의회(Vatican Council II)의 결과에 뒤이어 *현대화*(*aggiornamento*)에 대한 여러 개혁들이 보편적인 교회들을 두루 강타하며 효력을 발생하기 시작하였다. 그러한 개혁들은 신학과 목회, 그리고 교육의 환경에 영향을 주었고, 구세대와 신세대들 사이의 많은 투쟁(battle)을 야기시켰다.

대로 유익을 끼치고자 하는 연구이다. 다양성과 복수성, 일상적인 것과 평민적인 것, 배제된 자들과 주변화된 자들, 그리고 무엇보다 모든 지식의 국부성과 이해관계성에 대한 관심 속의 개인적 목소리에 대한 근본적인 관심이 명백하게 나타난다.

이러한 관심은 내러티브 일반 특히 전기(biography)를 문화연구의 방편으로 선호하는 잉글리스 자신의 기호 속에서 가장 뚜렷하게 소통된다. 따라서 그의 주장에 따르면 우리는 가능하다면 역사적인 내러티브를 항상 찾아야 하며, 이러한 이야기들이 이론들로서 서로 섞어 짜여지게 하고, 그럼으로써 행위들에 틀을 제공하고 그 행위들을 이해할 수 있도록 만들어야 한다. 더구나 그는 역사적 순간에 새로운 빛을 던져주고 역사적 지도에서 그 기본적 매체변수들을 드러내주는 생활사보다 더 쉽고 유익한 이야기는 없다고 주장한다. 따라서 잉글리스에게 있어 전기와 자서전은 관찰자와 피관찰자, 주체와 객체, 세상의 존재방식과 세상을 바라보는 방식의 이상적 조합을 만들어낸다. 그리하여 인간주체는 행위자로서 세상 속으로 던져지고, 세상은 이러한 인간 행위자의 삶을 통해서 그리고 그 삶 안에서 읽혀지게 된다.

이 장에서 나는 성서연구의 개인적인 목소리의 문제를 추적하고자 한다. 그리고 문화연구에 대한 동조자로서 나는 자전적인 방식으로 자신을 성서연구의 세계에 삽입시킴으로써 그렇게 하기를 원한다. 나는 성서비평가로서 살아온 내 자신의 삶과 경험의 견지에서 성서연구의 세계에 관한 이야기를 엮어 보려고 한다. 그 이야기 속에서 나는 성서연구 영역의 최근 역사 속에서 그와 같은 개인적인 목소리가 출현하게 된 과정과 그 세계 안에서 탈식민주의 비평가로서의 내 자신이 그와 같은 개인적 목소리를 내게 된 과정을 추적할 것이다. 그러나 내가 스스로를 탈식민주의 비평가로 묘사한 것과 관련하여 약간의 예비적 설명이 필요하다. 나같은 탈식민주의 비평가는 태어나는 것이자 만들어지는 것이다. 즉 내가 그러한 것처럼, 다층적인 방식으로 어떤 개인이 제국주의와 식민주의 혹은 신식민주의와 포스트식민주의의 아들로 태어났다고 해서 포스트

식민주의 시각을 그냥 갖게 되는 것은 아니다. 그것은 선택을 요구하는 시각으로서 의식화 운동과 구성의 과정을 요구한다. 이제부터 나는 그러한 목소리의 출현 과정, 그리고 이 학과 내에서/이 학과와 더불어 걸어왔던 내 개인적 여정을 경유하여 내가 그러한 선택을 위한 결정에 이르게 된 과정을 서술하고자 한다. 이 여정은 세 가지 주요한 단계들과 관련되어 있다.

1) 역사비평 : 개인적 목소리의 억압

1970년대 말 학문에 종사하는 자로서의 나의 직업적 경력이 시작될 무렵, 나는 이 학과의 주요한 저널 중의 한 곳에 출판을 목적으로 논문을 하나 제출했다. 이 논문의 어딘가에서 나는 내가 연구하고 있던 단락에서 어떤 특별한 구조를 식별해 냈다는 취지로 무엇인가를 기록했었다－정확히 무엇이라 기록했는지는 현재 기억나지 않는다. 편집진들은 이 논문을 출판하기로 결정하였고 약간의 사소한 변경 요청을 첨부하여 되돌려 보내왔다. 그러나 이러한 변경 요청들 중의 하나는 매우 다른 어조로 표현되어 있었는데, 아마도 불신과 격노의 혼합이라 표현하는 것이 가장 잘 어울릴 것 같은 문구였다. 검토자는 천둥 같은 호통을 쳤다. 한 단락의 구조는 본문 그 자체 안에 있는 것이지 주석자의 눈 안에 있는 것이 아니다. 사용된 언어가 이미 주어진 것으로서의 그러한 결정적인 구조를 반영한다는 것을 명확히 하기 위해서는 세심한 주의가 요청된다. 나는 비록 그 변경 요청을 아무런 주저 없이 기꺼이 받아들였지만, 그 논평의 어조는 이후 수년간 계속해서 매우 특유한 것으로 생각되었다.

그 당시에는 이러한 지적 속에 포함된 중대한 함의와 관련 문제들에 대해 나는 거의 알지 못했었다. 실제로 내가 겉보기에 사소해 보이는 학문적 서신 교환을 그 자체로 중요성을 지닌 문화적 텍스트로 볼 수 있게 된 것은 20여 년이 지난 후 비평적으로 되돌아보게 되면서부터이다. 1970년대 말 그러니까 나의 연구물이 평가를 받던 그 시절에 이 학과는 대소동의 초기 상태, 근본적인 변화의 기로에 처해 있었다. 역사비평—19세기 초부터 20세기 3/4의 시기에 이르기까지 학문적인 집단들을 지배했던 매우 사랑받는 과학적인 방법—의 지배권에 반대하는 최초의 저항의 목소리들이 두 가지 서로 다른 경로를 통해 개혁을 요구하며 이미 문제를 제기해 왔었다. 하나는 문학비평을 통한 방향의 재정립이고 다른 하나는 문화비평을 통한 재조형이다.[3]

내가 그 당시 전위적 환상가의 영웅적인 외투를 걸치고 끊임없이 돌고 도는 전통의 바퀴에 돈키호테 식으로 달려들었다면 지금쯤 그것은 멋진 이야기를 만들어 냈을 것이다. 그러나 사실은 너무나 무미건조하게 끝나버리고 말았다. 내가 제출했던 그 논문은 역사비평에 깊이 매몰된 매우 전통적인 한 꼭지의 글이 되고 말았다. 결국 그것은 내가 훈련 받아 온 방식이 내 앞의 수많은 다른 사람들의 경우와 다르지 않음을 보여준다. 나는 학문 세계 내의 더 폭넓은 비평의 전통과 다양한 움직임들과 발전들에 대해 철저히 무지했고 역사 기술 분야 자체 내에서 지속되고 있는 심원한 변화에 대해서도 무지했었다.

내 마음속에 있는 마지막 생각은 구조가 본문 자체 안에 존재하는 것인 독자들이 뚜껑을 열어 보여주어야 하는 것이 아니라, 오히려 본문과 독자 간의 상호교환 속에 존재하는 것으로 보여야 한다는 것을 주장하는 것이거나 혹은 구조가 안정적으로 고정되어 있는 것이라기보다는 변하기 쉽고 독자에 의존하는 것으로 접근되어야 한다는 것을 주장하는 것이었다. 따라서 변경 요청에 쉽게 순응한 것은 결코 출판을 염두에 둔 전략적 선택이 아니라, 사실 요청된 대로 언어를 날카롭게 다듬어 가능한 한 정확하게 구조가 본문에 고유한—결정되어 있고, 결정하는—것이라는 견해를 반영하기 위한 정직한 시도였다. 결국 그것이 처음부터 나의 의도였다; 그러나 아직도 나를 괴롭혔던 그 논평의 호전적인 어조에 관한 무엇인가가 존재했다.

---

3) 이 학과에 대한 이야기를 보기 위해선 이 책의 1장, 2장을 참고하라.

나는 잠시라도 그 당시 그 저널에서 내 논문을 검토했던 사람이 관련된 심오한 비평적 논점을 인식했다고 생각하지 않는다. 오히려 나는 그의 논평을 감정적인 반응이었다고 본다.—나는 심사숙고 끝에 남성 대명사를 사용하는데, 왜냐하면 그 당시 어떤 여성도 편집진에 포함되어 있지 않았기 때문이다. 그의 학문적 인격이 경련을 일으키도록 만들고 그와 같은 진심에서 우러나온 감정의 분출을 유발한 것은 성서 주석의 연습과 해석에 있어서 존재하는 주관적 차원에 대한 힌트 혹은 주관적 차원의 의식적 표현이었다. 따라서 이것은 옛것과 새것 사이의 어떤 조우도 아니고 전통적인 것과 최신 유행 사이의 전투도 아니다. 회고해 보면 적어도 표면적으로 그 일화는 이미 그 당시에 한창 진행 중이었고 곧 다가올 상황에 대한 중대한 징후였다고 생각할 수 있다.

그 반응이 가진 힘을 이해하기 위하여 전통적인 역사비평의 세계와 이데올로기를 상기해 볼 필요가 있다. 그러한 비평의 틀 내에서 해석상의 개인적인 목소리 문제를 제기하는 것은 있을 수도 없고 용서할 수도 없는 그 죄를 범하는 것이었다. 그것은 개인적이고 주관적이고 상황적인 것을 가라앉히고 회피하고 초월하는 것, 다시 말해 끊임없이 낭송되는 것처럼[4], 성서 원문에 관한 자기 해석이 아닌 성서 주석에 참여하는 것이 역사비평의 주안점이었다. 전통과 교조주의, 주관론과 주정설의 어두운 세력에 대항한 그 투쟁 속에서 역사비평은 소위 이성과 과학이라는 근대의 빛을 고대 본문들과 고대 그 자체의 연구에 관련을 맺도록 했다. 이 빛은 충분한 보상을 주는 것이면서 동시에 매우 어려운 과제였다.

그것은 실증주의에 굳게 뿌리내린 빛이었다; 고대 본문의 의미와 역사의 진로는 객관적이고 모호하지 않은 것으로 간주되었다. 따라서 그것은 이러한 현실에 대한 연구에 과학적 접근을 요구하는 빛이었다. 본

4) 당시 내게 전해진 프로젝트의 초대장(Ingrid Rosa Kitzberger, April 22, 1996)은 "객관성(objectivity)에 대한 주장, 그리고 비평적 작업과 비평가의 엄격한 분리에 있어 전통적 역사비평 패러다임과 대조되는" "사적 비평(personal voice criticism)"을 적시하고 있었다.

문의 의미와 역사적 발전은 정당한 방법론적 도구들의 적절한 훈련을 통하여 자료에 의해 허용되는 범위까지 복원될 수 있다. 이러한 빛은 나아가 보편적이고 박식한 독자 유형을 요구하는데, 그러한 독자는 정통한 학자의 훈련되고 주의 깊은 감독 하의 과학적 방법의 엄밀하고 끈기 있는 습득을 통하여 해석의 객관성과 공정성을 목표로 하는 독자를 말한다.

따라서 역사비평의 우선적이고 신성한 목표는 의식적인 폭로와 방법론적 숙련의 조화를 통하여 대체로 신학적인 관점에서 구성되었지만, 원칙적으로 사회문화적이거나 이데올로기적인 모든 주제들에까지 확대 적용될 수 있는 모든 전제들과 편견을 벗어버리는 것이다. 이러한 탈상황화의 목적은 역사비평의 주장에 따르자면 "그들 자신의 관점에서" 고대 본문들의 의미와 고대 역사의 과정을 해석 역사상 최초로 공공연히 드러내는 것이다. 오직 그때에만 이러한 의미와 역사가 모든 유형의 해석학적 번역, 숙고, 적용을 위해 적절한 출발점으로 기여하게 된다.

그것의 출현 이후 수년 동안 상당히 영향력 있는 것으로 입증된(미국 내에서는 확실히 그랬다) 한 논문에서 더욱 명백하게 이러한 역사비평의 의제가 확인되는 곳은 아무데도 없다. *해석자를 위한 성서 사전(The Interpreter' s Dictionary of the Bible)*[5]의 한 항목으로 1960년대 초 크리스터 스탕달(Krister Stendahl)이 저술한 성서신학에 관한 긴 표제항이 바로 그것이다. 역사비평의 고전적인 프로그램은 여기서 매우 잘 발견될 수 있다.

스탕달(Stendahl)은 성서신학이 세 가지 독특한 운동을 포괄한다고 주장한다: 한쪽 극단에서 성서신학의 목적은 성서 본문의 역사적 의미—"그것이 과거에 의미했던 것"—에 초점을 두는 "기술적(記述的)인" 작업이고, 다른 쪽 극단에서 성서신학의 목적은 성서 본문의 현대적 의

5) K. Stendahl, "Biblical Theology, Contemporary", in *The Interpreter' s Dictionary of the Bible,* 4 vols., ed. G. A. Buttrick (Nashville: Abingdon Press, 1962), 1:418-32.

미—“그것이 현재 의미하는 것”—에 집중하는 “신학적” 작업이다. 그리고 그 중간에 “번역”의 과제가 자리하는데, 이것은 해석학 분야에 있어서 광범하고 탄탄한 능력을 전제하는 과제이다. 역사비평의 영역인 기술(記述)의 과제는 다음과 같이 더욱 날카롭게 정의되었다. 본문 최초의 의미—언급되거나 기록되었을 당시 그 단어가 의미했던 것—가 *그 자신의 관점에서* “고도의 인식능력을 발휘해서” 상술되어야 한다. 이때 자료 자체가 그 해석이 옳은지 그른지를 점검하는 수단을 제공하게 해야 한다.[6] 돌이켜 볼 때 역사비평의 전체 기획에 대한 그 엄청난 자기 확신과 순진무구함은 너무나 놀라울 뿐이다.

이러한 틀 내에서 우리는 개인적인 목소리를 어떤 식으로든 고려한다는 것과 해석에 있어 개인의 목소리의 역할과 영향을 어떤 식으로든 인정한다는 것이 얼마나 궁극적인 인식론적 금기—현재의 관점에서 과거를 읽는 것—의 용서할 수 없는 위반으로 간주되었을 지를 쉽게 이해할 수 있다. 나는 내 논문의 검토자가 보인 감정적인 반응이 바로 이와 같은 맥락과 세계에서 나온 것이라고 주장하는 바이다. 내가 의도적으로 그렇게 한 것은 아니었지만, 그는 내가 표현한 방식에서 용납할 수 없는 주관주의의 낌새를 인지했고 따라서 나를 비난하기에 이르렀던 것이다. 그 당시로서는 우리 둘 다 앞으로 다가올 시대의 사태들이 어떻게 변할 것인지 전혀 알지 못했었다.

---

6) 확실히, 스탕달(422)은 기술적인 작업(descriptive task)에 연루된 다음과 같은 방해물들에 대해 모르고 있지 않았다. 재료(material)를 선택하는 데 있어서 역사가의 주관성; 모든 분야에 있어서 확실성을 허락하지 않는 자료의 결핍, 일부 비교재료에 호소하면서 다른 비교재료들을 무시하는 일. 그러나 결국 그러한 장애물들이 극복 불가능한 것으로 여겨지지는 않았다. 그는 재료 자체가 적절한 교정책(a proper corrective)으로 기여할 수 있을 뿐만 아니라, 그 작업 자체가 신자와 불가지론자 모두에 의해 마찬가지 결과를 가져오도록 수행될 수 있다고 믿었다. 스탕달이 주장하기로, 요구되어지는 모든 것은, “본문들 그 자체에 의해 지시되어진 대로 기술하는 것(description)”이었다.

2) 문화연구 : 개인적 목소리의 분출

> 1990년대 중반 나는 우리 분야의 연례 학회에서 거의 나와 엇비슷한 또래의 미국 출신 동료 학자를 우연찮게 한두 번 만난 일이 있었다. 그의 전문 연구 분야도 나와 비슷했고, 우리는 서로 오랫동안 알아온 사이였다. 우리는 모두 1970년대에 훈련을 받아 왔고, 1980년대를 거치면서 우리들 각자의 학문적 경력의 발전을 지켜봐 왔다. 우리가 간혹 공통 관심 분야의 최근 작업에 대해 서로 이야기를 나누게 되었을 때, 이 친구가 갑자기 역사비평의 길을 버리고 그 기초와 목표가 매우 정당하지 못한 비평에 몰두하면서 성격상 명백히 정치적인 다른 접근들로 전환한 것에 대해 나를 꾸짖기 시작했다. 점점 더 격앙되자 그는 역사비평은 과학적인 방법론으로 어떤 이데올로기도 담고 있지 않다고 선언함으로써 그의 갑작스런 일장 연설을 마무리지었다. 역사비평이 모든 주관적 가치와 의제들을 극복했었다면 얼마나 좋았겠는가라고 내가 반박했을 때, 우리의 대화는 다소 갑작스런 침묵에 빠졌고, 마침내 그 친구가 불쾌한 기분으로 자리를 떠남으로 그 대화는 끝이 났다.

그 당시 앞서 언급한 첫 번째 일화를 경험한 이래 15년이라는 상당한 시간이 경과했었다. 그 반응의 어조가 확실히 거칠었고, 특히 추측컨대 내가 경험했던 것과 매우 유사한 학문적 발전과정을 지켜보았을 나보다 나이 어린 학자에게서부터 나온 반응이었지만, 그 반응의 어조가 이제는 더 이상 놀랍거나 당황스럽지 않았다. 그 당시에는 물론 1970년대에 나온 저항의 초기 목소리들이 매우 복잡하고 아주 다양한 형태로 완전히 만개한 비평운동으로 응집되었을 뿐만 아니라, 이 학문을 경쟁적인 패러다임을 위한 진정한 각축장으로 전환시키면서 역사비평을 그 걸출했던 자리에서 내려오게 만들어 놓은 상태였다. 문제가 되고 있는 그 변화를 내가 앞에서 묘사한 것처럼, 나에게 있어 우리 학과의 해방과 탈식민지화를 의미했던 것이 그에게 있어서는 학문적 표준의 약화와 학문 영역 내의 대 혼란을 의미했던 것이다. 말할 필요도 없이 그 과정에서 이러한 변형은 또한 성서학에서 개인적인 목소리에 대한 비평적인 재고를 초래하는 데 기여했다.

사실상 문학비평과 문화비평이 꽃을 피움에 따라 해석에 있어 "독자"의 역할에 대한 관심이 더욱 증가하기 시작했다. 보편적인 독자 유형의 노선을 따른 형식적인 독자-구성체에 대한 최초의 관심은 마침내 "현실의 독자"에 대한 관심에 자리를 내주었고, 그리고 그와 더불어 현실의 독자 즉 혈과 육을 지니고 살아가는 독자들은 인간 정체성의 다양하고 매우 복잡한 차원들의 시각에서만 접근되고 분석될 수 있다는 필연적인 자각에 이르게 되었다. 그 결과 네 번째 비평운동인 문화연구가 그 목소리를 주장하기 시작했고, 학문의 각축장에서 자신의 공간을 위해 싸우기 시작했다. 내가 성서비평에서 개인적 목소리의 도입을 위해서 이론적 근거를 구성하는 데로 나아가게 된 것은 이러한 움직임으로부터 였고, 문학비평과 사회비평을 연구하면서 많은 도움을 얻은 후였다.[7)]

첫째, 나는 중립적이며 이해관계에 무관한 독자들은 존재하지 않는다는 것을 깨닫게 되었고 따라서 보편적이고 박식한 독자의 구성을 지향한 탈상황화 제안은 단지 괄호로 묶어놓았다고 주장된 그 정체성의 보편화에 지나지 않는다는 것을 깨닫게 되었다. 독자들은 항상 그리고 불가피하게 특정한 위치에 자리하고 있으며 이해관계에 얽혀 있고, 문화적으로 역사적으로 조건화되고 실존적으로 관여하며 살아가고 있음을 나는 주장했다.

둘째, 나아가 나는 해석자 없이는 본문이 어떤 의미도 가지고 있지 않

7) F. F. Segovia, "Toward a Hermeneutics of the Diaspora: A Hermeneutics of Otherness and Engagement", in *Reading from This Place*, vol. 1: *Social Location and Biblical Interpretation in the United States,* ed. F. F. Segovia and M. A. Tolbert (Minneapolis: Fortress Press, 1995), 57-73; idem, "Toward Intercultural Criticism: A Reading Strategy from the Diaspora", in *Reading from This Place,* vol. 2: *Social Location and Biblical Interpretation in Global Perspective*, ed. F. F. Segovia and M. A. Tolbert (Minneapolis: Fortress Press, 1995), 303-330을 참고하라.

고, 역사는 어떤 진로도 가지고 있지 않다는 것을 깨닫게 되었다. 따라서 나는 의미의 모든 복원과 역사의 재구성뿐만 아니라 모든 읽기 전략들과 이론적 모델들은 그와 같은 현실의 독자들 편에서 행해진 구성체들이라고 주장했다.

셋째, 나는 이러한 통찰력을 내 자신의 비평적인 장치와 실행에로 통합시켜야 함을 분명히 깨닫게 되었다. 따라서 나는 모든 본문들, 본문의 읽기들, 본문의 독자들을 그 자체로 문학적/심미적, 수사학적/전략적인, 그리고 이데올로기적/정치적인 구성체로 간주하고 분석하는 읽기 전략인 간문화비평을 주장했다. 나아가 나는 다름(others)으로서 이러한 다른 것들을 인정하고 존중할 뿐만 아니라, 이러한 다른 것들을 비평적 대화에 관여시키기를 추구하는 다름과 관여의 해석학이라는 이론적 모델에 이 방법을 정초시켰다.

끝으로 나는 이 접근법 내에서 상황화와 관점에 결정적 역할이 부여되었다는 사실에서 잘 반영되고 있듯이, 해석 작업은 심원하게 정치적이라는 것을 충분히 깨달았다. 따라서 나는 문화연구 내의 그리고 간문화비평과 다름과 관여의 해석학 내에서 담론의 근본적인 양식은 역사적, 문학적, 문화적이지도 않고 오히려 사실상 이데올로기적이라고 주장했다.

결국에 가서 나로 하여금 성서 주석과 자기이해 사이에 존재하는 오랫동안 사랑받아 온 차이가 완전히 붕괴되었다. 모든 성서 주석은 궁극적으로 자기이해라는 사실을 인정하도록 이끈 나의 이러한 비평가로서의 방랑에 비추어 볼 때, 나의 대화 상대자가 던진 비난과 질책 그 자체는 부적절한 것이었지만 내용적으로 상당히 핵심을 찌르고 있다. 그는 역사비평, 역사비평의 모델과 의제들을 천착하고 지지를 보이는 자신의 관점에 대해서 내가 역사비평의 매체변수들을 저버렸고, 그것에 대한 근본적인 비판을 가했으며, 나의 비평 작업에서 다양한 다른 방법들에 의존했음을 올바르게 인식하고 있었다.

그렇게 함으로써 나는 우리들을 한때 결합시켰던 것에 대해 근본적으로 반대되는 다음과 같은 관점들을 채택하게 되었다. 객관적이고 공정한 독자는 존재하지 않는다. 과거에 대한 모든 시각들은 현대의 구성들이다; 모든 해석은 상황적이고 이데올로기적인 것이다. 단지 그러한 도덕률 폐기론자의 입장, 즉 인식에 관한 금기의 공공연한 위반은 그러한 꾸짖음만을 야기시킬 수 있을 뿐이었다. 나는 해석의 주관주의를 지지한 것에 대해 누가 보더라도 유죄였고 스스로도 그렇다고 인정했다. 물론 그 당시 다른 많은 사람들도 그렇게 했으며, 그것에 대해 공정하지 못한 비평이라는 비난을 가한 반론과 객관주의의 재천명은 더욱 깨지기 쉽고 진부한 것으로 보였다. 특히 어떤 실제적인 이론적 기초가 없을 때 더욱 그러했다. 개인적인 목소리는 기존의 성서학 내에서 여기에 머물러 있어야 했고, 침묵과 불일치 속에서 우리 자신의 길을 가기 위해 갈라서는 것만이 유일한 대안이었으며, 그것은 그 자체로 또 하나의 중요한 문화적 텍스트를 형성하게 되었다.

3) 탈식민주의 연구 : 개인적 목소리의 공고화

아주 최근에 내가 속한 다양한 학회들 중의 하나인 위원회가 저녁 식사 모임을 가졌을 때, 나는 우연히 유명하고 정평 있는 학자의 옆에 앉게 되었다. 이 사람은 신사였고 나보다 여러 해 연장자였으며 전통적으로 박식한 학자를 만들어내는 사회적 주조 틀에 완벽하게 맞추어 주조된 분이었다. 그는 모든 이론을 역사의 영역 외부에 있는 것으로 간주하면서 이론적인 사태들을 불신하고 그런 것들을 염두에 두지 않는 전형적으로 박식한 인간형에 해당되었다. 그는 대체로 우리 학과 내에서나 학문 영역 내에서 일어나는 주요한 전환에 대해 무관심할 뿐만 아니라 충분히 알지 못했고, 자기 자신의 연구에만 철저히 매몰되어 있는 사람이었다. 그는 자신의 가장 최근의 연구 실적에 관해 한참 자세하게 이야기한 후에, 불연듯 내 자신의 최근 관심사에 관해 질문했다. 로마제국의 상황에서 산출된 초기 기독교 문헌들에서 발견되는 경쟁적인 이데올로기들에 관한 나의 고조된 관심을 설명했을 때, 그는 내가 로마제국과 초기 기독교 문헌 사이의 이러한 연결을 실제로 중요하다고 생각하는지의 여부를 공손히 물어 왔다. 비평의 발전이 유럽과 미국의 제국적 팽창, 축소, 그리고 변형과 병행되어 왔기 때문에 그 연결이 고대 세계에 대해서 중요할 뿐 아니라 근대와 현재의 우리 시대에도 중요하다고 생각함을 대답했을 때, 그는 신중하게도 나의 연구에 관한 어떤 더 깊은 질문을 중단하고 그 자신의 미래 연구 계획을 상당히 길게 요약 설명하는 쪽으로 대화의 방향을 돌렸다.

이 일은 앞에서 언급한 두 번째 일화 이후 2, 3년이 지나서 일어난 일이었지만, 이러한 짧은 대화의 내용이 전혀 예기치 않거나 또는 당황케 하는 것은 아니었다. 어떤 분개나 좌절의 가시적인 표시도 보이지 않은 그 우정 어린 어조조차 상당히 예견되는 것이었다. 그때 나는 이 학과의 더욱 전통적인 방법들과 의제에 헌신된 개인들과 접촉할 때, 특히 더 나이 많고 박식한 유형의 사람들과 접촉할 때, 내가 따라야 할 가장 좋은 전략은 정중하게 적당히 대화를 주고받는 것이라는 것을 배우게 되었다. 사실상 이 학과 혹은 다른 학문 영역과 관련하여 논쟁적이거나 문제시되는 주제들에 관해서는 우호적인 방식으로 대처하는 것이 무해하고 적절한 주고받기에 해당할 수 있다. 이 일화의 경우처럼, 비록 그러한 정책이 지루한 자기 이력의 장황한 설명으로 이어질 수 있지만 말이다.

이것은 사회적 우아함과 직업적 지혜에서 비롯된 전략으로서, 관련되어 있는 추론적, 이론적인 격차를 고려할 때 모든 유형의 진지한 비평적 대화는 문화적으로 선호되는 우호적인 분위기를 깨트릴 뿐만 아니라, 전혀 어떤 합의점에 도달할 수 없다는 전략적인 깨달음에서 비롯된 것이라 하겠다. 확실히 이 구체적인 경우에서 나는 이러한 전략에서 벗어났었다. 그러나 그것은 단지 나에게 던져진 질문들의 결과였고, 그때조차도 나는 가능한 한 명쾌하고 전지구적인 방식으로 대답하는 쪽으로 진행했었다. 이러한 간결함은 효과적임이 입증되었는데, 내 자신의 관심사는 나의 대화 상대자의 그것들과는 너무나 동떨어져 있었기 때문에 그는 신속히 훨씬 더 친숙한 그 자신의 연구 영역으로 나아갔던 것이다.

그때서야 나는 탈식민주의 연구로 옮겨가기 시작했다.[8] 문화연구로 전향하면서 나는 성서비평에서 정치적 또는 이데올로기적인 요소의 현저함을 주장했었다. 간문화비평 그리고 다름과 관여의 해석학에 대한 나의 형식화에서, 나는 해석 작업의 모든 수준에서—본문들, 본문들의 읽기들, 그리고 본문들의 독자들의 수준에서—이 요소를 소개하는 데 착수했었다. 동시에 나는 어떻게 이데올로기적인 분석에 가장 잘 관여할 수 있느냐의 문제—사실상 이론과 방법의 문제—를 가지고 계속해서 씨름했었다. 그때 당시 다수의 다른 관점들로부터 이데올로기 비평에 참여하는 다른 이들이 존재했지만 나는 특별히 지정학적 차원에서 그렇게 해보고 싶었다.

확실히 나는 해방과 탈식민지화의 견지에서 이 학과의 발전을 설명하기 위해 포스트식민주의 연구의 주요 용어와 개념들에 이미 호소해 왔다. 나는 또한 이러한 발전이 서구의 외부로부터의 목소리 그리고 서구에 거주하는 비서구 소수자들로부터의 목소리를 포함해 상당한 정도로 지금까지 종교연구에서 부재했던 외부의 목소리들의 유입에 따른 것이라고 설명했다. 나아가 나는 현재 이 학과에 존재하는 사회문화적인 것뿐만 아니라 방법론적, 이론적인 다양성이 탈식민주의 세계의 불가피한 결과였음을 주장해 왔다. 여전히 내가 결여하고 있었던 것은 해석의 모든 수준에서 그리고 지정학적 전망에서 이데올로기적인 차원을 추구하는 데 필요한 더욱 광범위하고 체계적인 개념적 틀과 실행이었다.

이러한 대화가 일어날 즈음 나는 제국주의와 식민주의라는 제국적 현실의 현상이 분석의 모든 수준을 가로질러 이 학과의 바로 그 중심에 놓여 있다는 것을 깨닫게 되었다. 그것은 고대 세계 즉 본문의 세계인 로마 제국의 세계를 가로지르고 있고, 근대 세계 즉 근대 성서비평과 그 독자들 및 그 읽기들의 세계인 서구 팽창주의의 세계를 가로지르고 있으며,

8) 이 책의 5장을 참고하라.

포스트모던의 세계 즉 현대 성서비평과 그 독자들 및 그 읽기들의 세계인 서구 제국주의의 축소와 변형, 포스트 식민주의와 신식민주의의 세계를 가로지르고 있다. 나는 또한 본문이 제국의 현실에 관해 말해야만 하는 것뿐만 아니라, 그 본문이 말해야만 하는 것은 근대 서구 전통과 현대의 서구 및 비서구 전통 속에서 어떻게 해석되어야 하는지를 조사하는 것이 적절하고 긴요하다는 것을 깨닫게 되었다. 나는 이러한 다차원적, 상호 연관적, 지정학적인 접근 방식이 분석의 모든 다양한 수준에서 이 학과의 정치적, 이데올로기적인 차원을 다루는 이상적인 방식이라고 간주했다.

"주관론" 다음으로 *해박한 인간*(*homo eruditus*)과 같은 보편적인 독자-구성체의 "이데올로기" 보다 더 반대할 만한 것은 없다. 성서 본문들을 로마제국과 식민주의라는 지정학적 맥락 속에 위치시킴으로써, 성서 본문의 종교적/신학적, 문학적/문화적 차원에/과 대한/더불어 성서 본문의 정치적인 성격을 강조하는 것은 대담한 움직임이다. 해석들과 해석자들을 서구 제국주의와 식민주의의 지정학적 맥락 속에 위치시킴으로써 근대와 현대의 모든 성서비평의 정치적 성을 주장하는 것은 대담한 정도를 넘어가고 있다. 고대 본문들의 수준에서 이러한 연결은 기묘한 것으로 이해될 수 있는 반면, 해석의 수준에서 그러한 연결을 제안하는 것은 이해의 범위를 넘어서는 것이다. 도대체 어떻게 보편적인 독자-구성체가 의식적으로나 무의식적으로 그렇게 심원하게 이데올로기적일 수 있으며 정치적, 지정학적인 문제들 속에 철저히 연루된 것으로 이해될 수 있단 말인가?

이 학과의 담론과 실행이 근대 제국주의와 식민주의 및 포스트모던 시대의 신식민주의와 포스트 식민주의의 더 폭넓은 담론과 실행들에 비추어 연구되어야 한다고 주장함으로써 나는 용납될 수 없는 수준까지 이 학과를 정치화하였다. 그 반응은 단지 격분한 분노나 말 없는 거부일 수밖에 없었을 것이다. 나의 대화 상대자는 이 경우에서 후자를 택했는데, 그것은 부분적으로 내 자신의 대화 전략 때문이기도 하며 또 한편 그 주장의 외관상 색다름 때문이기도 하다. 그러나 여러 다양한 형태로 표현된 이데올로기 비평은 개인적 목소리에 대한 내 자신의 지정학적 접근이 그랬던 것처럼 여기서 멈추어야 했다. 따라서 나의 진술을 맞아 주었던 정중함과 무관심의 침묵은 그 자체로 중요한 또 하나의 문화적 본문으로 쉽게 간주될 수 있다.

4) 결론적 논평

나의 연구에서 개인적인 목소리의 문제를 다루어 온 것이 결코 이번이 처음은 아니다. 근본적인 수준에서 나는 성서연구의 비평가로서, 신학연구의 신학자로서, 그리고 문화연구의 비평가로서 나의 연구에 대한 기초로 내 삶의 이야기를 사용해 왔다. 더욱 구체적인 연구들에서 나는 특별히 성서연구에서 뿐만 아니라 일반적인 신학 교육과 신학 연구에서 인종적이고 민족적인 소수자들의 역할과 삶에 관한 숙고를 위한 출발점으로 이 이야기를 사용해 왔다.[9] 현재 나는 성서연구 내의 질문 그 자체의 출현과 탈식민주의 비평을 선택하기까지 거쳐 온 발전의 과정을 추적하기 위해 또 다시 그 이야기에 의지해 왔다. 그렇게 함에 있어 나는 각 집필의 상황과 목적에 따라 그 이야기의 개인적 및 사회적 차원들에 의존해 왔다. 그러나 이때에 나는 언제나 그러한 차원들을 이원적(二元的)인 반대구조로서가 아닌 상호연관적이고 상호의존적인 차원들로 바라보았었다.

7장에서 나는 성서학 영역 자체 내의 개인적 목소리에 초점을 두면서 사회적 차원에 집중해 왔다. 따라서 나는 어떻게 학술 분야에서 내 자신의 탈식민주의적 목소리의 출현이 학술 분야의 개인적 목소리라는 문제의 출현과 병행관계에 있는가를 보여줄 것을 제안했었다. 그것은 사회교

9) F. F. Segovia, "Theological Education and Scholarship as Struggle: The Life of Racial/Ethnic Minorities in the Profession", *Journal of Hispanic/Latino Theology* 2 (1994): 5-25; 또한 이 책의 8장을 참고하라.

육적 또는 사회학문적인 것으로 묘사될 수 있는 초점이다. 확실히 나는 개인적 차원을 강조하거나 혹은 양자를 동시에 강조할 수도 있었을 것이다. 그럴 경우 나는 어떻게 나의 탈식민주의적 시각의 발전이 투쟁—제국주의와 식민주의의 세력에 대항한 식민화 된 자들의 아이가 보여준 쉼 없고 무자비한 루카(*lucha* : 문자적으로 "싸움"을 뜻함)—의 결과였는지를 진술했었을 것이다.

여기서 탈식민주의적 시각을 위한 선택은 다양한 제국적, 식민지적인 상황 속에서의 생활이 이데올로기의 여러 층들을 나의 눈으로부터 하나씩 떨어져 나가게 만듦에 따른 의식화 운동과 구성, 탈식민지화와 해방의 과정과 나란히 손잡고 가게 된다. 이 점에 있어서의 절정은 지배적인 문화의 본질적인 제도인 신학교[10] 내에서 외부인으로서 그리고 "타자"로서 내가 체험했던 강렬한 경험이었다. 내가 현실의 독자들과 그리고 이 학과에서의 문화연구를 막 다루기 시작했을 때, 황제는 어떤 옷도 걸치지 않았다는 믿기 어려울 정도로 활력을 돋우는 자각에 마침내 도달하게 된 것은 그러한 맥락 안—개방과 자유의 매우 과시적인 메시지를 지닌 신학적인 자유주의의 바로 그 한복판—에서였다. 실제로 나의 개인적인 일화에서 넌지시 암시된 세 명의 대화 상대자들 모두가 자유주의 문화와 신학의 전형적인 표본들이었다는 점이 꼭 언급되어야 한다. 그러나 이 루카(*lucha* : 싸움) 이야기, 이 탈식민주의적 비평가를 만들어낸 배경에 수반하는 개인적 투쟁은 현재로서는 슬프게도 또 다른 시대와 장소에로 넘겨져 지속될 수밖에 없다.

---

10) 이 점에 대해서는 해방신학 행로의 문화적 표시기(indicators)로서의 신학대학원들의 정제된(fine) 문화연구를 참고하라: C. Cherry, *Hurrying toward Zion: Universities, Divinity Schools, and American Protestantism* (Bloomington, Ind.: Indiana University Press, 1995).

2

성서학의 현장에 있는 인종적, 민족적 소수

이 장의 연구[11]와 관계 깊은 *민족성과 성서(ethnicity and the Bible)*라는 저서에 대해 먼저 언급할 필요가 있다. 이 저서는 두 가지 주요한 요소들을 염두에 두고 착상되었는데, 이는 최근 몇 년 동안 전지구적 무대에서 민족성의 논점이 분출했다는 점과 그리고 그에 상응하여 성서학자들이 분명하고 지속적인 기초 위에서 그 주제를 언급할 책임을 자각하게 되었다는 것이었다. 나아가 그 대의명분은 이 프로젝트를 위한 두 가지 구체적인 목표들을 확인해 주었다. 첫 번째 목표는 민족성의 문제를 다룸에 있어 이 저서는 현재 이 학과에서 발견된 방법과 이론의 다양성을 강조하는 데 기여하고자 한다는 것이었고, 두 번째 목표는 현 시대에 성서신학을 하는 새로운 모델을 제공하는 것, 즉 이 학과 내의 새로운 방법론적 이론적 복수성의 빛 하에서 성서에 대한 보다 폭넓게 착상되는 신학적 성찰에 기초한 모델을 제공하는 것이었다. 두 가지 목적들은 이 저서의 구조에 분명하게 반영되어 있다. 첫 번째 부분은 히브리 성서와 기독교 성서에서 각각 상응하는 부분들을 포함하면서 성서 내의 민족성

11) 이 장은 1994년 일리노이주 시카고에서 있었던 SBL의 연례모임에서 "성서 연구에서 제대로 대변되지 못하고 있는 인종적 민족적 소수자들에 관한 위원회(Committee on Underrepresented Racial and Ethnic Minority Persons in the Profession)"가 후원한 한 세션(session)에서 행한 발표의 개정판이다. 나는 이 기회에 자신들의 특별한 경력들과 경험들을 바탕으로 나의 발표에 반응을 보여 준 패널의 모든 구성원들과 세션에서 주발표자로 봉사할 수 있도록 친절하게 초대해 준 위원회(committee)의 모든 동료들에게 감사를 표현하고 싶다(Professors V. P. Furnish, Southern Methodis University, Dallas, Texas: G. A. Yee, University of St. Thomas, St. Paul, Minnesota; C. S. Moon, San Francisco Theological Seminary, San Anselmo, California; and R. J. Weems, Vanderbilt University, Nashville, Tennessee).

의 다양하고 상이한 접근법들을 함께 묶고 있는 반면, 두 번째 부분은 성서 해석의 정치학뿐만 아니라, 성서와 오늘날의 민족 문제들에 관계된 부분을 포함하면서 현대 세계에서의 민족성에 초점을 맞추고 있다. 따라서 대의명분은 민족성이라는 새롭고 긴급한 질문에 대해서 본문(성서에서 민족성)과 본문의 독자들(성서의 해석에서 민족성) 양자의 관점에서의 접근을 주장했다.[12)]

이 프로젝트에 내가 기고한 글은 분명 이 저서의 두 번째 부분에 속한다. 실제로 나는 이 연구에서 내 과제를 성서연구의 민족적 인종적 소수자들의[13)] 삶과 역할에 대한 비평적 관점을 제공하는 것으로 본다. 성서

---

12) 두 가지 측면 모두와 관련하여 이 책이 필요한 이유에 대한 이론적 근거 설명은 BI 저널의 첫 번째 호(*Biblical Interpretation* 1 [1993]: i-ii)의 편집자 논평(Editorial Statement)에서 개략적으로 설명된 것처럼 저널 자체의 필요성에 대한 이론적 설명과 밀접한 연관을 갖고 있다. 편집자 논평은 이 작업의 주요한 동기부여 요소로, 성서학이 더욱 더 대중화 되고 다원론적(pluralistic)이 되어야 할 필요와 본문의 해석에 대한 새로운 접근법들의 최근 급성장(burgeoning)을 들었다. 그 편집자 논평은 그 저널이, 새로운 비평적 접근들의 사용을 통한 본문들의 신선한 해석의 장(forum)으로, 그리고 새로운 발견들에 대한 신학적인 그리고 정치적인 함축들에 관한 이론적인 논쟁의 장(forum)으로 기능할 것을 목표로 한다고 밝혔다. 따라서 새로운 저널 이면에 있는 대담성(boldness), 즉 주요한 저널들이 전공분야 안에서 일고 있는 새로운 다원론(pluralism)을 반영하는데 있어서 실패한 점에 대해 공개적으로 비판한 대담한 면을 갖고 있었다. 사실상, 민족성(ethnicity)이 전지구적이고 공적인 비평의 논점으로 부상한 점을 고려할 때, 성서학자들이 이 학과 내에서의 읽기 전략들의 다양성과 그러한 다양성에 비추어 본 폭넓은 신학적 성찰들에 특별한 주의를 기울이며 민족성이라는 주제에 대해 공개적이고 체계적인 입장을 정리하는 것은 필수적이라 하겠다.

13) "민족적 그리고 인종적 소수자들"이란 표현은, "소수(minority) 그룹"이라는 용어 뿐 아니라, "민족적 그룹"과 "인종적 그룹"이라는 용어들의 조합을 갖고 있는데, 이 모든 용어들은 상호그룹(intergroup) 관계들의 연구에 있어서 기본 개념이라고 할 수 있다(예컨대, J. R. Fegin, *Racial and Ethnic Relations,* 3d ed. [Englewood Cliffs, N.J.: Prentice-Hall, 1989], 특히, 4-19쪽을 보라). 여기서 몇 마디 설명이 필요하다. "민족적 그룹"과 "인종적 그룹"이라는 두 용어는 역사적 관습(usage)의 견지에서 뿐만 아니라, 전망(perspective)과 이데올로기의 견지에서도 다양하게 정의될 수 있다. 환언하면, "민족성"이나 "인종", 그 어떤 것도 본질이나 발생학적으로 자명하고 고정된 개념이 아니라는 것이다; 이는 밑바닥의 역

연구라고 할 때 특히 20세기 말에 일어난 심원하고 급진적 변화들에 비추어, 나는 학문 영역과 그 학문 영역에 종사하는 사람들 모두를 의미한다. 그래서 나는 그 에세이에 다소 폭넓은 제목을 붙였다. 따라서 나는 여기서 성서 내의 민족성, 인종의 구성, 심지어 민족성/인종과 성서 해석 사이의 관계에도 관심이 없다. 오히려 나의 특별한 관심은 성서연구의 분야와 성서연구 협회 내의 민족성과 인종인 학문 영역의 관점 및 직업적 관점으로부터 해석의 정치학에 있다.

따라서 나는 세기의 전환점에서 우리네 상황에 대한 구성요소로 보이는 다수의 요인들의 분석으로부터 시작하고 싶으며, 그 후에 그러한 상황에 비추어 민족적, 인종적 소수자들의 삶과 역할에 대한 기술(記述)로 결론을 맺고자 한다.[14] 구체적으로는 성서비평과 일반적으로는 신학연

사적, 이데올로기적인 토대를 가진 사회적 구성물이다. 이에 대하여 나는 본질상 사회적이며, 민족적 인종적 그룹은 사회적 그룹이고, 좋던 나쁘던, 내부로부터이건 외부로부터이건, 각각 특정한 문화적 물리적 특성들에 기초한 사회적 이해관계에 따른 구별된 그룹을 뜻한다고 보는 페킨(Fegin)의 용례를 따르고 있다. 세 번째 용어인 "소수 그룹"에 관하여 말하자면, 이는 종종 민족적, 인종적 그룹에 대해 사용되는 개념이면서, 동시에 다수 그룹의 존재와 민족적 인종적 사회계층(stratification)의 존재를 함축하는 개념이라고 할 수 있다. 환언하면, "소수 그룹"이라는 용어는 단지 기술적인 분류법(descriptive classification)일 뿐만 아니라 평가적인 카테고리이기도 하다. 때때로, "주도 그룹" 그리고 "종속(subordinate) 그룹"이라는 용어들이 문학에서 선호되기도 하는데, 이는 사회계층의 관점에서 소수 그룹이 수적으로는 실제로 다수 그룹일 수 있다는 사실을 반영하기 위해서이다. 이 연구에서 나 자신의 용어 사용은 수와 사회계층 둘 모두를 내포한다. 요약하면, 나는 "인종적, 민족적 소수자들"이라는 표현을 문화적(민족적)이든 또는 물리적(인종적)이든, 사회적 그룹들에 속한 개인들을 의미하기 위해 사용하고 있다. 한편, 그들은, 서구에 의해 형성되고, 성서비평을 포함해 모든 신학 전문분야들 안에서 아직도 유효한, 사회계층의 구분에 따라 전통적으로 열등하다고 간주되어져 왔다. 사실상, 그러한 개인들은 자기 나라에 살고 있든 서구에 살고 있든 비(非)서구 출신의, 혹은 그 후손의 비평가로서 묘사된다. 그런데 그들은 이 세계 안에서 숫자상 다수를 점하는 반면, 사회계층이라는 관점과 넓게는 신학의 전공분야 일반, 그리고 좁게는 성서 비평의 영역 속에서 모든 소수자를 대표하기도 한다.

14) 1인칭 복수 형용사의 사용이 보여주듯이, 이 문제에 대한 나의 접근은 기능면을

구, 종교연구의 탈식민주의 세계, 포스트-서구로 묘사되는 영역 안에서 민족적, 인종적 소수자들이 이 학과와 동료들의 미래의 방향을 결정짓는 중대한 역할을 하게 될 것이라는 것이 나의 굳은 신념이다. 그러나 이러한 역할을 행하는 것은 결코 쉬운 일이 아니라는 것 또한 나의 굳은 신념인데, 사실 그것은 삶의 방식으로서의 투쟁을 포함하며 또한 요구하기

문제 삼지 않는 에틱한(etic) 관점에서라기보다는 음소적인 에믹한(emic) 관점, 즉 이 분야와 조합에서 민족적 인종적 소수자들의 대표자인 내부자의 관점에서 시도되고 있다. 그것은 수많은 상호 연관적이고 상호 의존적인 의미층들을 가진 관점인데, 나는 그것을 다음과 같이 묘사하고자 한다: (1) 비 서구적 기원을 가진 비평가; (2) 출생과 주된 사회화 과정을 서구 외부에서 경험한 자(라틴 아메리카의 문화에서, 더 상세하게 말하면 캐리비안 유역에서 태어나고 자라난 자) (3) 서구(미국) 안에서 이차적인 사회화를 경험하고 서구(미국)의 시민으로서 영구적 주소지를 가진 자; (4) 따라서 미국 내의 민족적 소수자 그룹인 히스패닉-아메리칸의 일원인 자. 그런데, 히스패닉계-미국인은 현재 미국 전체 인구의 약 9퍼센트를 차지하고(2천2백만에 가까운), 자신 스스로와 다수 문화에 의해 히스패닉계로 인식되고 차별화되고 있다(참고: 2000년 인구조사는 미국 내 히스패닉 아메리칸 인구가 전 인구의 12퍼센트에 달하는 3천만을 넘어섰음을 보여준다.). 나는 그 그룹들을 다음과 같이 정의하고자 한다. 아메리카와 이런 저런 방식으로 연관이 되어있고 어떤 이유에서건 지금 미국 내에서 계속 살고 있는 히스패닉 혈통의 사람들. 그러한 관점을 나는 디아스포라(diaspora)의 측면에 찾아내었다. 더욱 정밀한 묘사를 찾을 경우, (1) 해석학에 대하여는 "Toward a Hermeneutics of the Diaspora: A Hermeneutics of Otherness and Engagement." in *Reading from This Place,* vol. 1: *Social Location and Biblical Interpretation in the United States*, ed. F. F. Segovia and M. A. Tolbert (Minneapolis: Fortress Press, 1994), 57-73; and "Toward Intercultural Criticism: A Reading Strategy from the Diaspora", in *Reading from This Place,* vol. 2: *Social Location and Biblical Interpretation in the Global Scene*, ed. F. F. Segovia and M. A. Tolbert (Minneapolis: Fortress Press, 1995), 303-330; (2) 신학적 자리(locus)와 양식(mode)에 대하여는: "Two Places and No Place on Which to Stand: Mixture and Otherness in Hispanic American Theology", *Listening: A Journal of Religion and Culture* 27 (1992): 26-40; and "In the World but Not of It: Exile as Locus for a Theology of the Diaspora", in *Aliens in the Promised Land: Voices of Hispanic American Theology*, ed. A. M. Isasi-Diaz and F. F. Segovia (Minneapolis: Fortress Press, 1996), 195-217쪽을 참고하라.

도 한다. 그러나 결국 나는 이러한 투쟁이 삶을 위한 것, 실제로 매우 장래성 있는 삶을 위한 것이라고 주장하는 바이다.

1) 세기 전환기를 맞은 성서학 내의 인종적, 민족적 소수

세기의 전환점에서 성서연구의 민족적, 인종적 소수자들의 삶과 역할에 대해 내가 근본적인 것으로 간주하는 세 가지 요인들이 현대적 상황에서 작용하고 있다. 이러한 세기의 전환기는 의미심장한 기간으로 지성사(intellectual history)에서는 *세기말(fin de siècle)*로 알려져 있으며, 한 세기의 끝과 다음 세기의 시작을 표시하는 세기말 전후에 온갖 종류의 의미로 가득찬 시기로서 우리는 그 시기에 이미 사실상 들어서 있다. 내가 현재의 *세기말(fin de siècle)*과 연결시키고자 하는 이러한 의미 차원의 하나는 탈식민주의, 포스트-서구 세계에서 신학 혹은 비평하는 일에 있어서의 극적인 변화와 관계가 있다. 첫 번째 요인은 전지구적인 사건들의 세계 즉 지정학적 상황과 관련되며, 두 번째는 성서비평의 세계 즉 이 학과의 상황과 관련되고, 세 번째는 성서 협회의 세계, 즉 동료들의 상황과 관련된다.

지정학적 상황 : 전지구적 사건들의 세계

우선 전반적인 지정학적 상황에 관한 몇 가지 논평이 필요하다. 세계정치학에 관한 많은 논쟁을 불러일으킨 논문에서 사무엘 헌팅톤(Samuel Huntington)은 세계정치학이 현재 완전히 새로운 발전 국면에 진입하고 있다고 주장했다.[15] 나는 그 주장이 대체로 설득력이 있으며

15) S. P. Huntington, "The Clash of Civilizations?" *Foreign Affairs* 72 (Summer 1993): 22-49. 계속된 토론의 과정은 다음과 같이 설명될 수 있다. 첫째로, 많은 반응들이 바로 다음 호인 *Foreign Affairs* 73 (September-October 1993)에 나타났다: F. Adjami, "The Summoning" (2-9); K. Mahbubani, "The Dangers of Decadence: What the Rest Can Teach the West" (10-14); R. L. Bartley, "The Case for Optimism" (15-18); Liu Bynian, "Civilization Grafting" (19-21); and

통찰력을 가진 것이라 생각하여, 이 학과 및 동료들과 관련된 문제의 상태에 관한 내 자신의 성찰에 대한 적절한 서론, 그리고 전반적인 틀로서 그 주장의 핵심적인 내용들을 여기서 되풀이하고자 한다.

헌팅톤에게 있어 문제의 새로운 국면은 많은 사람이 그렇게 생각할 수 있는 것처럼, 종족주의와 세계주의에 직면한 역사의 종말, 민족국가들 사이의 전통적인 경쟁의 복귀, 혹은 민족국가의 쇠퇴에 의해 특징지어지는 것이 아니라, 오히려 세계의 새로운 종류의 갈등, 즉 경제적, 이데올로기적인 것도 아닌 *문화적인* 갈등에 의해 특징지어진다. 그렇기 때문에 민족국가들은 사라지지도 않고 쇠퇴기에 접어들지도 않을 것이다. 반대로 그것들은 세계적인 문제들의 가장 강력한 행위자들로 기능하기를 계속할 것이다. 그러나 동시에 전지구적인 갈등은 점차 민족국가들 사이에서의 갈등—아래에 요약된 것처럼 진화의 이전 단계로 원칙상 회귀하는 것을 의미하는 발전—에 의해서가 아니라 오히려 미래의 "전선(戰線)"으로서 이러한 문명들 간에 "단층선(斷層線)"을 지닌 서로 다른 *문명*들의 집단들과 민족들 간의 갈등에 의해서 규정될 것이다.[16]

J. J. Kirkpatrick et al., "The Modernizing Imperative" (22-26). 여기에 Huntington 자신은 두 번째 논문인 "If Not Civilizations, What?" 으로 화답했다: *Foreign Affairs* 74 (November/December 1993): 186-194. 그 이후로도, 많은 연구자들이 이 토론에 계속 참여해왔다. 예를 들면, R. D. Kaplan, "The Coming Anarchy", *The Atlantic Monthly* 273:4 (February 1994): 44-76; 그리고, M. Connelly and P. Kennedy, "Must It Be the Rest against the West?" Atlantic Monthly 274:6 (December 1994): 61-84.

16) Huntington ("Clash of Civilizations", 23-25) 은 "문명"을 다음과 같이 정의 한다: (1) 문명은 하나의 문화적 실재(entity)로서—마을들, 종교들, 민족적 그룹들, 국가들, 그리고 종교적 그룹들과 다르지 않으며, 이들 각각은 상이한 정도의 문화적 이질성을 보여주면서 독특한 문화를 가지고 있다; (2) 문명은 가장 포괄적인 개념으로서, 가장 상위의 문화적 집단화이고, 인적 측면에서는 가장 넓은 의미에서의 문화적 정체성과 관련된다. 이 개념은 또한 많은 다른 함축들을 갖는다. 첫째로, 문명들은 주관적 요소들(사람들의 자기 정체성 확인)뿐 아니라 객관적 요소들(언어, 역사, 종교, 관습, 기관들)을 포함한다. 둘째로, 사람들이 문명들의 구성(composition)과 경계들(boundaries)의 변화를 이끌면서 자신들의 정체성을 재규정할 수 있고, 그런 한에서 문명은 고정된 개념이라기보다는 유동적인

더구나 이러한 새 국면은 근대 정치 세계의 갈등의 진화 속에서 네 번째이자 최신 단계를 나타낸다. 따라서 과거의 갈등이 주로 모든 비서구 백성들과 정부들을 역사의 객체로서의 서구 문명 내의 갈등의 결과로 존재해 온 반면, 이 시점부터의 갈등은 문명들 간의 갈등에 의해 추진될 것이다. 서구 역사의 마지막 350년(1640년대-1990년대)을 포괄하면서, 헌팅톤은 갈등의 더 이른 시기의 발전을 다음과 같은 세 단계의 견지에서 추적한다.

1. 우선 베스트팔렌의 평화 이후 약 한 세기 반의 기간(1648-1789) 동안—즉 30년 전쟁이 끝이 나고 1648년 근대적 국제조직이 출현한 때로부터 1789년 프랑스 혁명이 발발할 때까지—서구에서의 갈등은 주로 왕자들 사이의 갈등으로 이루어졌다: 그들의 관료정치, 군대, 중상주의 경제, 그리고 영토를 팽창시키고자 시도하는 황제들, 절대 군주들, 그리고 입헌 군주들 사이의 갈등.

2. 그 다음 125년 동안(1789-1914/18)—즉 프랑스 혁명 직후부터 1918년 세계 1차 대전이 끝날 때까지—서구 세계에서의 갈등은(둘 혹은 그 이상의) 민족국가들 간의 갈등 형태를 취했다. 왕자들은 자신들이 통치했던 영토를 확장해 감에 따라 민족국가들이 생겨났고 그래서 19세기의 오랜 기간에 거쳐서 그리고 20세기의 처음 몇 십년간까지 상호간에 충돌하였다.

3. 그리고 20세기의 대부분에 해당하는 다음 70년 동안(1918-1989)—

개념이라 할 수 있다. 셋째로, 문명은 많은 수의 사람들(예를 들면, 중국)을 포괄할 수도 있고, 아주 적은 수의 사람들(예를 들면, 영어를 말하는 카리브지역)을 포함할 수 있다. 넷째로, 문명은 여러 개의 국가들(예를 들면, 이슬람, 라틴 아메리카, 그리고 서구)을 포함할 수도 있고, 한 개의 국가(예를 들면, 일본)를 포함할 수도 있다. 다섯째로, 문명은 혼합되고 중복되어져서, 하위 문명들을 포함할 수도 있다. 비록 다른 예들도 있기는 하지만 (아랍과 말레이 그리고 터키의 변형을 보여주는 이슬람의 경우에서처럼), 여기서는 두 개의 주요한 변형을 가진 서구의 예가 아주 적절하다. 마지막으로, 문명은 나누어지기도 하고 합쳐지기도 할 뿐 아니라, 흥하기도 하고 쇠하기도 하는 등 역동성을 갖고 있다.

즉 1차 세계대전 직후부터(1918) 특히 러시아 혁명과 그에 대한 반작용의 견지에서, 소련 제국의 내부붕괴와 1989년 냉전의 종결 때까지—서구에서의 갈등은 이데올로기와 관련된 갈등들로 구성되었다. 이러한 갈등은 두 개의 구별되는 시기와 관련된다: 첫째 시기는 제2차 세계대전(1918-1939)보다 앞선 시기로 공산주의, 파시즘-나치즘, 그리고 자유 민주주의 간의 갈등의 시기이다. 둘째 시기는 냉전기간(1945-1989) 동안 두 초강대국 소련과 미국 간의 싸움에서 구체화된 것처럼 공산주의와 자유 민주주의 사이의 갈등의 시기로, 소련과 미국 어느 쪽도 고전적인 의미에서 민족국가가 아니었고 각각은 이데올로기의 견지에서 자신들의 정체성을 규정했다.

모든 이러한 대립들은 서구 문명 내의 갈등, 말하자면 서구의 시민전쟁에 해당했다. 그러나 소련 사회주의 공화국의 붕괴 및 냉전의 종식과 더불어, 헌팅톤은 국제정세가 서구를 포함해 세계 전체를 향해 거대하고 근본적인 결과들을 초래하면서 오랜 서구적 형세를 초월해 움직이는 것으로 본다. 한편 비서구 사람들과 정부들은 그리하여 역사의 객체적인 입장으로부터—혹은 더 정확하게 말하자면 역사의 표적 입장으로부터—해방신학이 종종 그리고 적절히 그것을 설명하듯이 "역사의 주체"로서 서구와 나란히 역사를 움직이고 만들어가는 입장으로 이동하기 시작했다.[17] 반면 그 결과로 갈등은 문명들과 관련된 갈등의 형태를 띠게

17) 그러나, 내 생각에 이것은 헌팅톤(Huntington)이 적당한 방식으로 관여하거나 추구하지 않은 토론의 한 측면이다. 헌팅톤은 국제 정치학에서의 이러한 구조적인 변화가 서구에 미치는 장, 단기적인 함의들을 찾아내는 데 재빨랐고, 전지구적 토론이 서구에 유리하도록 서구에 의해 수세기 동안 통제되어 왔다는 것을 충분히 인지하고 있었던 반면, 현 상태에 대해 서구가 감당해야 할 중대한 책임에 대해서 충분한 주의를 기울이는 데는 실패하였다. 결국, 이와 관련하여 서구의 유산은 무겁다고 할 수 있다. 그 짐스런 유산은, 다른 민족들에 대한 광범위한 지배, 착취, 그리고 멸절과 관계된 식민주의로부터, 20세기를 거치는 동안 지배민족(Herrenvolk)이라는 이름하에 독일에 의해 기술적으로 완벽하게 자행된 퇴거(displacement), 강제노동, 그리고 민족말살을 비롯해, 발칸반도에서 지금도 통제받지 않고 계속되고 있는 민족 청소(ethnic cleansing)와 서구에 유입되

되었다.[18] 한편으로 이러한 갈등은 서로 다른 문명들과 관련되며, 이때 중요한 것으로 확인되는 문명에는 8가지가 있다—아프리카, 유교, 힌두교, 이슬람교, 일본, 라틴 아메리카, 그리스 정교회, 그리고 서구.[19] 다른 한편으로 이러한 갈등은 서구 문명의 의심할 바 없는 우위성뿐만 아니라 제국주의와 식민주의의 오랜 역사를 고려할 때 "서구와 그 나머지 세

고 있는, 특히 비서구로부터의 이민자들과 난민들에 대한 점증하는 적개심과 분노 등을 말한다. 다른 말로 하면, 서구의 그 장대한 유산—그것의 위대한 "신조" (이것에 대해서는 아래의 각주 11을 참조하라)—은 그 정도까지 확장되어져 왔고, 정치적인 지배와 경제적인 착취, 사회적, 문화적 경멸, 민족적, 인종적 편견과 차별에 의해 수반되었으며, 종국에는 노예제와 수백만 명을 몰살하는 데로 이어졌던 것이다. 실제로, 서구 이외에 속한 세계에까지 그 "신조"를 확장시키는 데 있어서, 자신의 "신조"의 빛에 비추어 다른 이들을 바라보았던 것은 서구의 실패를 보여주는 대목이며, 세계가 직면한 작금의 상황에 대해 대체적 원인이 되고 있다고 할 수 있다.

18) 헌팅톤은 ("Clash of Civilizations", 25-29) 다가올 그러한 사태들을 여러 가지 이유로 인해 피할 수 없는 것으로 보고 있다: (a) 문명들 사이의 차이는 아주 실제적이고 근본적이며, 수세기가 낳은 결과이다. (b) 세계가 점점 작아짐에 따라, 다른 문명에 속한 민족들 사이의 상호작용이 증가하였고, 문명들 사이의 유사점과 차이점의 관점에서, 그 상호작용은 문명-자각(civilization-consciousness)을 더욱 증가하게 만든다. (c) 경제적 현대화와 사회적 변화 과정이 사람들을 지역적(local) 정체성으로부터 분리되게 만들고, 그것은 나아가 정체성의 근원으로서의 국가(nation-state) 개념을 약화시킬 뿐 아니라, 공백을 채우는 데에 민첩한 전 세계에 퍼져있는 근본주의 종교 운동들을 야기시키기도 한다. (d) 서구의 이중의 역할, 즉 권력의 정점으로서의 서구일 뿐만 아니라, 비서구에 대하여 더 이상 모방이 아닌 뿌리로 돌아가는 운동(a return-to-the-roots movement)을 요청하는 서구를 말할 수 있다. (e) 문화적 특징들과 차이점들이 정치적, 혹은 경제적 특징들과 차이점들에 비해 쉽게 변하지 않고 또한 쉽게 타협되지 않는다. (f) 문명-자각의 기초를 두고 있으며 또 그것을 강화시켜주는 경제적인 지역주의(regionalism)가 증가하고 있다. 그 최종적 결과는 문명들 사이에서 "우리 대 그들"의 관계가 전반적으로 함께 성장하게 되는 것이다.

19) "우리 대 그들" 이라는 심리상태의 관점으로부터 볼 때, 그러한 충돌은 미시적 차원과 거시적 차원 모두에서 발생한다. 미시적 차원에서, "단층선(fault lines)"을 따라 있는 인접한 그룹들은 지역에 대한 통제 및 서로에 대한 통제를 위해 투쟁한다. 거시적 차원에서, 다른 문명들에 속한 국가들은 군사적 경제적인 권력을 위해 경쟁하고, 국제적 기관들의 통제를 위해 투쟁하며, 그들 자신의 정치적 종교적인 가치들을 촉진시킨다.

계"의 대립과 관련된다.[20] 따라서 지정학적인 관점에서 볼 때 성서연구의 민족적, 인종적 소수자들은 그들 각자의 나라들과 문화들에 기초하든지 아니면 서구 그 자체에 기초하든지 대체로 다음과 같은 특징을 지니는 문화의 후손들을 대변한다. (1) 그들은 오랫동안 세계의 지배권을 행사해 온 서구로부터 지배를 받아 온 문화의 자손들, 세계 전반에 걸쳐 식민지적 팽창과 광범위한 지배 과정의 결과로서 생겨난 문화의 자손들을 대변한다. (2) 그들은 자유세계(혹은 제1세계)와 공산주의 세계(혹은 제2세계) 간의 이원적인 투쟁에서 아주 최근까지 앞잡이 노릇을 하도록 덫에 걸린 문화의 자손들을 대변한다. 그리고 (3) 그들은 이제야 겨우 어느 정도 문화적인 면에서나 혹은 다른 면에서나 자기-정체성, 자기-의식, 그리고 자기-결정을 획득하기 시작한 문화의 자손들을 대변한다. 비록 그들이 얼마만큼 서구에 편입되어 있든지 간에 혹은 서구의 기초적인 신조와 원칙들에 대해 얼마만큼 헌신되어 있든지 간에 아프라카계, 아시아계, 카리비안계, 그리고 라틴 아메리칸계 혈통을 타고 난 개인들을 포함하여 대체로 북미 지역(미국과 그 주변국)에 속한 서구에 살고 있는 사람들은 서구의 바로 그 중심부에서 중요한 그러나 점점 환영받지 못하는 비서구 문화의 현존들을 대변하고 있다.[21] 이들 개인들과 그룹들이

20) 이 표현은 K. Mahbubani의 초기 작품 ("The West and the Rest", *The National Interest* [Summer 1992]: 3-13)으로부터 빌려왔다. "우리 대 그들"이라는 심리상태의 관점으로부터 볼 때, 민주주의와 자유주의를 보편적인 가치로 촉진시키고, 자기들의 군사적 우월함을 유지하며, 자기들의 경제적 이익을 진작시키고자하는 서구의 노력은, 이 점에 있어서 공통의 종교와 문명-정체성(civilization-identity)에 대한 호소를 키워온 다른 문명들로부터의 반대에 부딪치게 되었다.

21) 지난 몇 년 동안 서구 사회 바깥으로부터 서구 세계 안으로 들어온 이민자들과 이민에 대한 반발이 미국뿐만 아니라 유럽에서도 아주 급격하게 증가해 왔다. 이민자들의 존재는 서구 사회에, 서구의 문화와 삶의 방식에 유해하며 , 그래서 마침내 서구의 붕괴를 초래할 수 있는 것으로 여겨졌다. 유럽 지역에 존재하는 이민자들의 출신국가와 숫자에 대한 훌륭한 분석을 담고 있는 자료를 원한다면, F. Monteira, "Ser extranjero en Europa, algo poco recomendable", *El Pais* (July 30, 1990), int. ed.: 4쪽을 참고하라. 미국에서는, 특히, 인구 조사국

그들 자신의 사회적 위치에서 신학한다는 것과 그들 자신의 터전에서 성서를 읽고 해석하는 것이 무엇을 의미하는지 깊이 성찰하게 됨에 따라, 결국 헌팅톤에 의해 약술된 폭넓은 지정학적 변화는 성서비평을 포함한 모든 신학 영역 내의 민족적, 인종적 소수자들에 대해 더 깊고 불가

(Census Bureau)의 전망들(projections)이 주류 지배문화에 속한 사람들의 마음에 두려움을 던져주었는데, 이 조사국의 추정에 의하면, 현재 계속되는 이민의 수준으로 봤을 때 2050년까지 미국 인구에서 23퍼센트가 히스패닉-아메리칸이 될 것이며, 16퍼센트가 아프리칸-아메리칸, 그리고 10퍼센트가 아시안-아메리칸이 되어, 실제로 비 유럽계 출신 인구가 미국 전체 인구에서 차지하는 비율이 50퍼센트에 육박할 것으로 보인다. 예를 들어, W. A. Henry III, "Beyond the Melting Pot", *Time* (April 9, 1990): 28쪽을 보라. 그러한 이민자들이 국가의 "양대 기저(twin bedrocks)"인 유럽 문화와 자유, 평등, 개인주의 그리고 민주주의라는 "미국의 신조"를 지지할 것인가? 예를 들어, B. D. Porter, "Can American Democracy Survive?" *Commentary* (November 1993): 37-40; and Huntington, "If Not Civilizations", 특히 189-190쪽을 보라. "If Not Civilizations"는 Porter에게서 빌려온 표현이다. 또한 논쟁을 새롭고도 놀라운 수준으로 이끌어 온 P. Brimelow의 최근의 책을 보라(*Alien Nation: Common Sense about America's Immigration Disaster* [New York: Random House, 1995]). 그 자신이 잉글랜드로부터의 이민자인 Brimelow은 미국 입장에서, 유럽 대륙 외부로부터의 이민에 문호를 활짝 개방했던 1965년 이민법 이래로 현재 시행되고 있는 이민 정책에 대한 대대적인 제한이 필요하다고 주장한다. 이민의 유예(respite)에 대한 이 명백한 요구는 강하고 전형적인 민족적, 인종적 함축들을 담아내고 있다. 가족들의 재통합에 대한 강조가 이민을 제 3세계 국가에 속한 거주자들을 위한 일종의 시민적 권리로 바꾸어 놓았다; 새로운 이주자들은 불균형적으로 가난, 범죄, 그리고 복지 정책 의존상태에 놓이기 쉽다; 그리고 아시안이나 히스패닉같은 새로운 인종적 소수자들은 전통적으로 본질상 백인 위주인 미국의 국가적 본성을 바꾸어놓게 될 것이다. 결국, 그러한 주장들은 프로테스탄트 앵글로 색슨 주도적인 국가 문화의 전형적인 입장을 반영하는 한편, 유태인, 그리고 남부, 동부 유럽 혈통을 가지고 있으며 덧붙여 가톨릭과 정교도인과 같은 다른 민족적 그룹들과 "인종들"에 대항해, 즉 1890년대부터 1920년대까지 미국으로의 거대한 이민의 물결이 요동쳤던 시기에 목소리를 높였었다. 요즈음에는, 그 적들의 얼굴이 변화하여 미국의 현재 적들은 더 이상 유태인도, 그리스인도, 슬라브인도, 이태리인도 아닌, 의심, 공포, 그리고 심지어 증오의 대상으로서 비유럽인 또는 비서구인들을 아우르고 있다. 염려스럽게도 그것 역시 서구 문명의 유산 중 일부이다—자유, 평등, 개인주의, 그리고 민주주의에 대한 미국의 "신념"에 비추어 볼 때 이 얼마나 깊고 영속적인 모순인가!

피한 영향력을 가지게 될 것이다.

학과의 상황 : 성서비평의 세계

의도된 것은 아니지만 불가피하게 그 명칭이 지닌 정경적인 함축으로 인해, 썩 마음에 들지는 않지만 더 좋은 이름이 없기에 내가 그냥 성서비평이라 부르는 우리 학과의 현 상태와 관련된 몇 가지 언급이 필요할 것으로 보인다.[22] 이 학과는 지난 25여 년에 걸쳐 학과 내의 다양한 이론적, 방법론적인 발전에 부분적으로 기인하고 또한 어떤 중요한 사회문화적 발전들에 부분적으로 기인함으로써 외관상 안정적인 아노미 혹은 역(閾 : liminality)의 상태에 처해 있다.[23] 현재 맥락에서 내가 강조하는 싶은 것은 사회문화적 발전의 측면이다.

요컨대 광범한 학문 영역의 스펙트럼을 가로지를 뿐만 아니라 종교와 신학연구 일반에 관계된 범위 내의 유효한 패턴을 따르면서, 프랑스 혁명 직후 학문의 영역으로 태동된 이래로 서구 남성들, 더 정확히 말하자면 서구 남성 성직자들의 전유물로 남아 있었던 성서비평은 지난 20여 년 동안에 외부인들 즉 이전에 결코 이 학과의 한 부분을 형성하지 못했

22) 나의 기독교적 관점으로부터 볼 때, 나에게 있어 "성서비평"이라는 말은 단지 정경 본문들—가톨릭 전통을 따라 정의되든 혹은 프로테스탄트 전통을 따라 정의되든—에 대한 연구만 의미하는 것이 아니라, 고대 유대교와 초기 기독교의 잔존하는 모든 본문들에 대한 연구를 의미한다. 나는 또한 문학적인 본문들과 문화적 인공물들(artifacts)에 대한 연구뿐만 아니라 그러한 "본문들"의 해석에 대한 연구도 의미한다. 나는 이 학과(discipline)에 대한 더 포괄적인(comprehensive) 용어, "정경"을 포함하지만 거기에 특권을 부여하지는 않는, 더 넓은 사회 종교적 구조 안에서 정경을 위치시키는 용어의 필요성에 대해 기꺼이 인정한다. 아직까지 나는 거기에 대한 만족할 만한 용어를 찾지 못했음을 고백한다.

23) 해석에 대한 네 개의 패러다임들 또는 포괄적인 모델들(역사비평, 문학비평, 문화비평, 그리고 문화연구)의 견지에서, 현재 세기의 성서학이 거쳐 온 과정에 대한 개인적 구획작업에 대해서는 이 책의 1장을 참고하라. 그리고 내가 문화 연구라 부르는 네 번째 거대 모델이자 가장 최근의 패러다임에 대한 묘사에 대해서는 2장을 참고하라.

었지만 이제 처음으로 자기들의 목소리를 내기 시작한 개인들(서구 여성; 비서구 신학자들과 비평가들; 서구 내에 존재하는 비서구 문명 출신의 민족적 인종적 소수자들)이 이 학과로 유입되는 것을 목도하게 되었다.[24)]

이러한 개인들은 성서비평의 성격과 의제에 의문을 제기하기 시작했다. 특히 역사비평에서 뿐만 아니라 새롭게 출현한 다른 두 가지 패러다임 즉 문학비평과 문화비평에서도 다양한 형태로 작용 중인 과학적, 객관적이고 공평무사한 연구자—보편적이고 박식한 독자—로서 논의의 여지 없이 확실한 것으로 받아들여졌던 구성체에 대하여 의문을 제기하는 동시에 상황화와 관점이 중요하다는 급진적인 문제를 제기하기 시작했다. 모든 읽기와 해석은 특정한 사회적 위치와 이해관계에 영향을 받는다는 이 점증적인 주장은 내적으로 방법론적, 이론적 도전들의 결과로 이미 심각한 혼란 상태에 빠져 있는 성서비평에 대해 현실의 독자, 즉 혈과 육을 가진 독자의 문제와 씨름하도록 부가적이고 날이 선, 그리고 가

24) 이 학과의 세계화(globalization)에 대해서는 다음의 논문들을 참조하라. "Reading the Field" in the first issue of *Biblical Interpretation* 1 (1993): 34-114, esp. D. A. Clines, "Possibilities and Priorities of Biblical Interpretation in an International Perspective", 67-87; and D. Jobling, "Globalization in Biblical Studies/Biblical Studies in Globalization", 96-110. 또한, J. R. Levison and P. Pope-Levison, "Global Perspectives on New Testament Interpretation", in *Hearing the New Testament: Strategies for Interpretation,* ed. J. B. Green (Grand Rapids, Mich.: William B. Eerdmans, 1995), 329-348을 참고하라. 다른 분야들에서 더 일찍 일어났던 유사한 발전들과 그것들의 결과들에 대하여는 (1) 역사학의 관점으로부터는: J. Appleby, L. Hunt, and M. Jacob, *Telling the Truth about History* (New York: W. W. Norton, 1994), 126-59; 그리고 P. Novick, *That Noble Dream: The "Objectivity Question: and the American Historical Profession* (Cambridge: Cambridge University Press, 1988), 469-521; (2) 문학의 관점으로부터는: V. B. Leitch, *Cultural Criticism, Literary Theory, Poststructuralism* (New York: Columbia University Press, 1992), 83-103; (3) 사회학의 관점으로부터: S. Seidman, *Contested Knowledge: Social Theory in the Postmodern Era* (Cambridge, Mass.: Blackwell, 1994), 234-280을 참고하라.

차 없는 압력을 가하였다.

학문 영역의 관점에서 성서연구의 민족적, 인종적 소수자들은 서구의 외부에 살건 혹은 서구 내부에 살건 자신들의 문화적 기원이 서구 바깥이라는 점에서, 비평이 무시간적이고 가치중립적인 것이라고 보는 어떠한 견해에 대해서도 저항해 왔고 계속해서 저항하고 있다. 대신 그들은 비평에 대한 시각이 철저히 공적인 각축장에 얽혀 있음으로써, 그 성격과 함의에 있어 돌이킬 수 없이 정치적이라고 본다. 정치적이라는 용어가 좁은 의미에서건(사회정치적인 영역내의 정치학의 분야) 그보다 넓은 의미(이데올로기적인 범위 내에서의 권력의 분야)에서건, 비평은 공히 정치적이라는 것이 그들의 주장이다. 즉 민족적, 인종적 소수자들은 자기 자신들의 눈을 가지고 읽고 자기 자신들의 목소리가 들려지게 만들려고 노력하면서 동시에 서구에 있는 그들의 동료들에게도 명백하고 공적인 방식으로 자기들과 똑같이 하도록 도전을 던지고 있다. 이 점과 관련하여 앞에서 약술한 바와 같이 효력을 발휘 중인 심원한 지정학적 변화는 민족적, 인종적 소수자들의 편에서 비(非)이데올로기적인 읽기의 비전을 가진 보편적이고 학식 있는 독자 구성체에 대항한 이 이중적 저항과, 모든 읽기들은 핵심에 있어서 이데올로기적이라는 비전을 가진 혈과 육을 가진 독자-구성체에 대한 주장을 강화시켜 나아갈 것이다.

전문적 환경 : 성서협회의 조직

끝으로 동료들과 그 협회 즉 그 학자 단체들의 연결망에 관하여 몇 마디 언급할 필요가 있다. 이러한 그룹들이 광범위하게 존재하고 있다; 어떤 것들은 지역적, 국내적, 혹은 국지적인 초점을 가지고 있고, 다른 어떤 것들은 그 범위에 있어서 더욱 국제적이다. 국제적인 것 중에는 기독교 경전(예를 들어 신약연구회)이나 또는 히브리 성서(예를 들어 국제구약연구회)에 초점을 두며, 반면에 어떤 것들은 두 전문영역(예를 들어 CBA와 SBL) 모두를 포괄한다. 모든 이러한 국제적인 조직체들은 역사적, 경제적 관점에서 볼 때 서구에 그들의 기원을 두고 있고 그것은 충분히 이해할 만한 일이다. 더구나 비록 그들의 회원권이 비서구 비평가들에게 원칙적으로 열려 있다 할지라도, 연례회의의 실제적인 참석뿐만 아니라 그들의 전반적인 특성과 경향은 그 성격상 압도적으로 서구적인 상태로 남아 있다. 결과적으로 서구 외부 출신의 성서비평가들의 수가 분명히 오름세에 있을 때에도 서구 외부에 주요 기반을 가진 국제적 기관은 아직 없다; 서구인들이 종종 그렇게 행하는 것처럼, 전 세계에 흩어져 있는 비서구 비평가들은 그들 자신끼리 만날 수 있는 기회가 없다. 비서구 비평가들이 참가자의 소수 이상을 대변해 본 서구 내의 모임도 없었다. 그리고 서구인과 비서구인, 식민자와 피식민자가 양쪽 편에서 충분한 숫자가 모여 대화할 수 있는 정기적 모임도 없었다.

그러나 성서문헌협회(SBL)에 의해서 예외가 만들어지고 있다. 첫째, 그 협회는 유럽 외부에서 연례적인 국제 모임을 갖기 시작하고 있는데, 1993년 호주에서 첫 번째 모임이 개최되었고 2000년 남아프리카에서 두 번째 모임이 열렸었다. 둘째, 기금과 기부를 모으기 위한 다년간의 모금운동의 일환으로, 협회는 서구와 비서구 사이의 접촉과 상호작용을 더욱 증가시키는 것을 구체적인 희망사항으로 삼고 성서연구에 참여하는 목소리들의 참여 범위를 확장하는 것을 미래를 위한 주요 목표 중의 하나로 설정했다.[25] 셋째, 홈베이스인 미국 내에서 그 협회의 구성이 변화되기 시작하고 있다. 미국사회 내에서 그 폭이 넓어지고 있는 인구통계학적인 조류를 고려할 때 이러한 변화는 놀라운 일이 아니다. 이 점에 있어 두 가지 최근 통계를 주목해야 한다.

첫째, 1990년 국내 인구조사 이후 오래지 않아 미국 인구조사국은 그 사회 내의 중대한 변화를 보고했다: 1980년 비유럽계 미국 시민들은 그 나라 인구의 1/5 또는 20%를 나타낸 반면, 1990년에 이르러서는 인구의

25) 모금운동의 범위와 목표들에 대하여, Religious Studies News 10 (February 1995), 15-18에 나타나 있는 최고 책임자(executive director)의 뉴스 보도 자료와 보고를 참고하라. 이 보고는 SBL 회원들이 80여 개국들로부터 왔고 회원 수의 10퍼센트가 북미에 살고 있다는 사실을 보여준다.

1/4 또는 25%를 차지하게 되었는데 이러한 증가비율은 믿기 어려울 정도이다.[26] 둘째, 인구조사가 있기 몇 년 전인 1987년 허드슨 학회는 "노동인구 2000"이라는 제목의 보고서를 간행했고 이것은 전국적인 논쟁에 상당한 영향을 미치게 된 것으로 판명되었다.[27] 그 보고서는 여러 문제들을 다루고 있으며 그 중에는 멀지 않은 장래에 노동력의 구성이 점점 더 다양해져서 점점 더 소수 집단의 멤버들과 여성들, 및 남성 가족부양자인 백인을 대체하는 대안그룹들로 구성될 것이라는 예견이 포함되어 있다. 따라서 허드슨 학회의 1987년 보고서가 2000년에 있을 일에 대해서 예견한 것을, 1990년의 인구조사가 분명하게 확증하기 시작했다고 하겠다.

비서구 태생이나 혈통에 속하는 개인들의 존재가 급속도로 성장하는 것과 관련된 이러한 인구통계학적인 변화와 투영은 조만간 학문적인 전문직, 대학원 프로그램, 그리고 그 협회에 대한 영향력을 행사하도록 되어 있었다. 이 점에 있어 성서비평이나 성서문헌협회(SBL)도 예외는 아니었다. 실제로 프로그램 제공과 제도적인 구조를 살펴볼 때, 그 사회가 점차 이러한 보다 넓은 사회의 변화에 영향을 미치기 시작했다는 것을 보여 준다. 예를 들어 이러한 두 그룹이 한동안 열심히 활동해 오고 있는데, 이 두 그룹은 '흑인계-미국인 신학과 성서 해석학 영역' 및 '아프리카, 아시아, 라틴 아메리카에서의 성서 영역(BAALA)'이다. 이어서 두 개의 그룹이 더 출현했는데, 그 그룹들은 '아시아와 아시아계-미국인 성서연구 영역'과 '카리브해 문화와 전통에서 성서 협의회'이다. 후자

---

26) 예를 들어, F. Barringer, "Census Shows Profound Change in Racial Makeup of the Nation", *The New York Times* (March 11, 1991)을 보라. 2050년의 인구에 대해 국가의 비유럽인 인구 비율이 50퍼센트에 육박할 것이라는 인구조사국의 견해 속에 이러한 경향성이 반영되어 있다. 유럽 혈통을 가진 미국 시민들 사이에 염려를 가중시키는 원인 또한 이러한 경향성이다.

27) W. B. Johnston, *Workforce 2000: Work and Workers for the Twenty-first Century* (Indianapolis, Ind.: The Hudson Institute; Washington: U. S. Department of Labor, 1987).

는 BAALA에 합병되어 '아프리카, 아시아, 카리브해 그리고 라틴 아메리카에서의 성서 영역(BAACLA)' 을 이루게 되었다. 후에 또 다른 그룹이 구성되었는데, '신약연구와 탈식민주의 연구협의회' 이다. 이와 유사하게 과거 몇 년 동안 '이 직종에서 제대로 대변되지 못한 인종적, 민족적 소수자들에 대한 위원회' 는 소수자들의 관심과 문제들을 위해 협회 내에서 지도력, 공동체, 그리고 지지를 제공하기 위해 노력해 왔다.

미국의 SBL 내에서 이루어진 발전을 고려할 때, 그 협회가 만약 표방하고 있는 목적에 일치되게 성서비평 분야에서 서구 외부 출신의 점증하는 학자들에게 다가가 그들을 포괄해 들인다면, 서구 비평가들과 비서구 비평가들 양자에게 동일하게 거대하고 건강한 함의를 지닌 최초의 진정한 국제적인 성서연구 조직체가 될 수 있을 것이다. 실제로 이러한 현실에 가까이 갈 수 있거나 그렇게 되기를 원하는 어떤 다른 집단이 존재하지는 않는다. 확실히 그 협회의 변화된 비전에도 불구하고 서구는 관리 조직과 총 수(numbers)에 있어서 뿐만 아니라 담론과 실행에 있어서 거의 전적인 주도권을 지속적으로 행사하고 있다. 그러나 동시에 균형 잡힌 논의와 참여를 보장하기 위해 양 진영으로부터 참여하는 숫자가 충분해 질 때, 서구와 그 나머지 세계 간의 대화를 위한 생명력 있는 공간이 펼쳐지게 될 것이다.

직업적인 관점에서 볼 때 서구 안팎에서 성서연구에 종사하는 민족적, 인종적 소수자들의 수가 증가하기 시작했고 그들의 관심사들도 확대되기 시작했다. 이러한 소수자들의 존재는 신학 교육과 대학원 프로그램들에서 우리의 숫자가 증가함에 따라 계속해서 증가하고 성장할 것이다: 서구 외부 세계에서는 세계에서 발생하고 있는 근본적인 지정학적 변화로 인한 것뿐만 아니라, 자아—정체성, 자아—의식, 그리고 주체적 결정에 대한 자각을 위한 다양한 형태의 해방신학의 지속적인 힘과 영향력 때문에 그렇게 될 것이다. 서구 내부에서는 해방신학의 비슷한 영향력 외에도 높은 이민율, 비교적 젊은 인구층, 그리고 민족적, 인종적 소수자들 내의 높은 출산율이라는 지속적인 요인들이 영향을 미치기 때문에 그렇게 될 것이다.

결론적 논평

이것은 세기의 전환점에서 성서연구의 민족적, 인종적인 소수자들인 우리가 처한 전반적인 상황에 대한 나의 평가이다. 이것을 요약한다면 (1) 세계적인 상황의 전망에서 볼 때 우리는 국내에 거주하건 해외의 이주자로 살아가건 간에 국제 정치에서 아주 중요한 시기, 즉 서구가 세계를 오랫동안 지배했던 시기가 종언을 고하고 "나머지 세계"가 자신들을 역사의 주체로 생각하고 고양시키는 시기를 살아가고 있는 비서구 문화권에 속한 자들을 대변한다. 종교 연구와 고전적인 신학 학과들을 포함하여 모든 학문들에 관한 지정학적인 발전의 영향은 이 과정이 계속적으로 전개됨에 따라 점차적으로 냉혹하게 증가하도록 되어 있다. (2) 이 학과의 전망에서 볼 때 우리는 공정하고 객관적인 관찰자, 이상적이고 보편적인 독자라는 팽배했던 서구적, 근대적 신화에 의문을 제기하며 대신에 현실의 독자들, 장소 그리고 이데올로기에 관한 명시적인 강조를 요청한다. 그렇게 함에 있어 우리는 교육에 대한 다른 접근이 필요할 뿐만 아니라 질문의 모든 수준들에서 상황화와 관점의 비평적 분석을 포함하는 이 학과에 대한 다른 접근법이 필요하다고 주장한다. (3) 직업적인 전망에서 볼 때 우리는 우리의 존재가—우리의 총수와 영향력, 우리의 관심과 이익—협회 내에서 매우 상승세에 있는 것을 목도할 수 있다. 우리가 서구에서 더 이상 홀로 서 있지 않다는 사실에 대해 민감하게 인식하면서 작업의 토대와 영감을 위해 우리 자신의 문화와 역사를 바라보기 시작한다. 따라서 이러한 일반적인 상황을 염두에 두고 이 학과와 직종에서 우리들의 역할과 삶에 대한 분석에로 관심을 돌려보고자 한다.

2) 성서연구에 임하는 인종적, 민족적 소수의 삶과 역할

이러한 문제의 상태는 표면적인 차원에서 상당히 고무적이고 매력적인 것으로 보이지만 문제가 전혀 없는 것은 아니다. 신학 교육과 학문의 민족적, 인종적 소수자들의 삶과 역할의 초기 분석에서 나는 지속적이고 누그러들지 않는 하지만 싸울 가치가 있는 루카(*lucha*) 즉 투쟁이라는 관점에서 우리의 상황을 묘사했었다.[28] 안타깝지만 비슷한 방식으로 나는 끊임없이 항상 존재하는 그러나 관여할 가치가 있는 투쟁이라는 관점에서 이 학과와 동료들과 관계된 성서연구에서 우리가 처해 있는 상황을 묘사하지 않을 수 없다. 따라서 나는 앞에서 검토했던 동일한 세 가지 요소들에 의지한 투쟁의 필요성의 최종적인 숙고의 출발점으로서, 이 투쟁의 성격에 관한 몇 가지 관찰들을 언급함으로써 논의를 시작하려고 한다.

투쟁으로서의 삶

지정학적 전망

지정학적인 전망에서 볼 때 성서비평은 민족적, 인종적 소수자들에 의해서 낯설거나 낯설게 하는 것으로 인식된다. 한편으로 우리 학과와 동료의 뿌리와 정신적 지주는 완전히 서구적인데 이것은 이해할 만한 것이다. 따라서 읽혀져야 할 저서들과 작품들의 목록, 문제의 논점들과 관심, 연구되어야 할 역사적 맥락과 관점들, 그리고 이러한 작업들, 논점들, 그리고 전망들의 분석에서 사용되는 해석적인 틀과 전통이 서구의 것들이었다. 민족적, 인종적 소수자들이 서구의 외부로부터 이 학과와 직종에 들어설 때 그들은 담론의 내용이나 양식이 자신들의 것이 아님을 발견한다. 따라서 그 상황은 많은 방식에서 낯선 것으로 판명되었다.

28) F. F. Segovia, "Theological Education and Scholarship as Struggle: The Life of Racial/Ethnic Minorities in the Profession", *Journal of Hispanic/Latino Theology* 2 (1994): 5-25. 그렇게 함에 있어서, 나는 나 자신의 가족의 프리즘을 통해 여과된 나의 문화적 그룹의 대중 종교로부터 다음의 "투쟁과 반투쟁으로서의 삶(life as struggle and counterstruggle)" 이라는 용어를 빌려왔다.

이러한 개인들은 그들 자신들이—그들의 작품들과 저자들, 그들의 논점들과 관심거리들, 그들의 맥락과 관점들, 그들의 해석적인 틀과 전통들이—어울리지 않는 장소에 있을 뿐만 아니라 시야에서 멀어져 있는 것을 발견한다.[29] 따라서 이러한 개인들이 성서연구를 추구하는 것은 아직도 서구 세계의 또 다른 차원으로 들어가서 서구에 의해 재-구성되고 재-표현된 것으로서 성서 세계를 보는 것이다.

다른 한편 문제는 담론의 내용들과 양식들이 다르다는 것뿐만 아니라 사회문화적인 인식과 태도와도 관련된다. 이 시점에서 우리는 헤게모니와 식민주의의 역학—중심부와 주변인들, 지배 그룹과 하위 그룹, 다수집단과 소수집단간의 관계—을 기억해야 한다. 식민지적인 담론과 실행은 주로 반대적인 대립관계에 의해 기능한다. 그것은 우월/열등, 문명/야만, 진보/원시와 같은 수많은 다른 대립구조를 생산하고 지지하는 중심/주변이라는 기본적인 대립구조이며, 서구/나머지 세계라는 전통적인 지정학적 대립 속에서 결국 모두 합병되는 대립구조이다. 결과적으로 비서구 문명 출신들인 민족적, 인종적 소수자들은 성서연구에서 낯선 상황

29) 계속해서 확장되고 있는 토론에 대하여, 예를 들면, I. J. Mosala, *Biblical Hermeneutics and Black Theology in South Africa* (Grand Rapids, Mich.: William B. Eerdmans, 1989), 특히 1-42; C. H. Felder, *Troubling Biblical Waters: Race, Class, and Family* (Maryknoll, N. Y.: Orbis Books, 1990), 특히 3-21; C. H. Felder, ed., *Stony the Road We Trod: African American Biblical Interpretation* (Minneapolis: Fortress Press, 1991); R. S. Sugirtharajah, ed., *Voices from the Margins: Interpreting the Bible in the Third World* (Maryknoll, N. Y.: Orbis Books, 1991), 특히 1-6페이지와 434-444; P. J. Hartin, *Third World Challenges in the Teaching of Biblical Studies*, Occasional Papers 25 (Calremeont, Calif.: The Institute for Antiquity and Christianity, 1993); K. O' Brien Wicker, "Teaching Feminist Biblical Studies in a Postcolonial Context", in *Searching the Scriptures*, vol. 2: *A Feminist Introduction*, ed. E. Schüssler Fiorenza (New York: Crossroad, 1993), 367-380; R. S. Sugirtharajah, "The Bible and Its Asian Readers", *Biblical Interpretation* 1 (1993): 54-66; and R. S. Sugirtharajah, ed., *Commitment, Context and Text: Examples of Asian Hermeneutics*, spec. issue of *Biblical Interpretation* 2 (1993): 251-376을 참고하라.

들 속으로 들어갈 뿐만 아니라, 낯설게 하는 상황 즉 그들의 담론 양식과 내용이 다르기는 하지만 동등한 혹은 대안적인 비전으로 인정되는 것이 아닌 즉 수용되지도 존중되지도 않는 상황 속으로 들어가게 된다. 따라서 이러한 개인들이 성서연구를 추구하는 것은 서구 대 "타자"에 의해 설정된 사회계층의 세계로 깊이 진입하는 것이다.[30]

확실히 성서연구에 있어서 참인 것은 모든 다른 신학적 학문들에 있어서도 적용된다. 이 점과 관련해서 나는 페루의 신학자 구띠에레쯔(G. Gutierrez)가 국제적인 전망으로 신학연구에 관해 대화하는 중에, 언젠가 나와 함께 나누었던 개인적인 이야기를 상술하고자 한다. 내가 그렇게 하려고 하는 이유는 그것이 실로 내가 전달하려고 노력하고 있는 투쟁의 의미에 대한 고전적이고 완전한 실례이기 때문만이 아니라, 문제가 되고 있는 그 사람 개인 때문이기도 하다. 구띠에레쯔는 리옹대학교 신학과 박사과정 학생이었던 시절에 *무언가 자신이(구띠에레즈가) 그에게 가르쳐 줄 어떤 것을 가지고 있을 수 있다*는 것을 받아들이기가 얼마나 어려웠는지를 자기(구띠에레즈)에게 말해 주었던 유럽 출신의 동료 학생에 대해서 회상했다. 이것은 모든 민족적, 인종적 소수자들이 쉽게 찾아낼 수 있는 이야기이고, 우리 모두가 영국이건 프랑스이건 또는 미국이건 간에 서구에서 사회교육적인 여정의 과정 속에서 한두 번 쯤은 직면해 왔던 상황이다. 이 이야기는 내가 끝없이 다양한 형태로 대학원 학생들에게서 뿐만 아니라 성숙한 학자들에게서도 아주 정기적으로 듣는 이야기이다. 어떤 학자가 표현한 방식을 빌리자면, 우리는 종종 요한복음 9장의 나면서부터 맹인 된 사람이 권세 있는 자들에 의해 "네가 온전히 죄 가운데서 나서 우리를 가르치느냐!"라는 말을 들을 때 느끼게 되는 것 같은 느낌을 갖게 된다.

특별히 성서연구의 관점에서 나는 몇 년 전 국제 성서학회에서 일어

30) 상호그룹 관계의 측면에서 본 편견과 차별에 대해서 Fegin, Racial and Ethnic Relations, 15-17쪽을 참고하라.

났던 내 자신의 매우 비슷한 사례를 나누고 싶다. 그것은 부분적으로 해방의 해석학에 기초한 나의 발표를 듣고서, 내 직업 경력상 거의 들어보지 못했던 오만과 경멸의 목소리로 이 모든 것이 자기와 무슨 상관이 있느냐고 질문을 했던 젊은 독일 학자와 관계된다. 이 반응은 내가 세상의 중심 증후군의 변종이라고 부르고 싶은 것인데, 그것은 다른 모든 해석학과 관심들은 열등하고 부적합한 것으로 거부하며 유럽의 관심과 해석학들이 세계 전체에 대해 결정적인 것이라고 전혀 무비판적으로 받아들이는 태도를 말한다. 이러한 개인들에게 "당신이 행하는 것이 우리와 무슨 상관이 있습니까?"라는 반대 질문으로 우리 중 누군가가 대답을 하게 된다면, 그것은 그들에게 엄청나게 말로 형언할 수 없는 충격을 줄 것이다. 성서 해석과 해석자의 관심을 궁극적으로 상호 연관적인 것으로 보는 통상적 견해와 다양한 담론들과 실천들의 대화에도 불구하고, 우리의 대화 정신이 빈곤할 때 그와 같은 일은 얼마든지 일어날 수 있을 것이다.

나는 내 자신이 경험을 했거나 또는 타인들과 수년간에 걸쳐 나눈 이야기거나 또는 그 비슷한 이야기들을 끝없이 상술할 수 있다. 그러나 핵심은 헤게모니와 식민주의의 지속적인 심리적, 문화적인 역학관계를 고려할 때, 서구가 비서구가 진지한 대화에 참여하는 것은 매우 힘든 일이라는 사실이다. 사실 종전의 역사적, 정치적 관계에서 종종 급진적이고 혹독하며 또 그럴 수밖에 없는 비서구로부터의 비평을 서구가 듣는다는 것은 거의 불가능하다. 이것은 실제로 이해가 된다. 그렇게 오랫동안 지배적인 자리를 차지해 왔던 사람들이 어떻게 종속된 자들의 가치를 받아들일 수 있겠는가? 하물며 그들의 비평에 대해 말해 무엇하랴? 어떻게 반항이 용인될 수 있겠는가? 하물며 상호 관여가 어찌 가능하겠는가?

학과의 전망

학과의 전망에서 볼 때 민족적, 인종적 소수자들은 그들의 의제와 사회적 위치에 관해 아주 의식적이고 개방적인 경향이 있지만 반면에 서구인들은 공정하고 객관적인 관찰자의 구성체에 대해 비록 이론상으로는 아닐지라도 실행에 있어 대체로 여전히 집착하는 경향이 있다. 그들 자신의 관점과 상황화가 인정되지 않고 분석되지 않는 이유는 보편적이고 공평한 시각의 구성이 그들로 하여금 그렇게 행하는 것을 막고 있기 때문이다. 따라서 이러한 규범적인 응시로 볼 때 민족적, 인종적 소수자들이 행하는 것은 특히 그것이 그 자체로 전경에 드러나기 때문에 상황적이고 제한적인 것으로 간주된다. 그러나 그들이 행하는 것은 세계를 망라하는 중요한 것으로 간주된다. 그 결과 다른 모든 것들 만큼이나 특수화되고 상황화된 역사적 경험과 문화적 현실이 규범적인 인간 경험과 현실로—중심부의 현실과 경험으로—특별한 취급을 받으며 보편화되고 그리하여 다른 모든 경험들과 현실들은 자신들의 경험과 사회적 위치들을—주변부의 현실과 경험들을—초월할 수 없는 것으로 치부한다.

다시 개인적인 이야기를 통해 실례를 제공해 보겠다. 이것은 또 다른 국제회의에 참석했을 때 전통적인 역사비평의 성격과 목적에 관해 젊은 영국 학자와 가졌던 대화에 관련된 이야기이다. 눈에 띌 정도로 화가 나고 놀라울 정도로 감정적이 된 이 사람의 생각은 역사비평 방법이 특정 의제를 가지지 않았고, 공평함과 객관성이라는 그것의 목표는 확고하다는 것이고, 기본적인 문제는 마치 나 같은 사람이 이 학과를 정치화시키고자 시도하면서 이 학과를 설정된 과학적 진로에서 탈선시키고자 하는 것이라고 항거했다. 이러한 반응은 내가 순진(innocence) 신드롬의 변이라고 부르는 것을 반영해 준다. 그것은 성서 해석이 모든 의제들을 초월해 있으며 따라서 정치적 영역에서 완전히 벗어나 있다는 믿음을 말한다. 이러한 개인들에게 있어 순진의 신화가 그 자체로 매우 정치적인 의제라는 것을 알아차리는 것은 불가능하다.

전문 직업적인 전망

전문 직업적인 시각에서 볼 때 학문 공동체와 대학원 프로그램들을 포함해서 종교와 관련된 서구의 제도들은 대체로 자유로운 인본주의자 패러다임으로 기능하며 따라서 사회와 종교의 집단화에 대한 구조주의-기능주의 모델을 가정한다는 것이 기억되어야 한다. 따라서 그것들은 패러다임 속에서 작용 중인 깊은 모순을 반복한다. 한편으로 우리는 이러한 제도들 내에서의 개방과 관용에 대한 개방적이고 진심어린 헌신을 발견하며, 다른 한편 훨씬 미묘하지만 합의와 일치에 대한 마찬가지의 강제적인 강조를 발견한다. 따라서 조화와 결합이 매우 사랑받고 강조되는 반면 갈등은 대단히 두려운 것이고 절대적으로 회피되어야 할 것으로 간주되는데, 갈등에 대한 해결책들은 직접 대면보다는 오히려 대체로 무대 뒤에서 발견된다.

특권층이 수용한 것에 대해 감사하고 행복해하고 순응적이어야 할 뿐만 아니라, 피식민화된 자들의 자녀로서 태생적으로 주변적이고 열등하다고 간주되는 외부인들에 의해 갈등이 초래될 때의 그 상황은 특히 문제가 되며, 보통 그러하듯이 무엇보다 만약 이러한 갈등이 정의와 대변의 문제와 관련된다면 거의 참을 수 없는 일이 된다. 그 패러다임은 이러한 상황을 다루는 것이 전혀 불가능하지는 않다 할지라도 매우 어렵다는 것을 발견하게 되고 그 결과 가부장적 태도가 보통 끼어들게 된다: 우리가 그들을 위해 그렇게 많은 일을 해 주었던 바로 그 사람들이 어떻게 그런 식으로 반응할 수가 있단 말인가? 다음과 같은 비난들은 잘 알려진 것들이다: 불만분자들, 은혜를 잊은 인간들, 다루기 어려운 인간들, 그리고—내가 가장 자주 사용하는 표현인데—정치화되었다는 비난들이 그것이다.

다시 한 번 개인적인 일화가 이러한 투쟁의 양상을 예증하는데 기여할 것이다. 그것은 또 다른 국제 모임에서 식민주의와 해석학 간의 관계에 대하여 젊은 벨기에 학자와 가졌던 대화이다. 이 젊은 학자는 모든 토착적인 종교적 믿음들과 전통들을 원시적 또는 우상숭배적인 것이라고 공격하는 것과 관련된 서구의 종교 팽창주의가 가져다 준 역사적 결과를 너무나 잘 알고 있으면서도 결국 서구가 세상 도처에서 식민지를 위해 악보다는 선을 훨씬 더 많이 행했다는 믿음을 고수하고 있었다. 이 반응은 '우리가—너희를—위해—행한—모든 것 신드롬 '(all-we-havedone-for-you syndrome)의 변이라고 부르는 것을 대변한다. 그것은 타자들을 향한 서구의 선행 프로그램 및 구원 제공과 관련하여 나머지 세계가 결코 선택권을 가지지 못했었다는 사실을 깨닫는데 실패한 결과에서 비롯된 반응이었다. 이러한 개인들에게 있어서는 신학적으로, 다른 방식으로 서구 문명의 다른 측면인 매우 파괴적인 측면을 다루는 것이 불가능한 것으로 판명되었다.

요약해서 성서연구라는 이 학과와 직종이 왜 그렇게 많은 민족적, 인종적 소수자들을 위해 투쟁해야만 하는가 하는 이유를 보는 것은 어렵지 않다. 우리 자신의 것이 아닌 담론과 실행, 우리의 담론과 실행을 지배적인 자신들의 패러다임과 동등한 것으로 간주하지 않는 담론과 실행, 자기 자신들을 다른 사람들처럼 특수화되고 상황화되어 있다고 보기를 거부하는 담론과 실행, 그리고 갈등과 대결에 대한 노골적인 혹은 구조적인 혐오를 가진 담론과 실행을 다루는 것은 매우 어렵다. 이러한 패러다임 내의 민족적, 인종적 소수자들은 학과와 직종 모두에서 그들의 주변적인 지위와 역할에 대해 능동적이든 수동적이든 끊임없이 상기되고 있다. 이러한 조건들은 성서비평 내의 우리네 삶을 그렇게 독특하게 구별시키는 투쟁의식을 야기시키고 그것에 최고의 가치를 부여하도록 만든다. 나는 이 점에 대해 어떤 환상도 존재하지 않아야 한다고 주장한다. 문제의 대화 상대자들의 나이를 고려할 때, 위의 이야기들이 보여주는 것처럼 그것은 당분간만이 아니라 상당 기간 동안 미래에도 불가피한 것으로 수용해야만 하는 생활 방식이다. 동시에 나는 그것이 삶을 위한 투쟁인 한에 있어 매우 싸울 만한 가치가 있고 참여할 만한 가치가 있는 삶의 방식이라고 믿는다.

삶을 위한 투쟁

종교연구 또는 다른 고전적인 신학 영역들에서처럼 성서연구의 민족적, 인종적 소수자들은 세기의 전환점에서 깊은 모순을 구체화하는 것으로 보인다. 어느 관점에서 보더라고 일의 추이가 우리에게 매우 호의적이라는 것은 확실하다. 그것은 세계적인 무대에서 우리가 최근 역사의 주체로서 출현했다는 돌이킬 수 없는 현실, 이상적인 관찰자와 내레이터에 대한 근대적 구성이 완전히 소멸되고, 그 자리를 항상 특정한 사회적 위치에 자리해 있고 현실에 관여하고 있는 내레이터와 관찰자에 대한 포스트모더니즘적인 구성이 대체하게 된 점, 그리고 서구 안팎에서 이 직종에 종사하는 우리의 수가 점증하고 있고 그에 상응한 우리 자신의 관심거리들, 우리의 읽기 및 해석에 대한 강조를 성서연구에 가져올 수 있게 되었다는 점 등에서 확인된다. 동시에 이러한 이유들 때문에 이 학과와 직종에서 우리의 삶과 역할은 계속해서 투쟁의 성격을 가지게 될 것이다. 변화의 시대는 결코 쉽지 않은데 특히 권력을 행사해 온 사람들에게 있어 더욱 그렇다. 중심부가 중심의 상실을 감수하는 것, 중심이 변했을 뿐만 아니라 실제로 붕괴되어 목소리들의 다양성을 야기시켰다는 사실을 인정해야 하는 것, 그리고 대화에서 여럿 중의 하나로서 그러한 다른 목소리들과 자기를 관계시켜야 한다는 것은 매우 힘든 일이고 심지어 깊은 정신적 상처가 되기도 한다.

그러나 결국 나는 우리의 미래가 매우 고무적이라고 주장하고 싶다. 내가 이러한 주장을 하도록 강요하는 몇 가지 요인들이 있다. 첫째 요인은, 포스트모더니즘은 중지될 수 없다는 점이다. 이는 더욱더 많은 새로운 얼굴들이 대화에 합류하고 그들의 목소리를 주장하기 때문이다. 특히 그러한 발전들을 분쇄하거나 궤도에서 이탈시키려는 시도가 있을 때에 새 얼굴들의 목소리는 더욱 거세진다. 둘째, 우리의 총 수(numbers)와 우리의 연합은—이 연합은 매우 중요한 것이다—그 운동을 계속해서 앞으로 밀어 붙이고 그것을 더욱 강하고 세련되게 만들 것이다. 끝으로, 우리는 우리의 서구 동료들 중에서 많은 선의의 친구들을 가지고 있다. 여기서 나는 내가 문화적 모방자들이라 부르는 이들 즉 우리 중의 하나가 되기를 원하며 우리의 지도자로서 약속의 땅으로 가는 길을 우리에게 보여주기를 원하는 그런 자들이 아니라, 오히려 변화를 위해 기꺼이 들을 자세가 되어 있고 심지어 우리를 따를 수도 있는 사람들을 염두에 두고 있다.[31] 나는 종교와 신학연구 일반의 미래와 마찬가지로 성서연구의 미래는 포스트 식민주의적이고 포스트 서구적인 미래이며, 그리고 그 미래에는 민족적, 인종적 소수자들이 서구 밖에서건 서구 안의 참호 속에서건 근본적이고 결정적인 역할을 담당하게 될 것이라는 점을 믿어 의심치 않는다. 그 미래에는 성서 읽기와 해석이 모든 다양한 상황들과 전망들, 사회적 위치와 의제들, 장소들과 이데올로기들의 입장에서 추구되고 분석될 것이다. 그 미래는 우리 앞에 놓인 다음과 같은 과제들을 수반하고 있다.

1. 무엇보다 먼저 서구 바깥의 맥락으로부터 다음과 같은 문제들에 초점을 맞추면서 성서 본문을 다시 읽고 다시 해석하는 일이다: 초기 기독인들의 자기-구성; "타자" 즉 그 집단의 경계 외부에 있는 모든 자들에 대한 그들의 구성과 이러한 "타자들"에 대한 그들의 관계에 대한 구성; 제국적인 수준에서건 또는 지역적인 수준에서건 정치적 영역에 대한 그들의 구성과 이 영역에 대한 그들의 관계에 대한 구성; 다른 세계 즉 평화와 정의가 지배하는 하나의 다른 세상에 대한 그들의 비전들.

2. 그것이 어떻게 표현되었는가를 묻는 구성의 시학, 그것이 왜 그런 식으로 표현되었는가를 묻는 구성의 수사학, 그리고 누구에게 이익이 되고 누구에게 해가 되도록 그것이 그와 같이 표현되었는가를 묻는 구성의 이데올로기와 같은 문제들에 초점을 맞추면서 서구의 입장에서 만들

---

31) 동일한 문제에 대하여 성별(gender)의 측면에서 바라 본 연구를 원한다면 E. Showalter, "Critical Cross-Dressing: Male Feminists and the Women of the Year", Raritan 3 (1983): 130-149을 참고하라. 나는 이 점에 있어서 전지구적인 주장(pretensions)들을 담아낼 성서연구 프로젝트—저자주: 그 프로젝트에는 나 자신을 포함한 수많은 민족적, 인종적 소수자들이 초대되었었다—를 위한 준비회의를 결코 잊지 못할 것이다. 토론이 진행되는 중에 점차로 이 프로젝트의 계획 단계부터 그 어떤 소수파 학자도 참여하지 않았다는 사실이 드러났다. 그 프로젝트를 위한 광범위한 내용을 담은 선언서(charter)의 초안이 이미 작성되었고, 우리는 그것에 반응하도록 되어 있었다. 그리하여 우리의 생각과 우리의 이름이 그 문서의 개정판을 위한 근간으로 기능할 것임에도 불구하고, 그 작업은 실질적으로 선용될 수 있는 길을 잃고 있었던 것이었다.

어진 초기 기독교에 대한 재-구성과 재-표상의 비평적 읽기.

3. 이 학과의 구성과 팽창주의의 과정이 각각 절정에 달했던 시기인 19세기와 20세기 초에 성서 해석이 서구의 헤게모니와 식민주의에 대해 가지는 관계에 대한 철저한 분석.

4. 본문들의 다시 읽기를 넘어 자기 자신들의 상황과 관점에 비추어 본문들, 본문들의 구성들, 그리고 본문들의 이데올로기들과 비평적으로 대화하고 실존적으로 관여하기. 이 점에 있어 나는 유대인 대학살 이후의 상황으로 종종 언급되는 바, 20세기 유럽에서 일어났던 사건들에 비추어 성서에 관여할 것이 아니라, 오히려 이전에 내가 서구 문화와 문명의 다른 얼굴이라고 언급했던 지난 500년 어간에 서구의 식민지들 및 그 영토들인 서구 바깥에서 일어난 사건들의 빛에 비추어 성서에 관여해야 할 긴급한 필요가 있다고 믿는다. 즉 지배, 차별, 착취 그리고 서구 발전의 진로에 방해가 되었던 무수한 "타자들"의 대규모의 퇴거와 몰살이 자행되었던 세기 직후인 작금에, 성서를 어떻게 읽고 해석할 것인가에 대한 보다 넓은 질문을 던질 필요가 있다. 유럽의 심장부에서 그 사건이 일어났던 점을 고려할 때 유대인 대학살에 비추어 신학함의 질문이 서구에 의해 무시될 수는 없겠지만, 확실히 그러한 정책들과 사건들의 동떨어진 성격을 고려할 때 식민주의에 비추어 본 신학함의 질문은 서구로부터 많은 관심이나 공감을 받아오지 못했다.

5. 피식민자들 사이의 새로운 종류의 대화에 대한 추구, 즉 서구가 빠진 상태에서 다른 비서구 집단들과 문화들 간의 대화의 도모. 이것은 서구와 나머지 세계간의 대화가 끝나야 한다고 말하는 것이 아니라 오히려 그 대화는 모든 단계에서 서구를 반드시 포함하지 않고서도 다양한 중심축들을 포괄하도록 확장되어야 한다고 말하는 것이다.

성서연구의 미래에 대하여 전술한 것처럼, 이러한 과제들의 빛에 비추어 볼 때 성서학의 미래는 그 희망의 자리를 보전하고 있다고 할 수 있다. 디아스포라! 서구에 깊이 붙박여 살아가고 있는 사람으로서 나는 성서비평의 미래를 서구의 감탄할 만한 "신조"—실제로 경외스럽기도 한 신조—가 한 단계 더욱 촉진된, 민족과 인종의 정체에 상관없는, 모든 인간들에게 열리고 확장된 공간으로서 기대하고 있다.